やさしく学ぶ建築製図

[完全版]

平・立・断面図からパース、プレゼン図面まで

著 松下希和＋長沖充＋照内創

X-Knowledge

はじめに

この本は建築を初めて学ぶ人のために建築の図面について書いたテキストです。この本は以下のようなことを目指して書かれています。

正しい建築図の製図法を学ぶ。
図面の概念や意味を理解する。
図面を通して伝えたいことを表現できるようにする。

製図を学ぶ題材として、この本ではルイス・カーンが設計したフィッシャー邸を取り上げています。製図法を学ぶだけなら題材はどんな建物でもよいのですが、あえてこの名住宅を選んだのは、最初から良い住宅に触れる機会を作りたかったからです。この本に描かれているさまざまな図面や写真を通して、フィッシャー邸の魅力を感じ、設計意図に考えをめぐらせていただければと願っています。

この本は中山繁信先生のご指導なくしては語れません。大学で基礎製図の授業を何十年も担当されたご経験に基づく貴重なご助言に多くを負っています。また、写真家の栗原宏光氏は、フィッシャー邸の取材に同行してこの住宅の素晴らしさを伝える写真を撮影して下さいました。現地でオリジナルの図面など貴重な情報を提供して下さった、ペンシルバニア大学のWilliam Whitaker氏にも感謝しています。そして、編集の方々はタイトなスケジュールの中、多大なご理解とご尽力をいただきました。この場を借りて、お礼を申し上げたいと思います。

著者

注：フィッシャー邸はインチ法で設計されていますが、この本のテキストという性格上、寸法をメーター法にして調整を加えておりますことをお断りいたします。また、図面は原設計をもとにしているため、多少現況とは異なる部分もあります。ご了承ください。

Contents

chapter 1
Plan, Section, Elevation

フィッシャー邸を二次元で表現する

基本図面
[平面図・断面図・立面図]

基本図は、三次元の建物を正投影法という特殊な形で二次元に表現する図法ですが、この三種類の基本図さえあれば、建物の全貌をつかむことができます。基本図を学ぶことが、設計への第一歩です。

基本図面（平・断・立面図）の概念と役割①

図面の描き方を学ぶ前に、なぜ図面を描くのかということを考えてみましょう。
ある人がポットをイメージして、それを別の人につくってもらおうとします。

自分の頭の中のイメージを正確に伝えるには
どうすればよいか？

スケッチ図を描けば大体のイメージは伝わる。

しかし、スケッチ図では寸法などが分から
ないので、つくることができない。

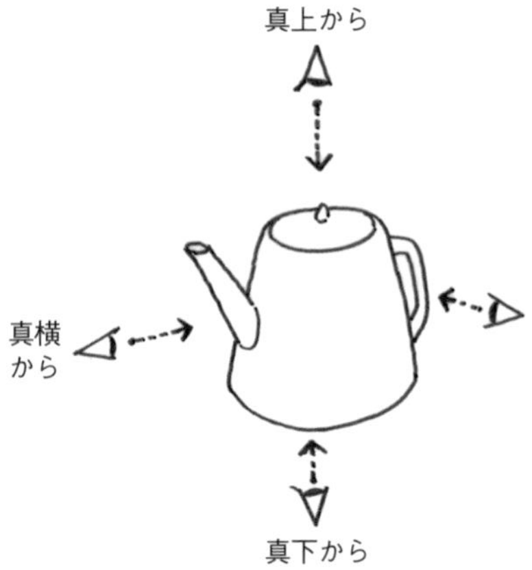

そこでポットを真上や真横から見たところを
想像して……

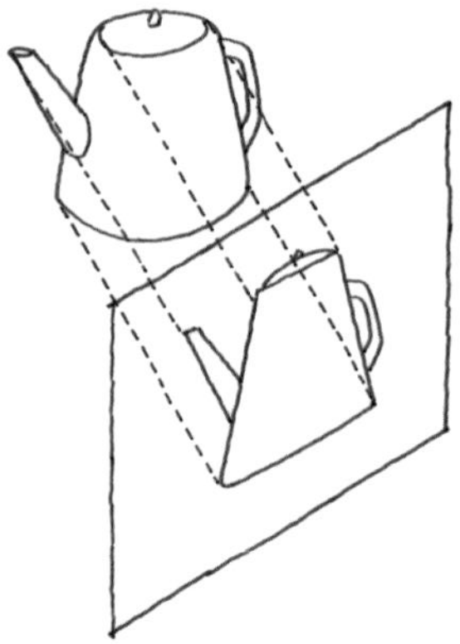

それを正投影図で表現する。

※正投影図とは、投影面（図面）から
見える物をすべてそのままの大き
さで表現した図。

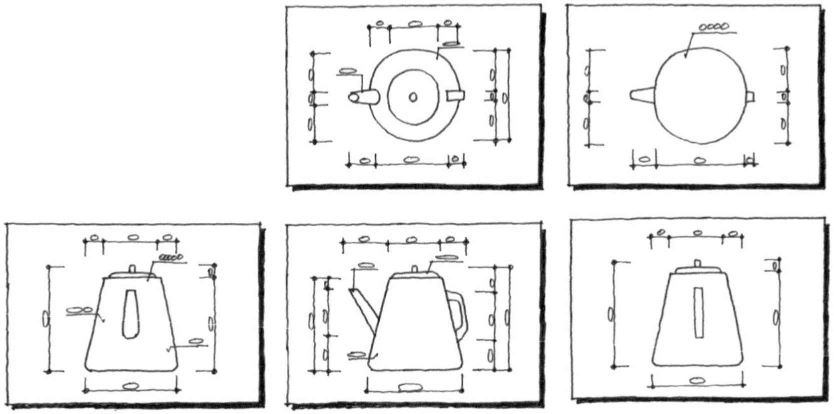

真上から見た図

真下から見た図

真横から見た図1

真横から見た図2

真横から見た図3

これらの図面で、外形の大きさや素材が分かるようになった。

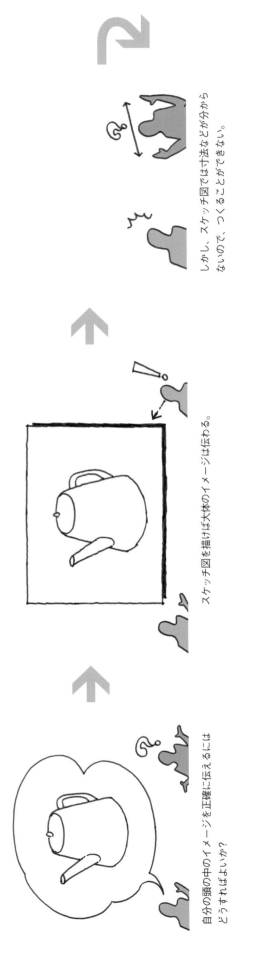

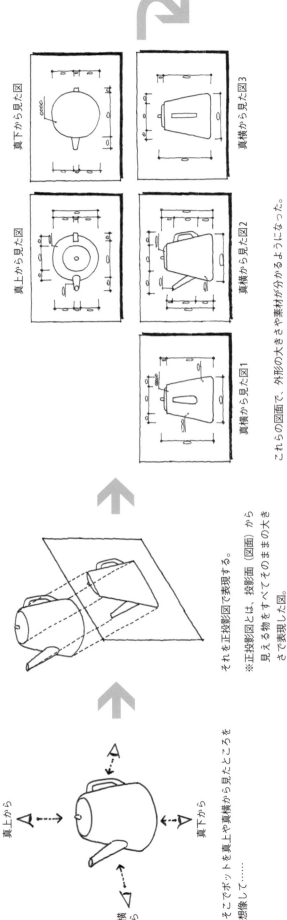

しかし、ポットの中についての情報は？

外形を表す図面だけではポットの中身についてては分からない。

そこで…

ポットを水平に切ったところを想像して…

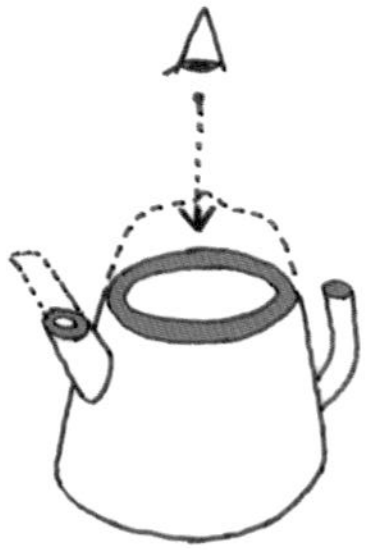

真上から見る

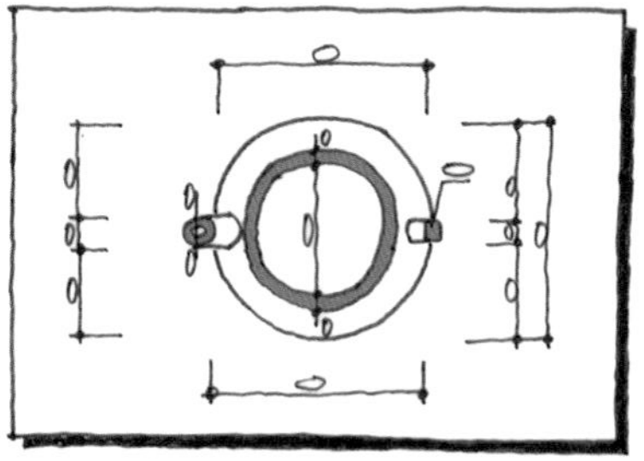

水平に切ったポットを真上から見た図

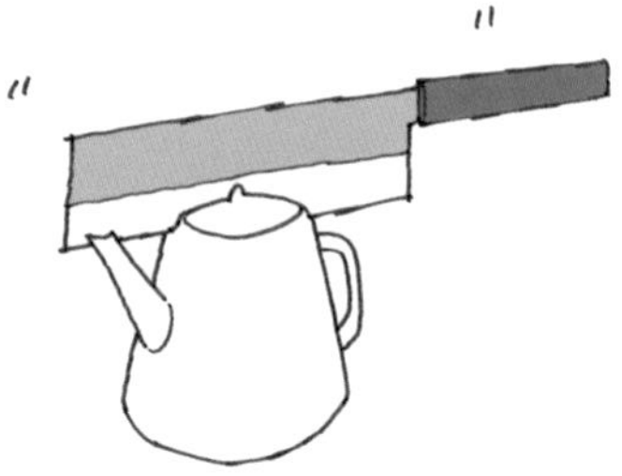

ポットを垂直に切ったところを想像して…

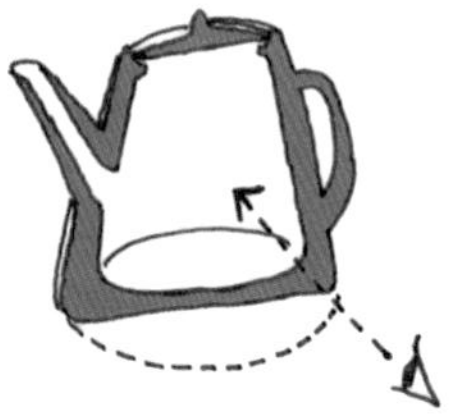

真横から見る

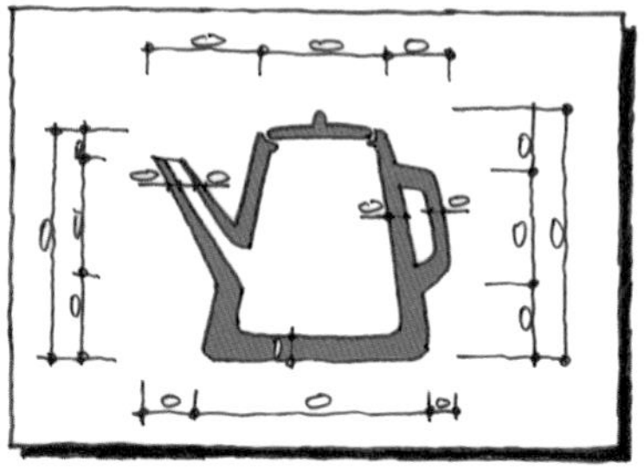

垂直に切ったポットを真横から見た図

これらすべての図面がそろって、ポットのイメージを正確に相手に伝えることができます。つまり、図面とは三次元の物の姿かたちの全貌を二次元で表現して相手に伝える言語のようなものなのです。

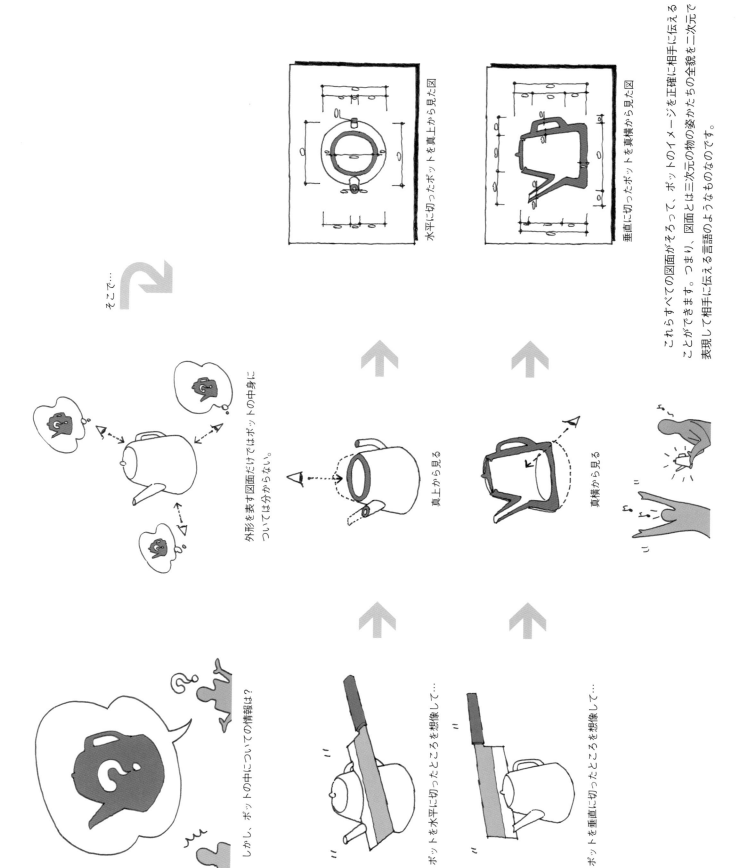

Introduction 2

基本図面(平・断・立面図)の概念と役割②

建築の図面は透視図を除いて、すべての図面は「正投影」で表現されます。正投影とは近いものも遠くのものも、同じ大きさで図面上に投影された図です。たとえば、同じ大きさのものが二つあります。一つは遠くにあり、もう一つが近くにあった場合、正投影の図面では、二つのものは同じ大きさに描かれます。大切な概念ですから、もう一度やさしい形の建物で、平面図、断面図、立面図、屋根伏図、展開図を理解しましょう。

平面図(PLAN)

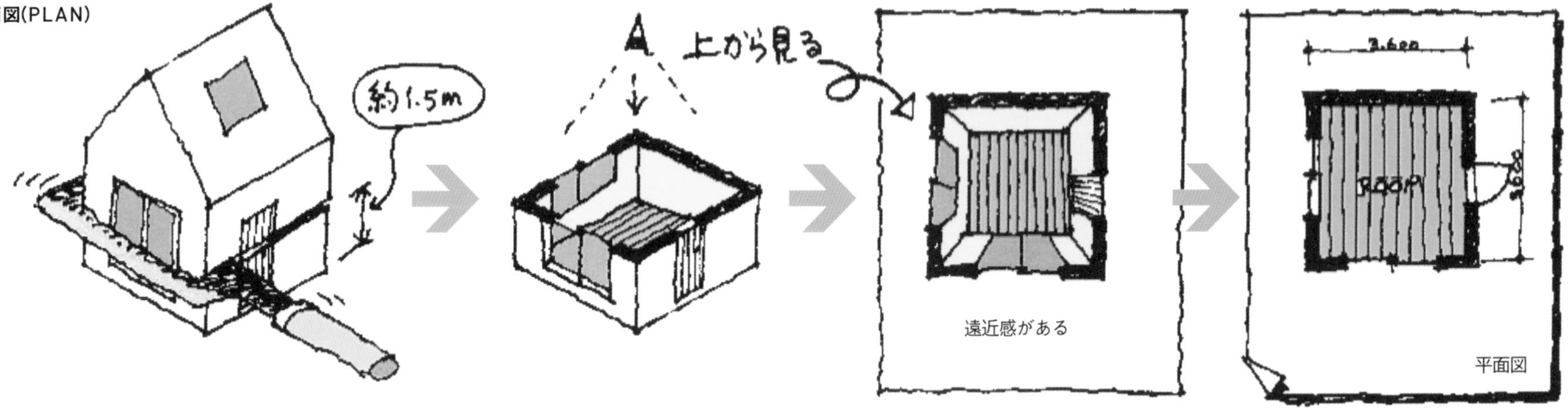

建物を約1.5m位の高さで水平に切断する

真上から見る

壁・窓・建具などに遠近感がある

図面は正投影図で表現する

断面図(SECTION)

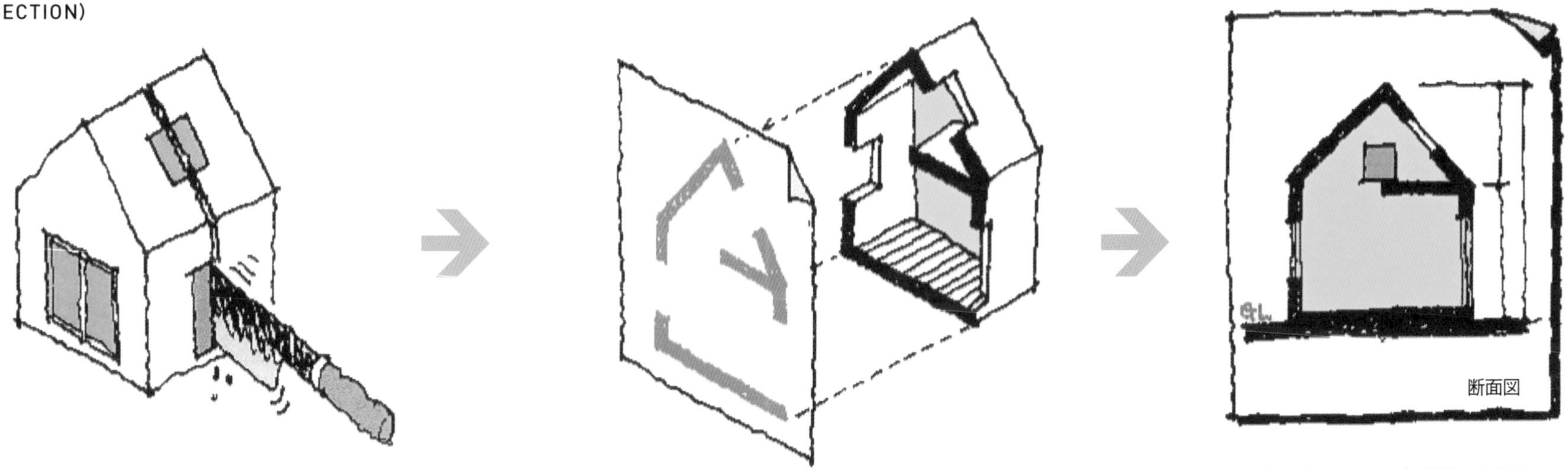

建物を垂直に切断する

切り口部分想像して……

窓や建具などは正投影図で表現する

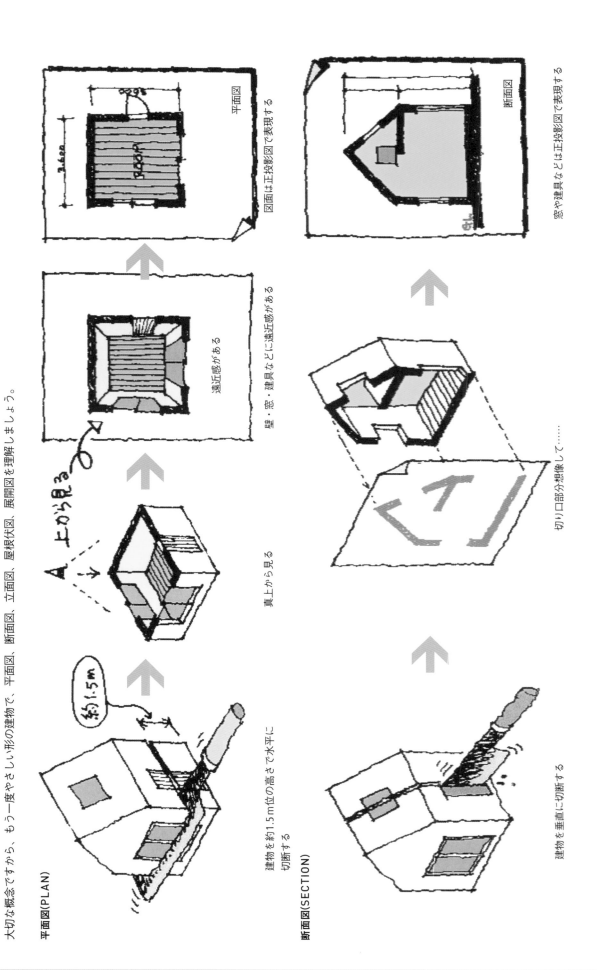

立面図(ELEVATION)

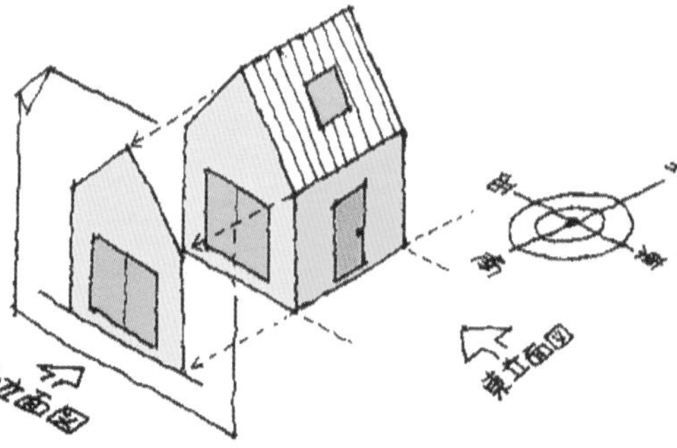

建物の外観を東西南北４方向から見る

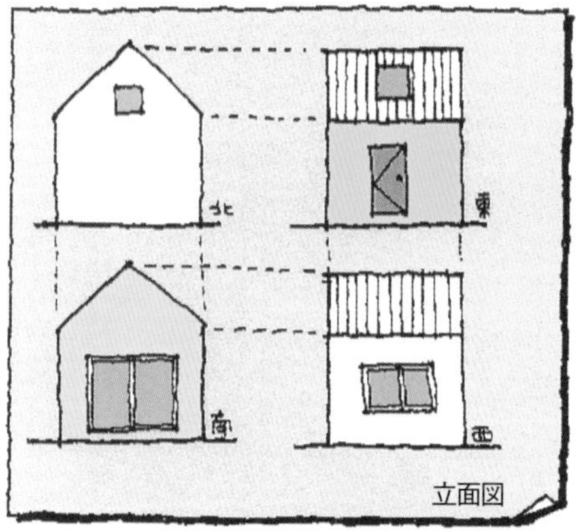

4つの外観を正投影図で表現する

屋根伏図(ROOF PLAN)

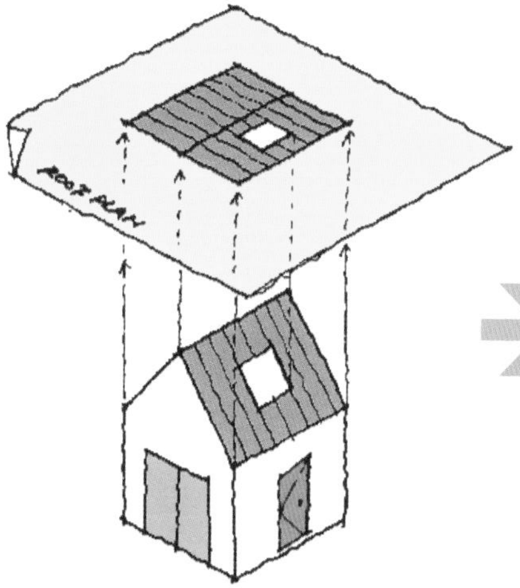

建物を真上から見る

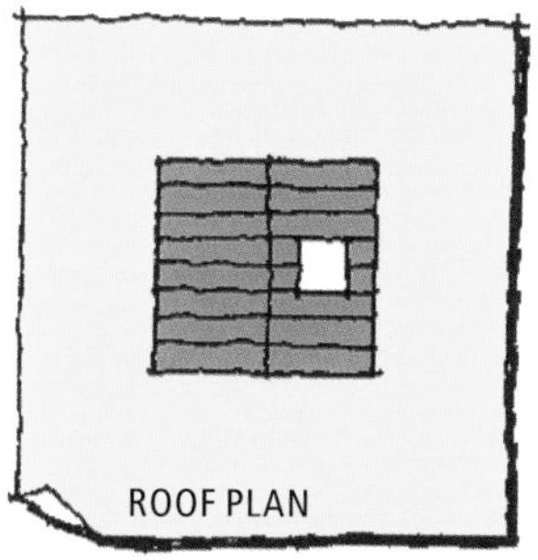

正投影図で表現する

展開図(INTERIOR ELEVATION)

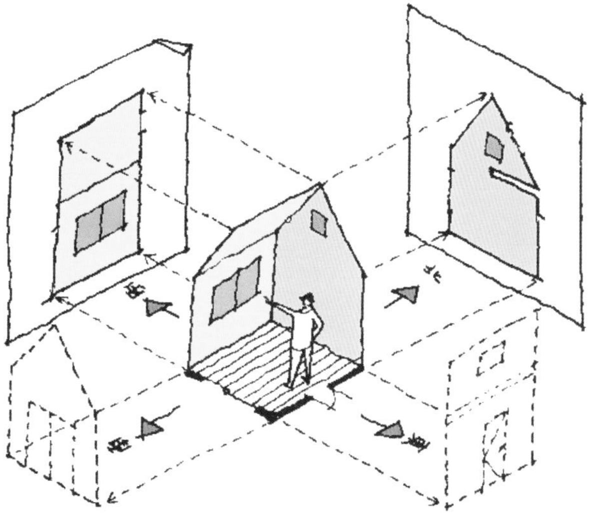

展開図は部屋の壁面を東西南北４方向から見る

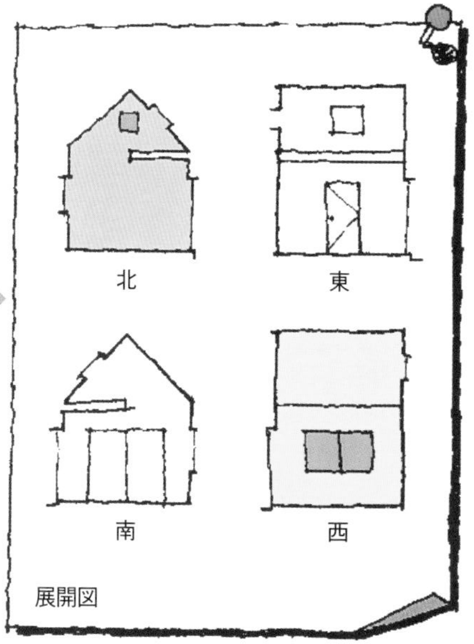

4つの面を正投影図で表現する

Introduction 3

基本図面の種類

基 本図の描き方にも、伝える内容によってさまざまな種類があります。

考えるための図面
設計者が自分の考えをまとめてかたちにしていく図面。
スケッチなど。

つくるための図面
設計者が建物の正確な寸法や工法、仕上げなどを施工者に伝える図面。実施図面など。

見せるための図面
設計者が自分の設計の意図を建て主やそのほかの人に伝えるための図面。ショードローイングなど。

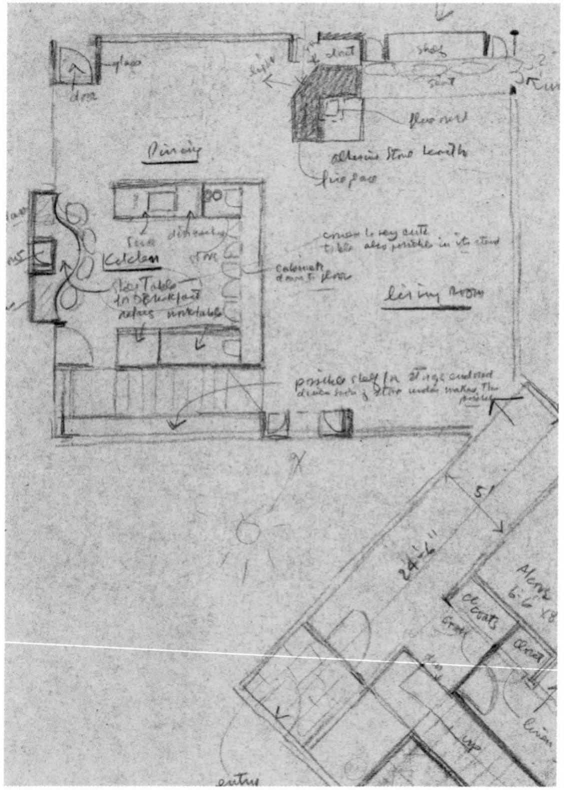

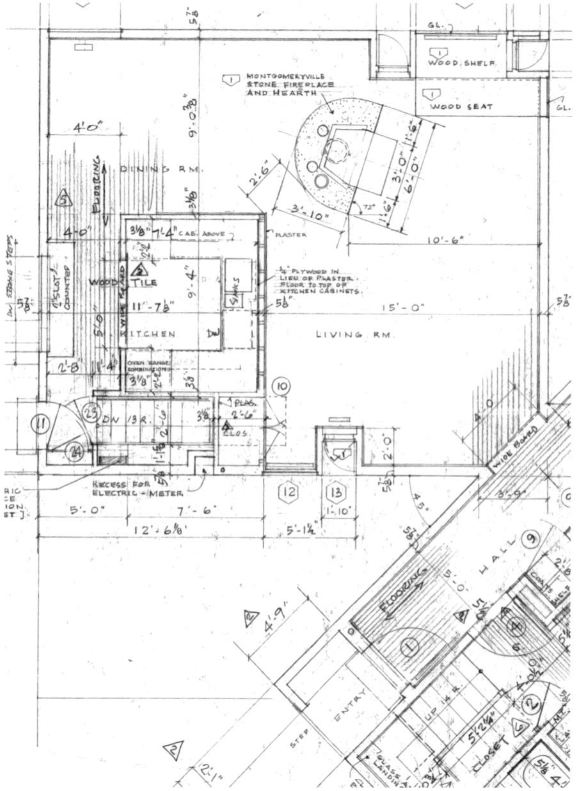

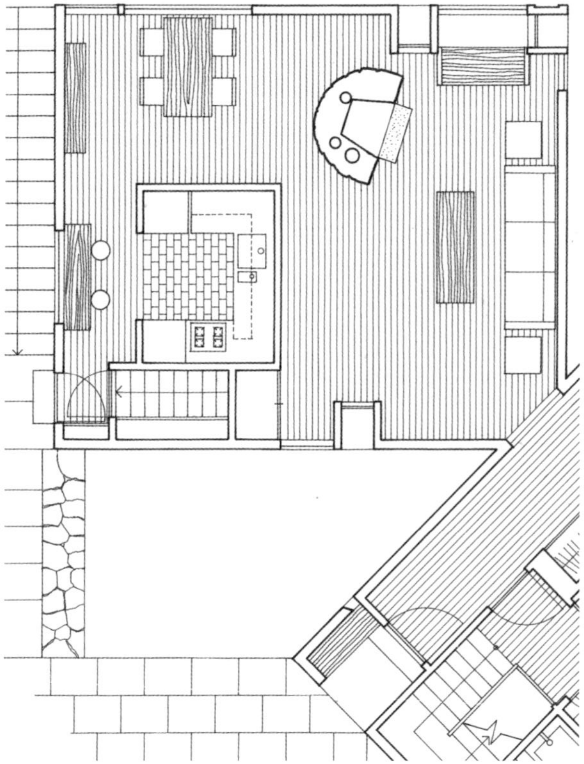

この本では基本的にショードローイングの描き方を学びます。

Introduction

4 縮尺

フィッシャー邸は面積の小さい住宅ですが、そのままの大きさで図面を描くと用紙に収まりません。そのため、実際の寸法を何分の一かの大きさに縮めて描きます。これを「縮尺」と言います。たとえば、1/100の縮尺では、1mを10mm（1000mm/100）で描きます。下図の例のように、縮尺によって表現する内容が決まるので、図面にふさわしい縮尺を選ぶことが重要です。縮尺のある図面を描いたり、測ったりするためには、縮尺定規を使うと便利です。

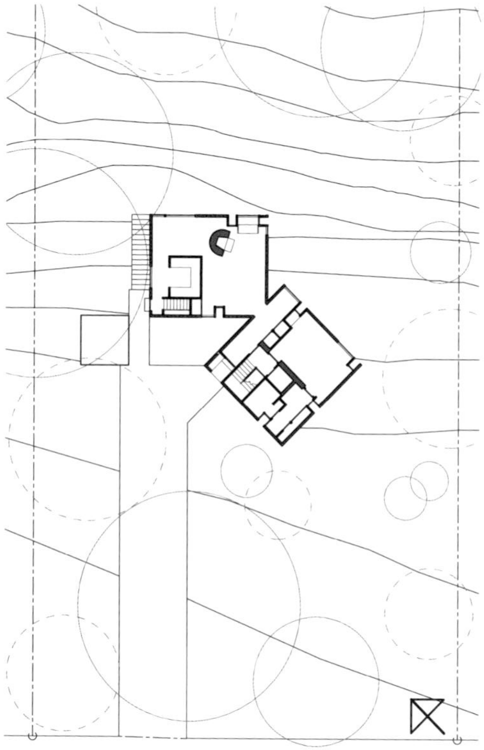

建物の配置図など
1/500～1/300くらい（S＝1：300～1：500）
主に建物周辺の敷地の状況を表現する。

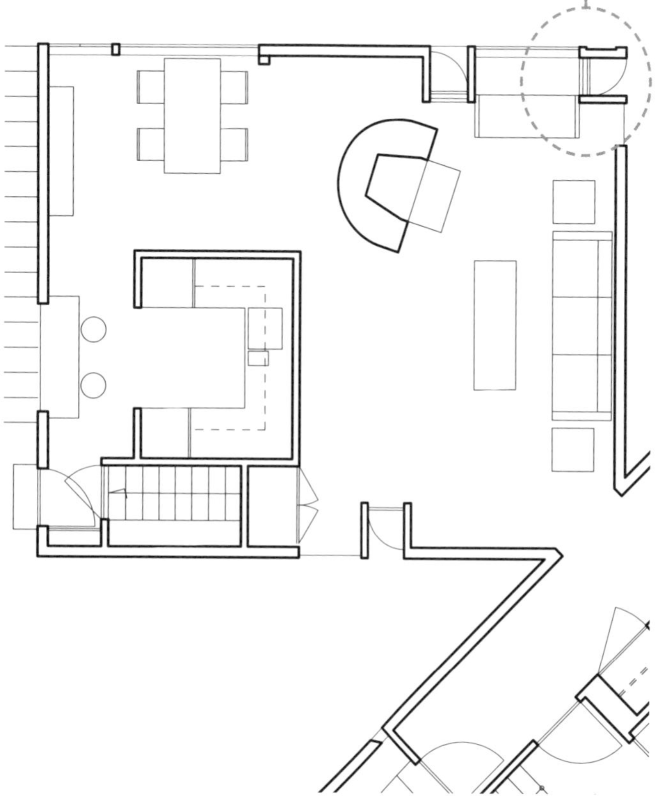

基本図（平面・断面・立面図など）
1/100～1/50くらい（S＝1：100～1：50、住宅の場合）
建物の全体像を表現する。

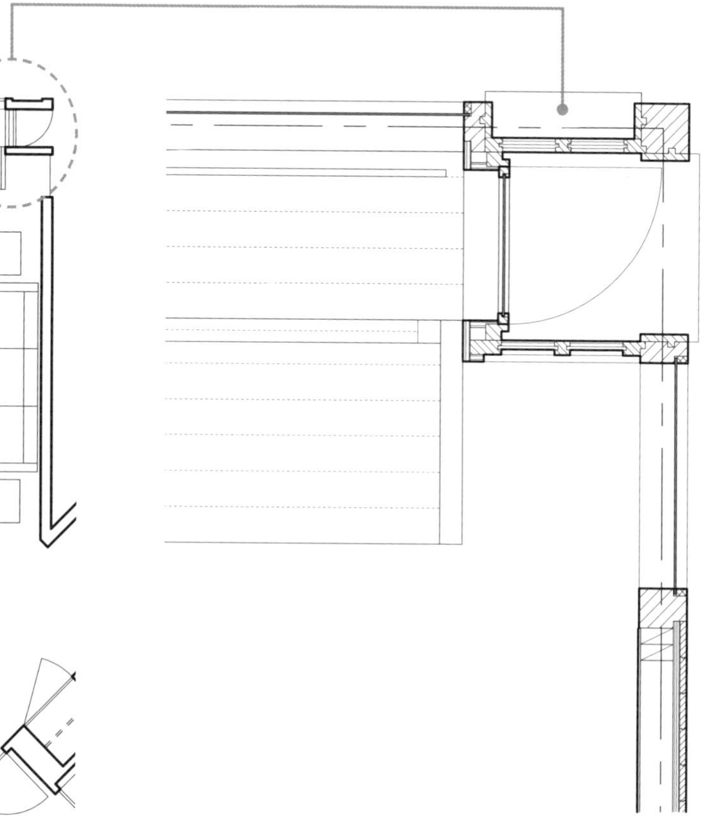

詳細図
1/20～1/2くらい（S＝1：20～1：2）
建物の一部の材質やつくり方などを細かく表現するのに適している。

Plan 1 平面図（PLAN）とは

平面図は建物の各階の平面構成（内部の部屋の関係・機能）を表している、一番基本となる図面です。一般的に「間取り」などを表現する時に使われるので、皆さんも目にしたことがある図ではないでしょうか。
通常、建物の床から1〜1.5mくらい（開口部と壁の関係が分かりやすい高さ）を水平に切って、その切断面から下に見える物を表現します。

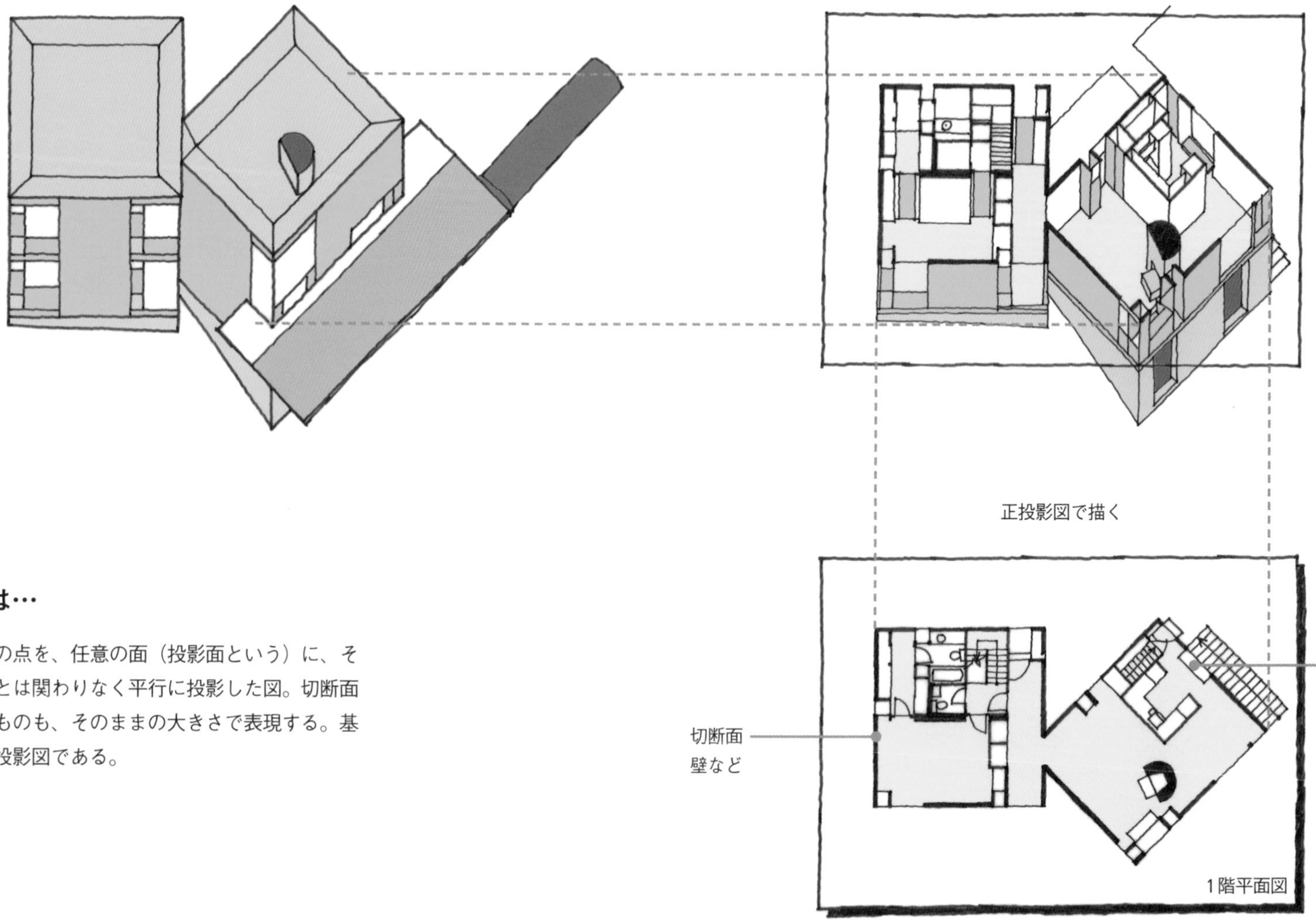
建物を水平に切る
真上から見る
切断面より下に見えている物を「見えがかり」という。家具・設備機器など。

正投影図とは…

建物のすべての点を、任意の面（投影面という）に、そこからの奥行きとは関わりなく平行に投影した図。切断面より下に見えるものも、そのままの大きさで表現する。基本図はすべて正投影図である。

FISHER HOUSE

フィッシャー邸

フィッシャー邸はフィッシャー夫妻とふたりの娘の家として、1967年にフィラデルフィアの郊外に建てられました。設計開始から竣工まで、この小さい家としては異例に長く、7年もかかっています。

通常設計者はある特定の施主のために、その家族の条件に合わせて住宅を設計します。しかし、カーンは施主であるフィッシャー夫妻に「家はある特定の人のために設計するのではない。」と伝えていました。家には風雨をしのいで、日常生活を送る場をとしての機能的な面のほかに、人の居場所であるという根源的な役割があります。カーンは、フィッシャー夫妻の家族だけでなく、誰がその家に住んだとしても、これが自分の家だと感じられるような「家の原型」を追求したのです。

夫妻はカーンの設計哲学に共感し、近年までこの家を大切に手入れして住み続けました。そして、カーンが目指した通り、今は別の家族の家として住み継がれています。

フィッシャー邸は小さいながらも、カーンは大規模の公共建築の設計と同様の思考と情熱を持って設計しました。彼の考える空間の本質を余すことなく伝える傑作であり、20世紀の名住宅のひとつに挙げられるでしょう。

道路からアプローチを見る。手前の一番奥が玄関

Plan 2

平面図の作図——線の意味

図面は建築を考えたり、説明したり、建てるために描きます。言ってみれば図面は文章のようなものであり、線はそれを構成する言葉のようなものです。

言葉と同様に、線にはいろいろな種類や約束事があり、その意味を覚えることが重要です。

線の太さの種類：

①極細線（0.1 mm以下）
補助線（本線を描くために必要な下描き線）

②細線（0.1 mm）
基準線・通り芯線（16ページ参照）、寸法線、ハッチ、目地線、木目線（45ページ参照）破断線、開き線など

③中線（0.2 mm〜0.4 mm）
見えがかり線など

④太線（0.5 mm〜0.8 mm）
断面線

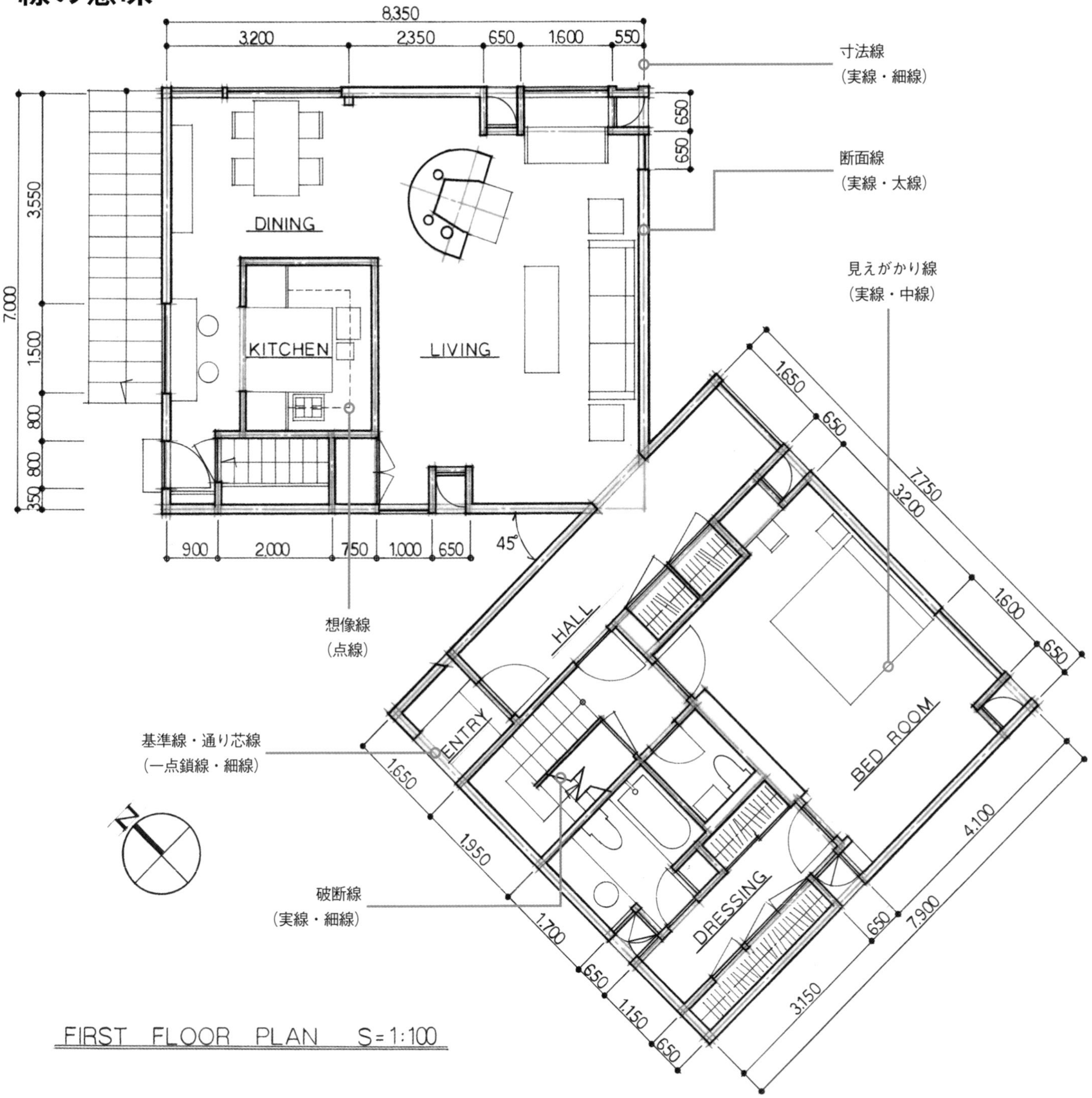

FIRST FLOOR PLAN S=1:100

線の約束事：

①実線
見えがかり線、寸法線、断面線など

②破線
隠れ線

③点線
想像線、移動線

④鎖線（一点・二点）
基準線・通り芯線、吹き抜け線

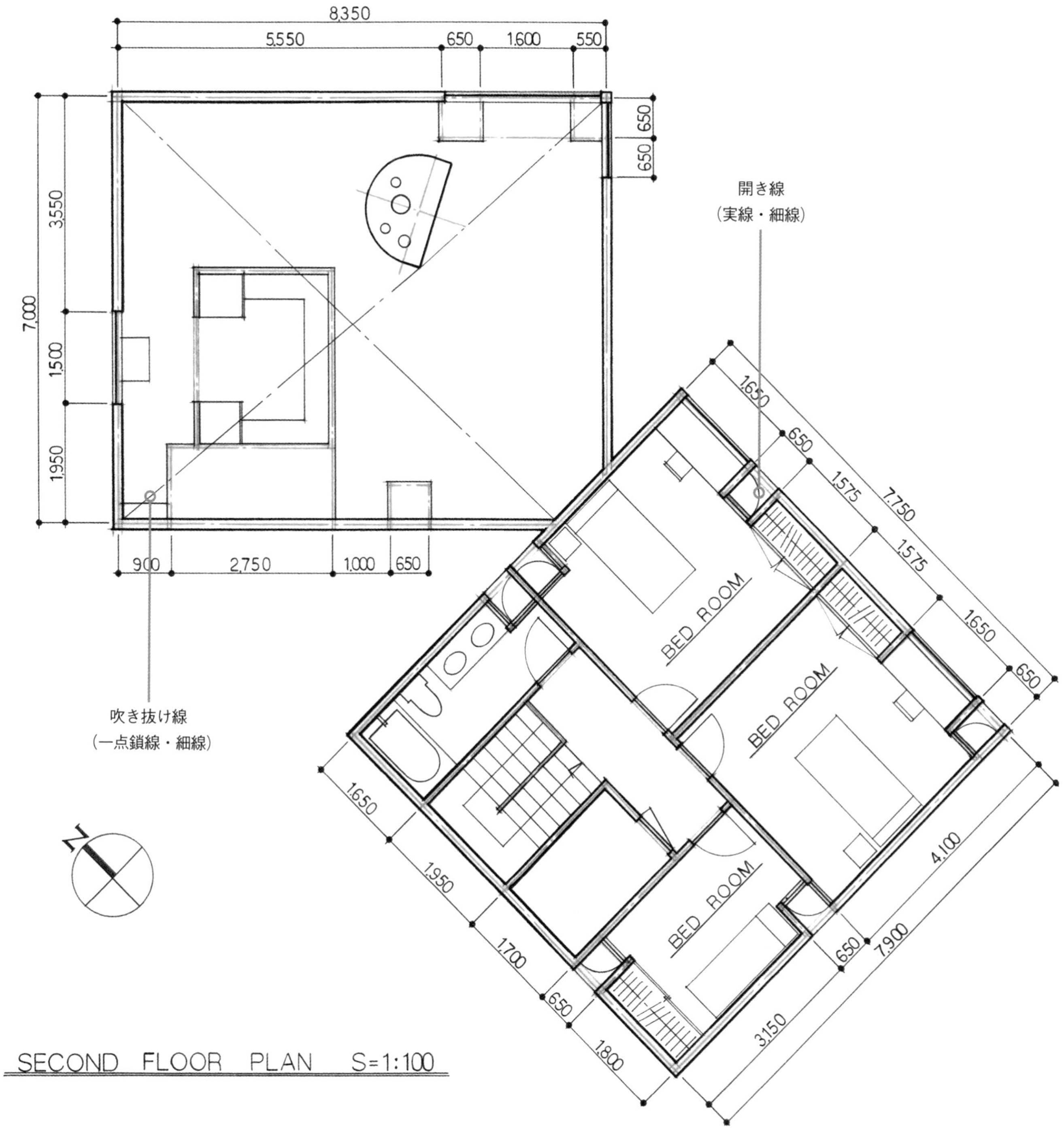

SECOND FLOOR PLAN S=1:100

ハッチ（ハッチング）：
ある面を一定間隔の斜線で埋める図法。主に45°の斜線を使い、切断面などその面を強調したいときに使う。

想像線：
切断面より手前にあるものを示す線。（上部にある吊戸棚など）

破断線：
物の一部を破った境界を示す線。主に階段を平面図上で途中で切断して見せる箇所に用いる。

吹き抜け線：
吹き抜けていて床のない部屋を表す。吹き抜けについては43ページ参照。

隠れ線：
見えない部分の形状を表す線。

移動線：
物（引き戸など）が移動する軌跡を示した線。

開き線：
開き戸（56ページ参照）を開く際の扉の軌跡を示した線。

Plan 3 平面図の作図プロセス①――外壁の通り芯を描く

図面はまず「通り芯」と呼ばれる壁（柱）の中心線から描いていきます。建物の大体の大きさや位置は、通り芯を描いた時点で決まります。通り芯の下描きの時点で、用紙のどの位置に平面図を配置したいか、考えながら描きましょう。

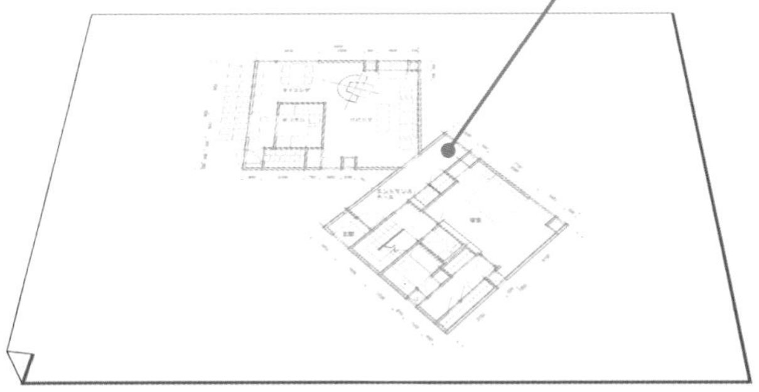

基準線の位置で用紙上の図面の位置が決まる。

通り芯は建物の骨格を表す線なので、建物の広さや大きさを表す寸法は、基準線の間の距離を記入します。

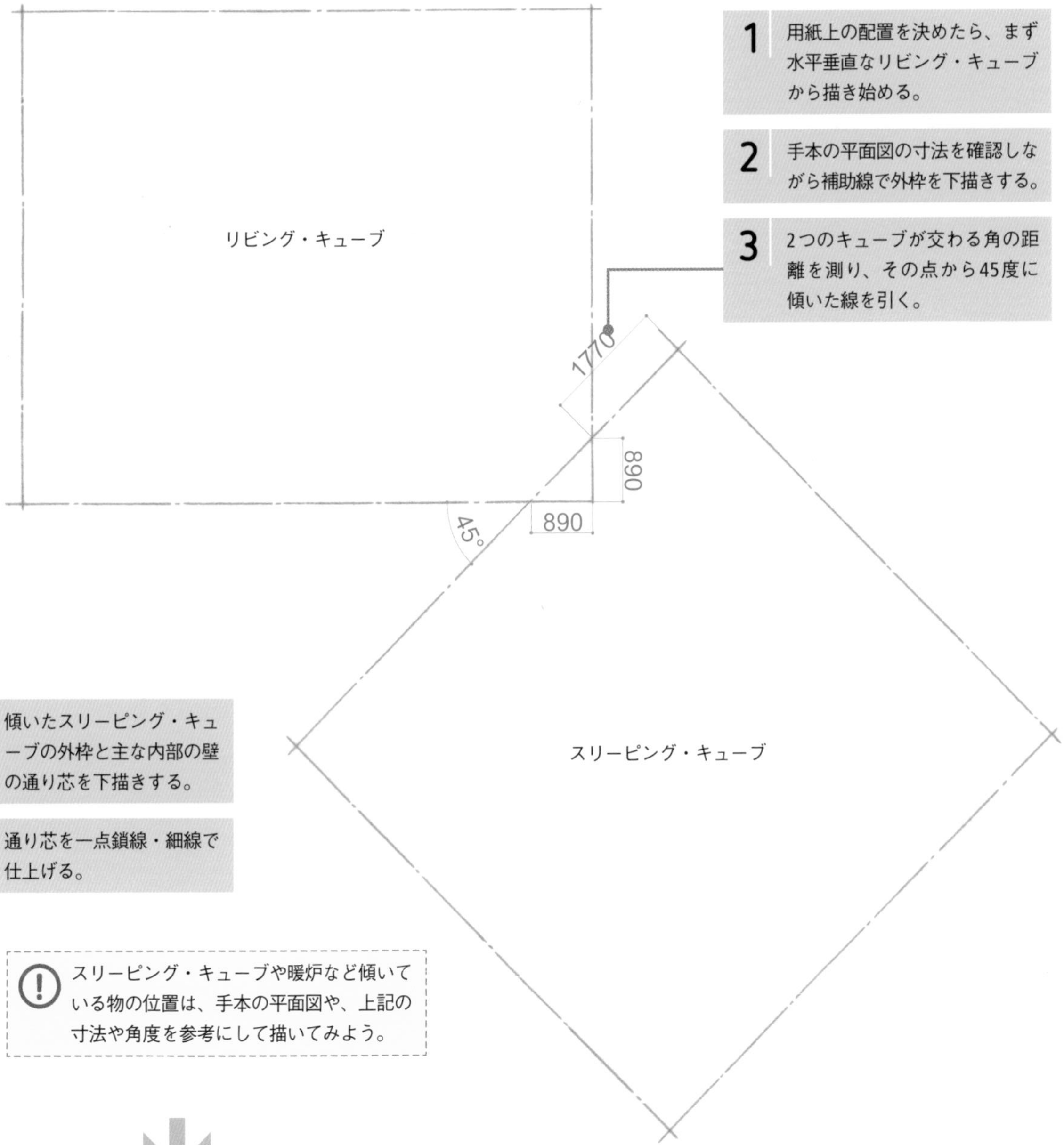

1 用紙上の配置を決めたら、まず水平垂直なリビング・キューブから描き始める。

2 手本の平面図の寸法を確認しながら補助線で外枠を下描きする。

3 2つのキューブが交わる角の距離を測り、その点から45度に傾いた線を引く。

4 傾いたスリーピング・キューブの外枠と主な内部の壁の通り芯を下描きする。

5 通り芯を一点鎖線・細線で仕上げる。

(!) スリーピング・キューブや暖炉など傾いている物の位置は、手本の平面図や、上記の寸法や角度を参考にして描いてみよう。

Plan 4

平面図の作図プロセス②――内壁の通り芯を描く

室内の壁の通り芯を描きます。図面の寸法を見ると内壁の通り芯の位置が出ていますが、足りない物は手本の図面に三角スケールなどの物差しをあてて測って描きましょう。

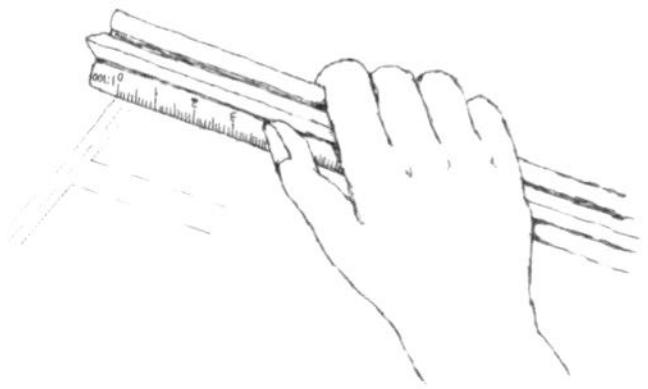

図面の縮尺に合わせた分一の目盛りで測ると簡単に図面の示している寸法を知ることができます。

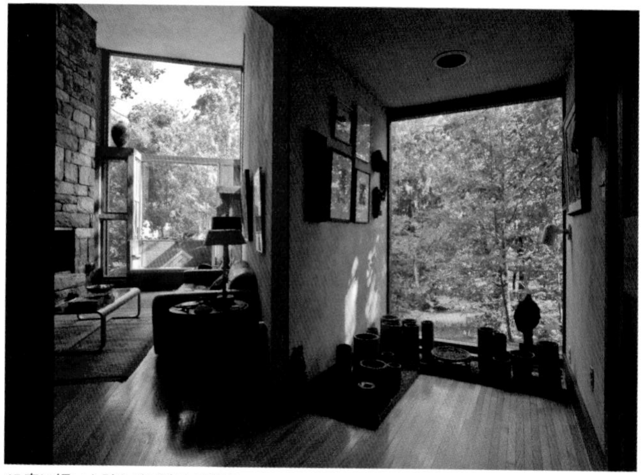

45度に傾いた壁と壁が交わる部分

基準線（通り芯）：
作図や寸法を測るときの基準となる、
壁や柱の中心を通る線。

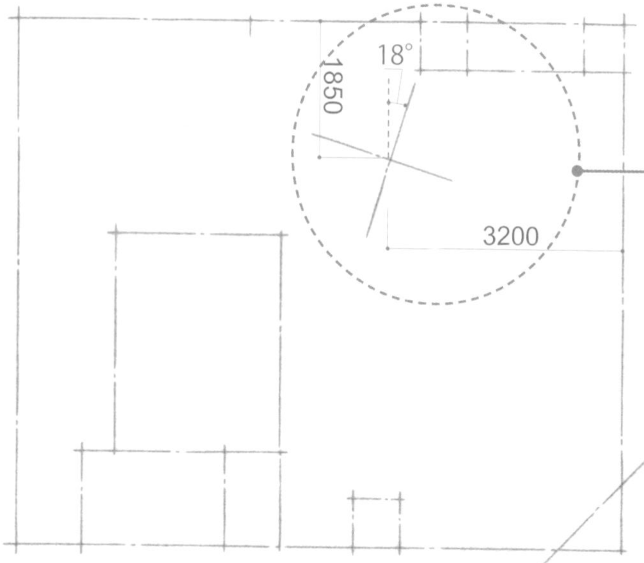

1 手本の平面図の寸法を確認しながら、内壁の通り芯を補助線で下描きする。

2 傾いている暖炉の中心も、左図に従って下描きしておくとよい。

3 通り芯を一点鎖線・細線で仕上げる。

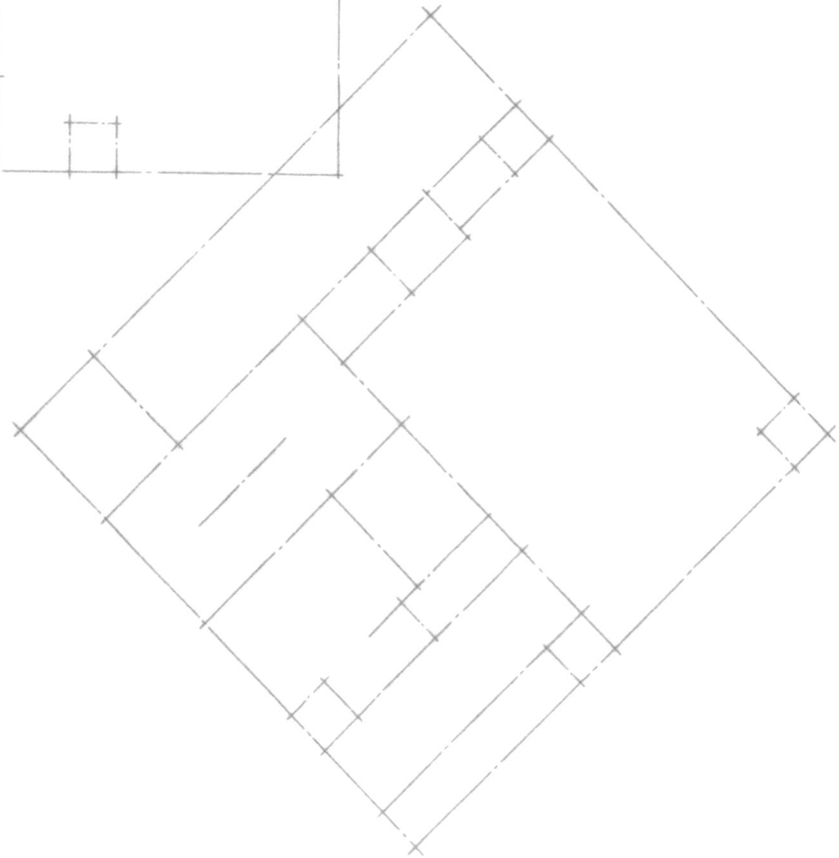

Plan 5 平面図の作図プロセス③——壁（切断面）の厚みを下描きする

壁の厚みを下描きしましょう。通り芯は壁の中心線なので、両側に壁の厚さを半分ずつ振り分けます。柱など切断される物（この住宅の場合は暖炉など）も壁と同様に下描きしておきます。

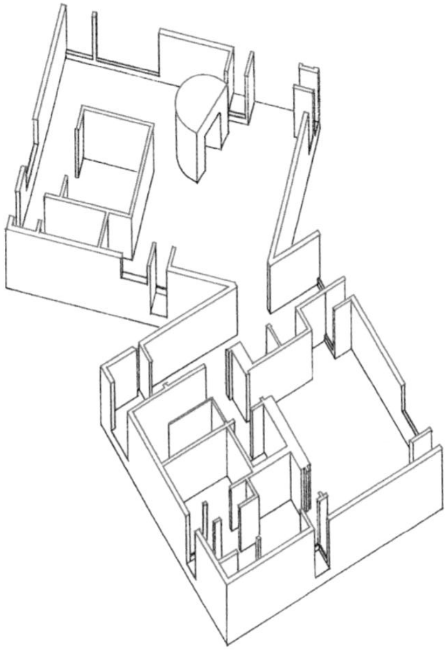

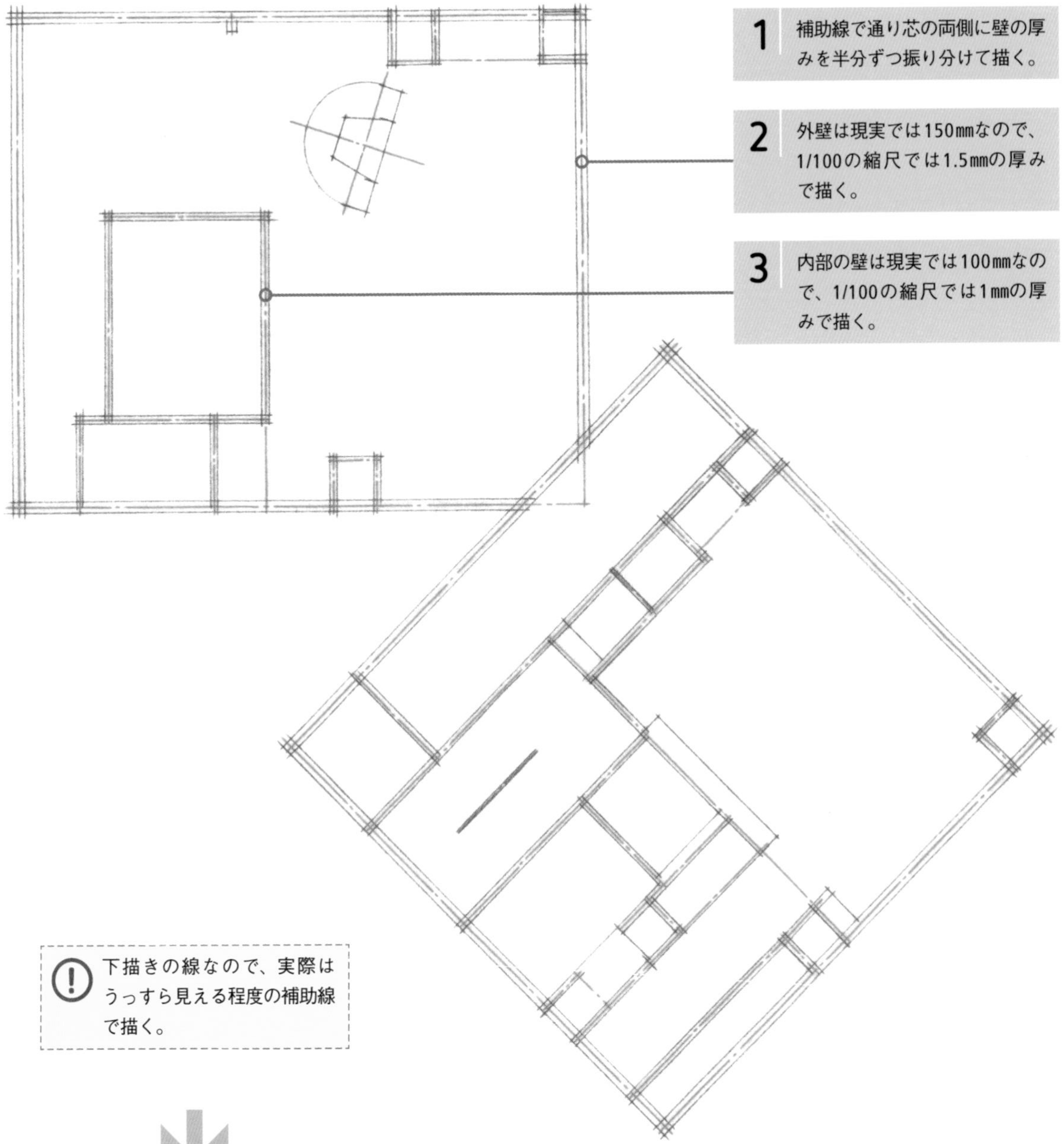
1 補助線で通り芯の両側に壁の厚みを半分ずつ振り分けて描く。
2 外壁は現実では150㎜なので、1/100の縮尺では1.5㎜の厚みで描く。
3 内部の壁は現実では100㎜なので、1/100の縮尺では1㎜の厚みで描く。

下描きの線なので、実際はうっすら見える程度の補助線で描く。

Plan 6 平面図の作図プロセス④——開口部の位置をマークする

壁に開ける開口部の位置をマークします。手本の平面図を測ったり、示されている寸法を確認して描きましょう。

フィッシャー邸にはさまざまな開口部がある

開口部：
建物の壁に扉や窓によって開けられている部分

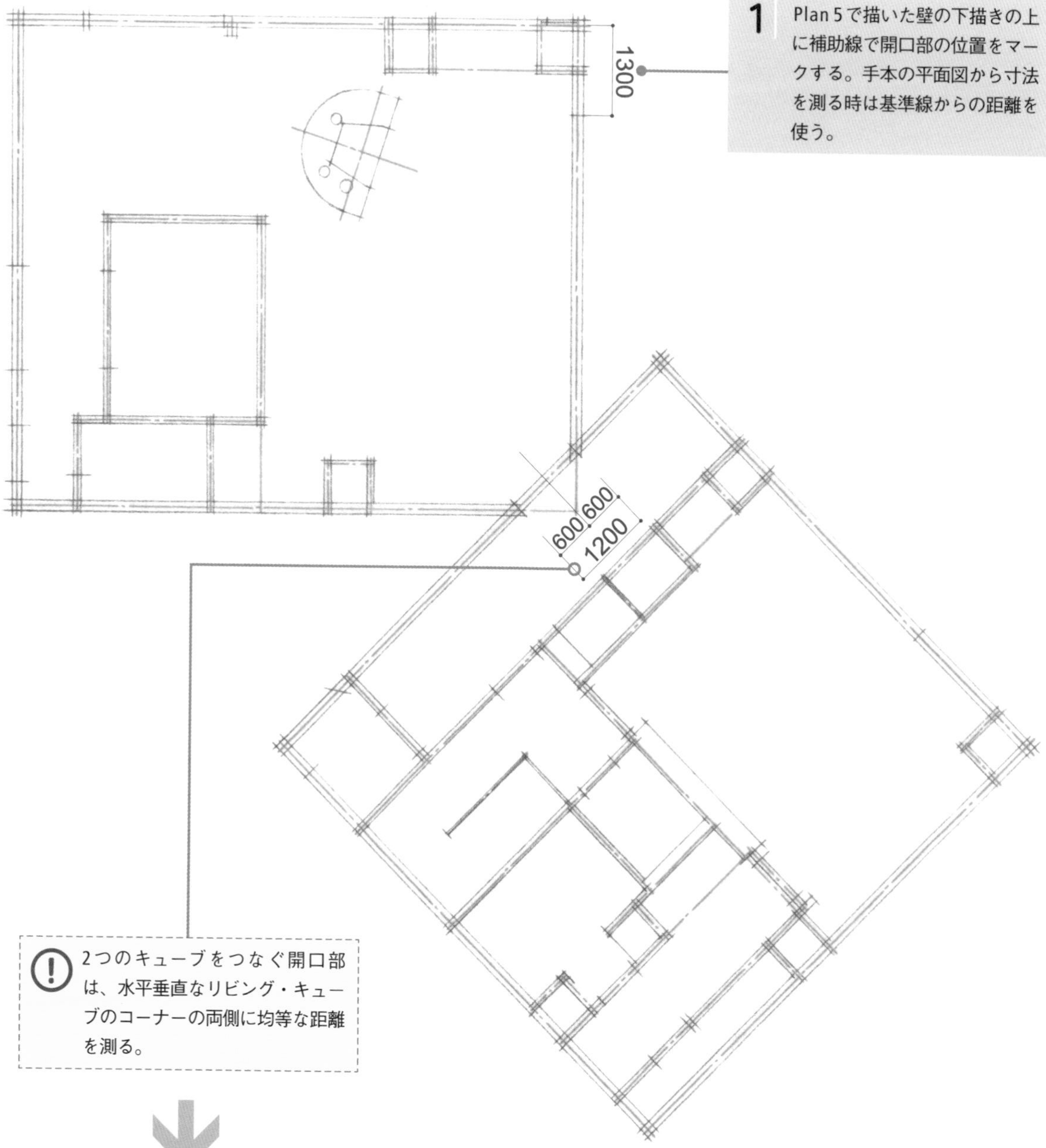

1 Plan 5で描いた壁の下描きの上に補助線で開口部の位置をマークする。手本の平面図から寸法を測る時は基準線からの距離を使う。

(!) 2つのキューブをつなぐ開口部は、水平垂直なリビング・キューブのコーナーの両側に均等な距離を測る。

Plan 7 平面図の作図プロセス⑤——壁（切断面）を描く

下描きした壁の厚みと開口部の位置を手掛かりに、壁（切断面）の部分を描いていきます。

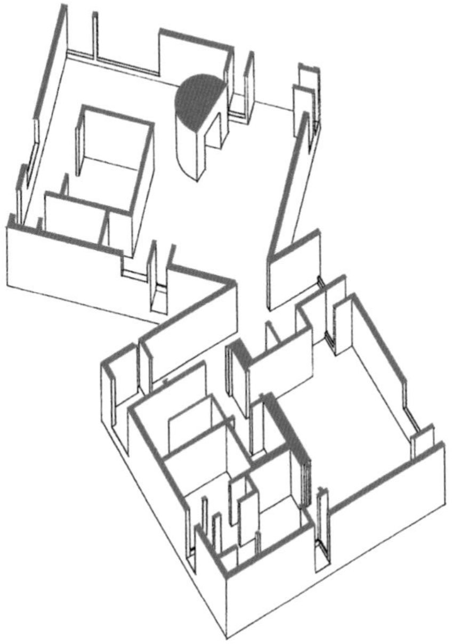

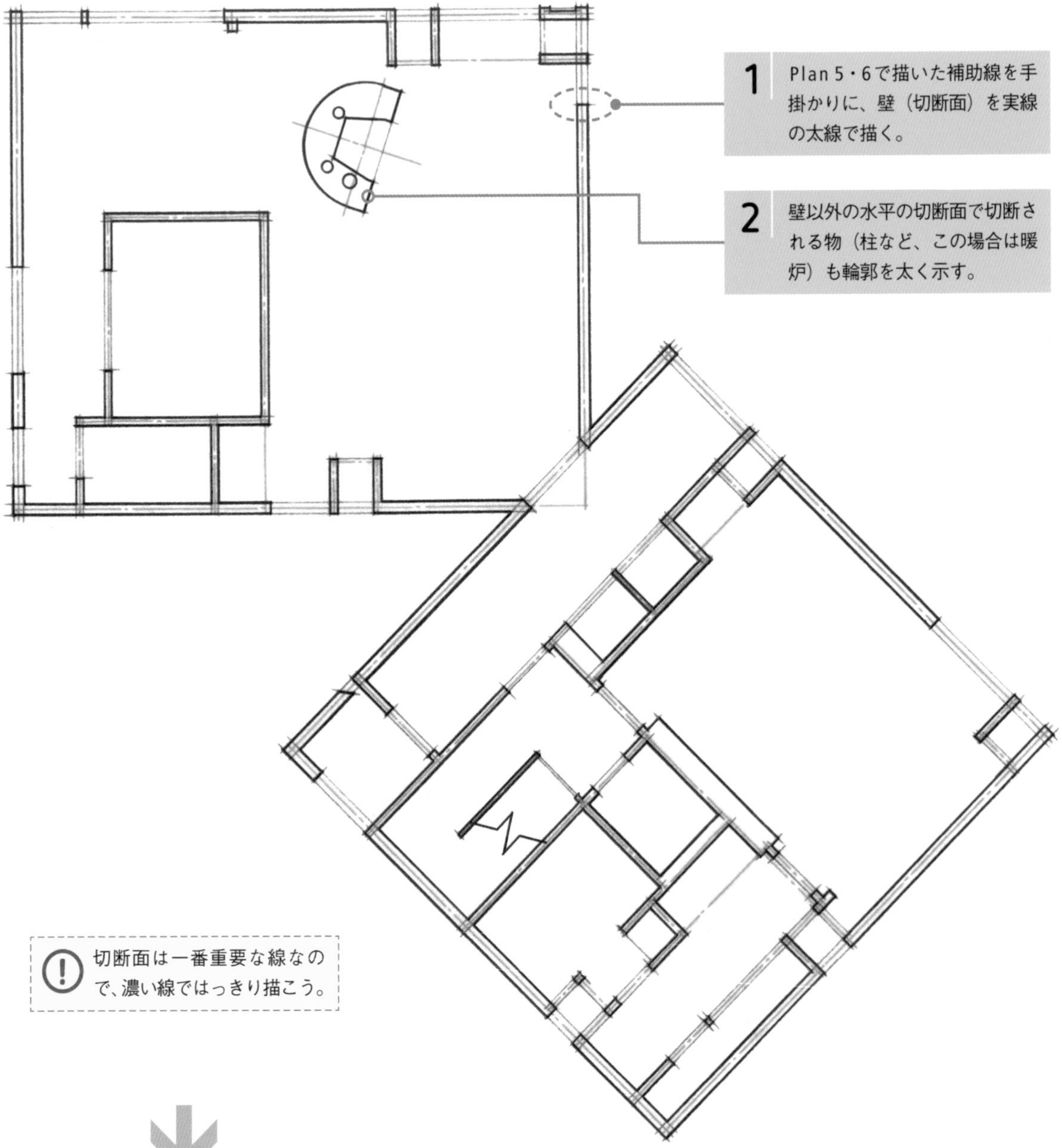
1 Plan 5・6で描いた補助線を手掛かりに、壁（切断面）を実線の太線で描く。
2 壁以外の水平の切断面で切断される物（柱など、この場合は暖炉）も輪郭を太く示す。

切断面は一番重要な線なので、濃い線ではっきり描こう。

Plan 8

平面図の作図プロセス⑥——窓と扉の記号を描く

開口部に窓や扉などの建具記号を描き入れていきます。フィッシャー邸では開き戸と嵌《は》め殺《ころ》し窓がほとんどなのですが、ほかにも引違《ひきちが》い窓など窓の種類にもさまざまあり、表現の仕方も異なるので気を付けてください。(56ページの建具の記号はすべて覚えましょう)

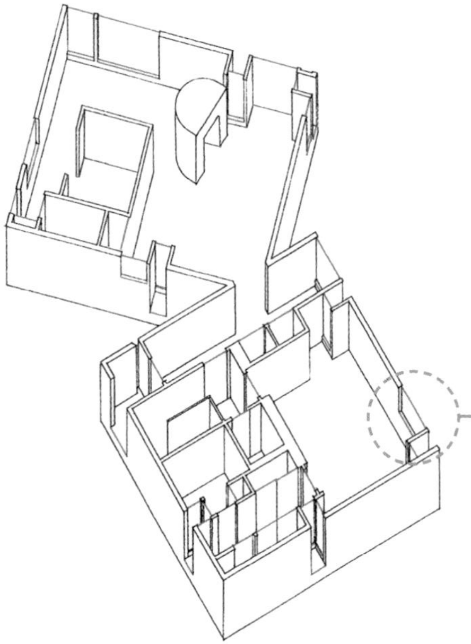

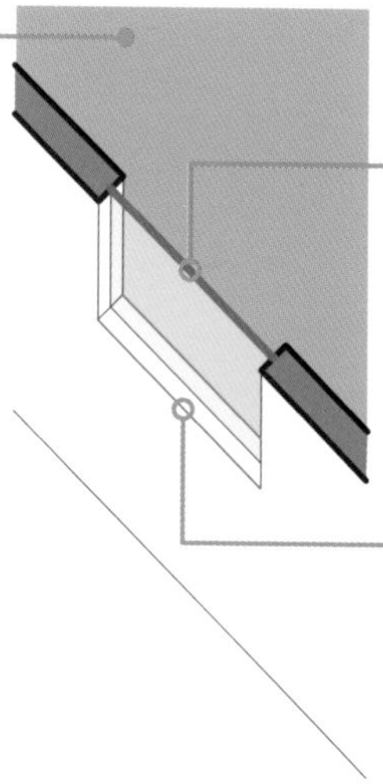

ガラスは切断面でもあるので強めの中線で描く。

窓枠は見えがかりなので中線で描く。

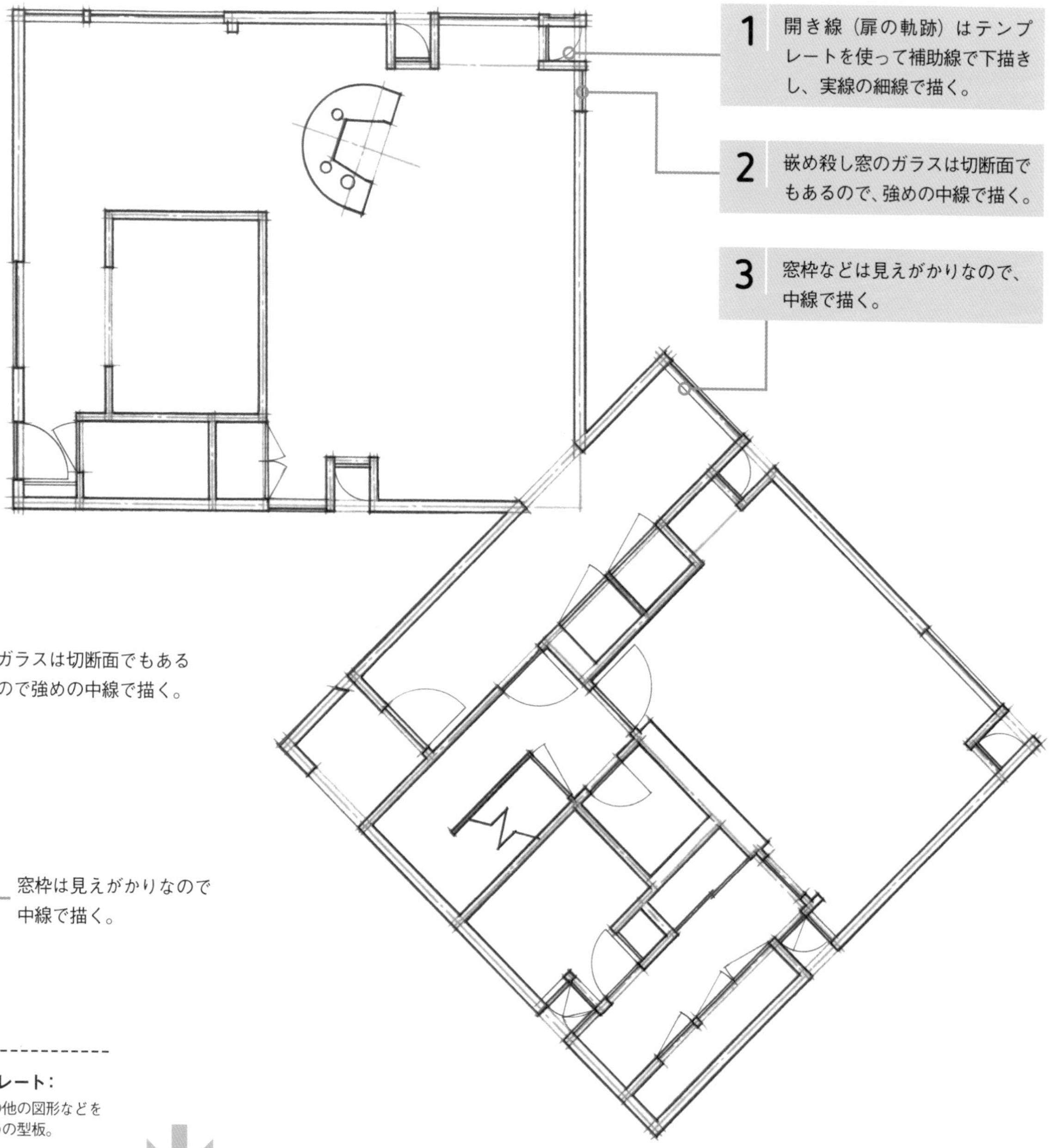

1 開き線(扉の軌跡)はテンプレートを使って補助線で下描きし、実線の細線で描く。

2 嵌め殺し窓のガラスは切断面でもあるので、強めの中線で描く。

3 窓枠などは見えがかりなので、中線で描く。

建具:
壁の開口部に付けられる、窓、扉、戸などの総称。

嵌《は》め殺《ころ》し窓:
開閉できないガラス窓。FIXともいう。56ページ参照。

引違《ひきちが》い窓:
左右2枚の戸をスライドして開閉する窓。56ページ参照。

テンプレート:
円やその他の図形などを描くための型板。

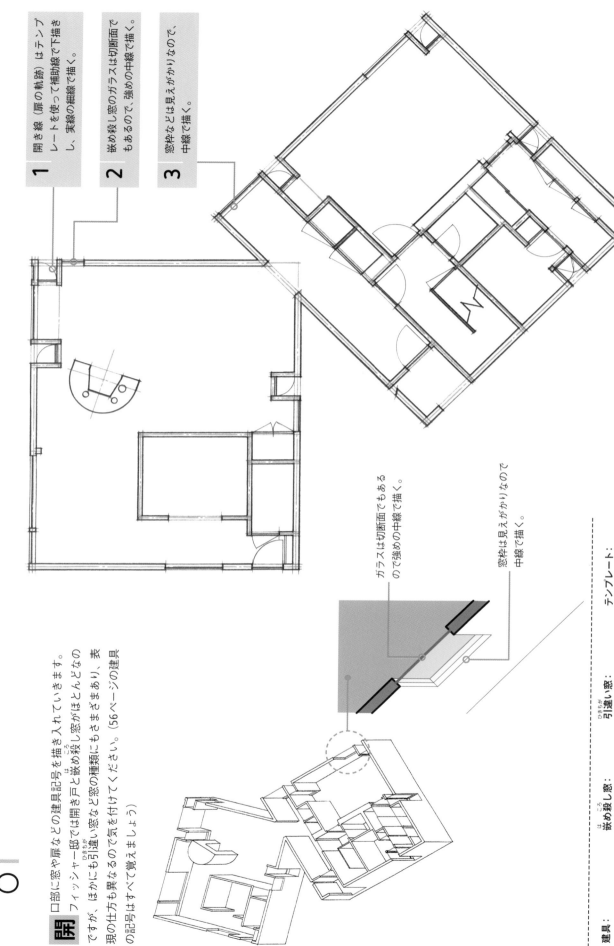

Plan 9 平面図の作図プロセス⑦——階段を描く

階段は平面図のなかで最も間違いの多い部分です。平面図が建物を床から1mほどの高さで切断して下を見た図だということを思い出しましょう。階段を真上から見た時に見える踏み面を描きます。

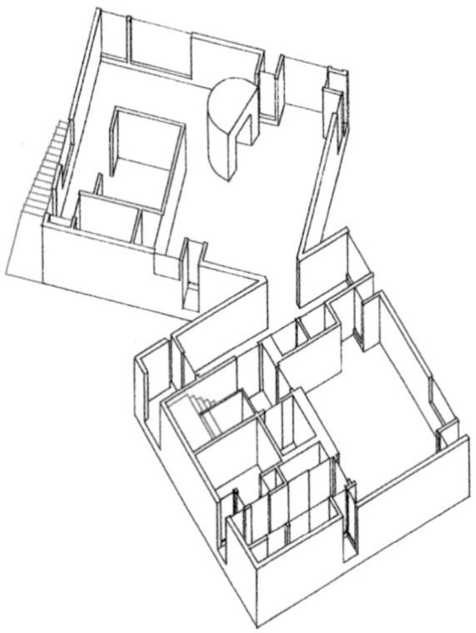

1階から2階へ上がる階段は、1階平面図では途中で切断されます。切断面をそのまま表現すると壁と間違えられてしまうので、実線の細線で破断線を描いて、階段がその上へ続くことを表現します。

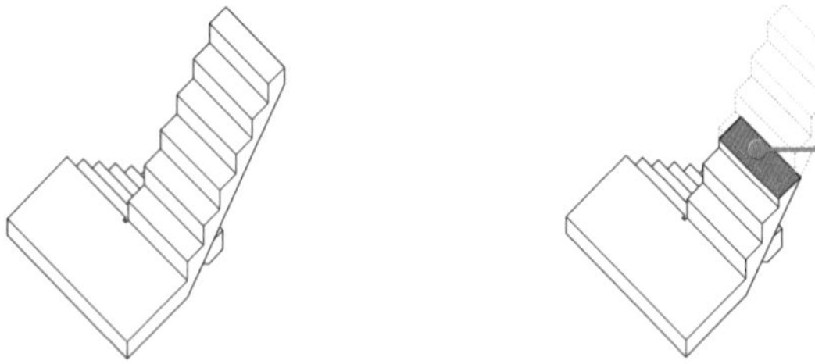

階段を切断すると…

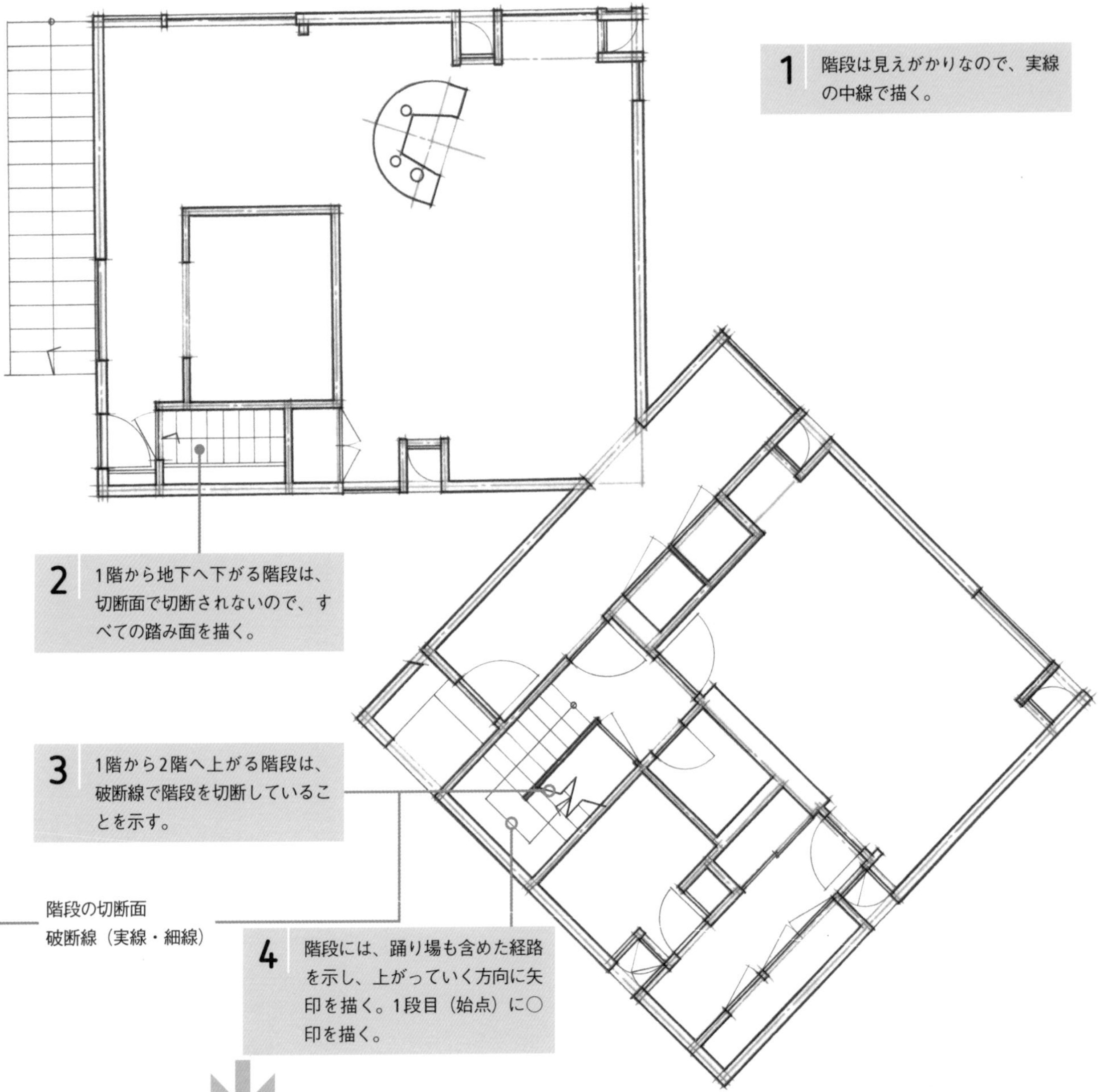

1 階段は見えがかりなので、実線の中線で描く。

2 1階から地下へ下がる階段は、切断面で切断されないので、すべての踏み面を描く。

3 1階から2階へ上がる階段は、破断線で階段を切断していることを示す。

4 階段には、踊り場も含めた経路を示し、上がっていく方向に矢印を描く。1段目（始点）に○印を描く。

Plan 10 平面図の作図プロセス⑧——見えがかり（家具・設備機器など）を描く

キッチンのカウンターや洗面所のシンク、部屋の様子を表す家具などの見えがかりを描き入れます。

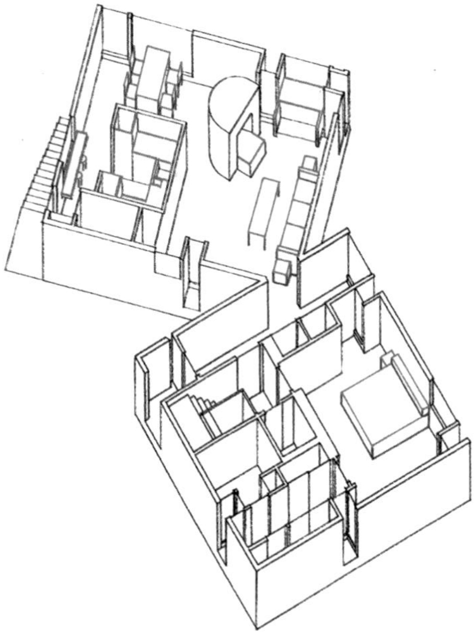

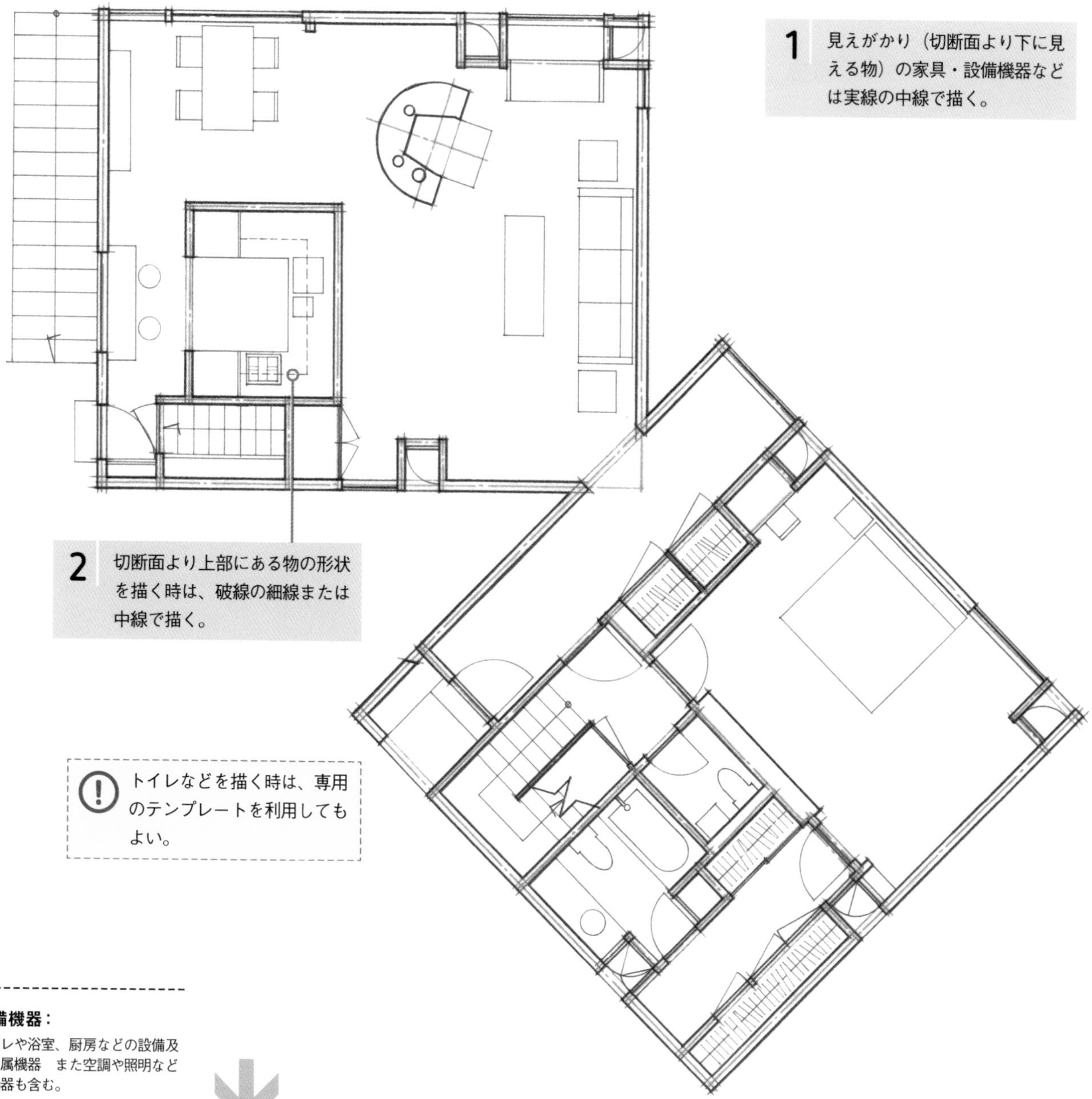

1 見えがかり（切断面より下に見える物）の家具・設備機器などは実線の中線で描く。

2 切断面より上部にある物の形状を描く時は、破線の細線または中線で描く。

(!) トイレなどを描く時は、専用のテンプレートを利用してもよい。

踏《ふ》み面《づら》：
階段の足をのせる踏み板のこと。

踊り場：
階段の途中に、方向転換・休息・危険防止のために設けた、やや広く平らな所。

設備機器：
トイレや浴室、厨房などの設備及び付属機器 また空調や照明などの機器も含む。

Plan 11

平面図の作図プロセス⑨——部屋名を書く

図面を分かりやすくするために、部屋名を入れます。図面のなかの文字は、補助線で位置と高さのガイドを描いてから、丁寧に書きましょう。

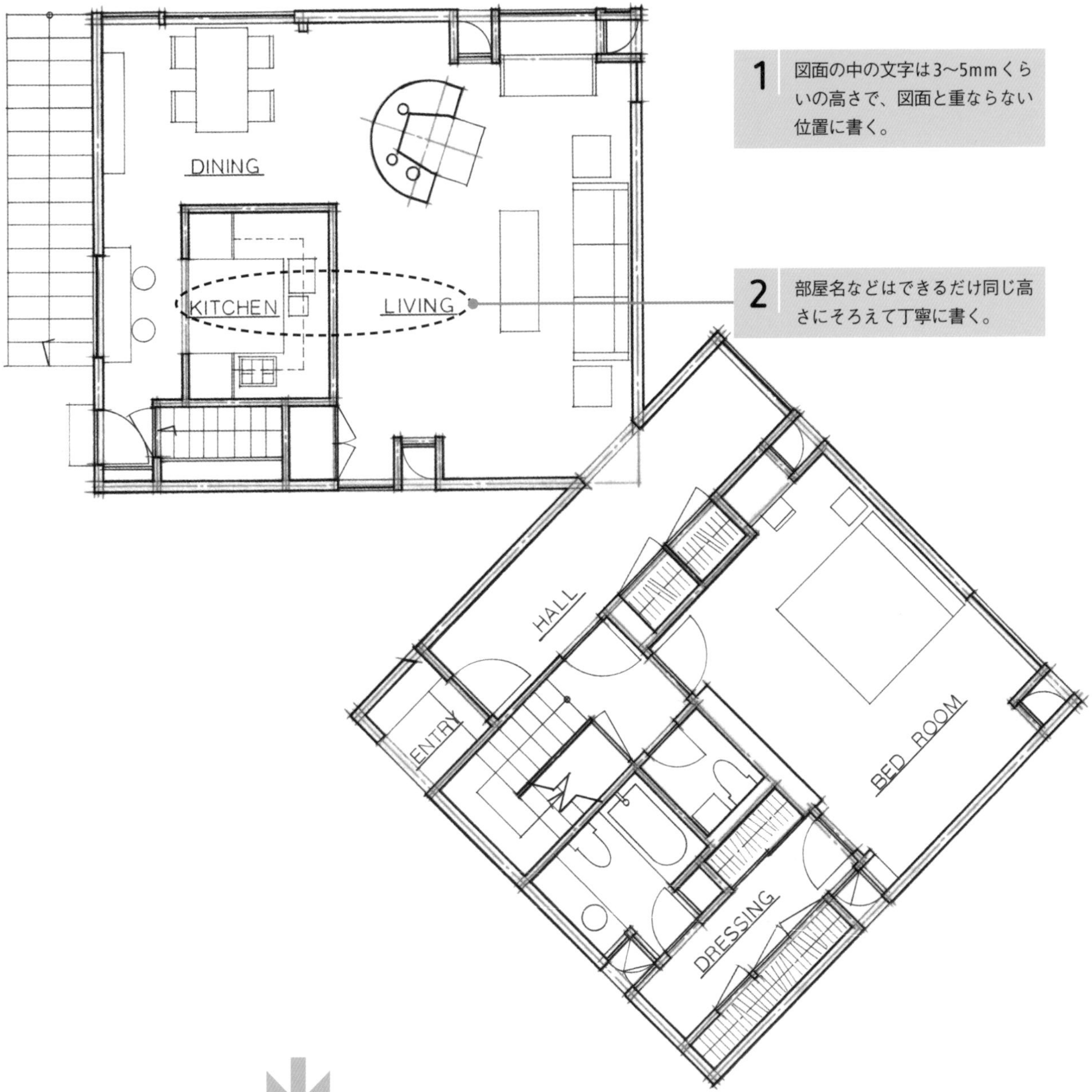

1 図面の中の文字は3~5mmくらいの高さで、図面と重ならない位置に書く。

2 部屋名などはできるだけ同じ高さにそろえて丁寧に書く。

フィッシャー邸のリビング。暖炉の後ろにダイニングも見える

Plan 12

平面図の作図プロセス⑩ 寸法、方位、図面タイトルを入れる

文字や記号は図面の重要な一部です。「1階平面図」といった図面のタイトルや縮尺、方位などの記号は必ず記入してください。用紙全体のレイアウトを考えながら、バランス良く記入しましょう。

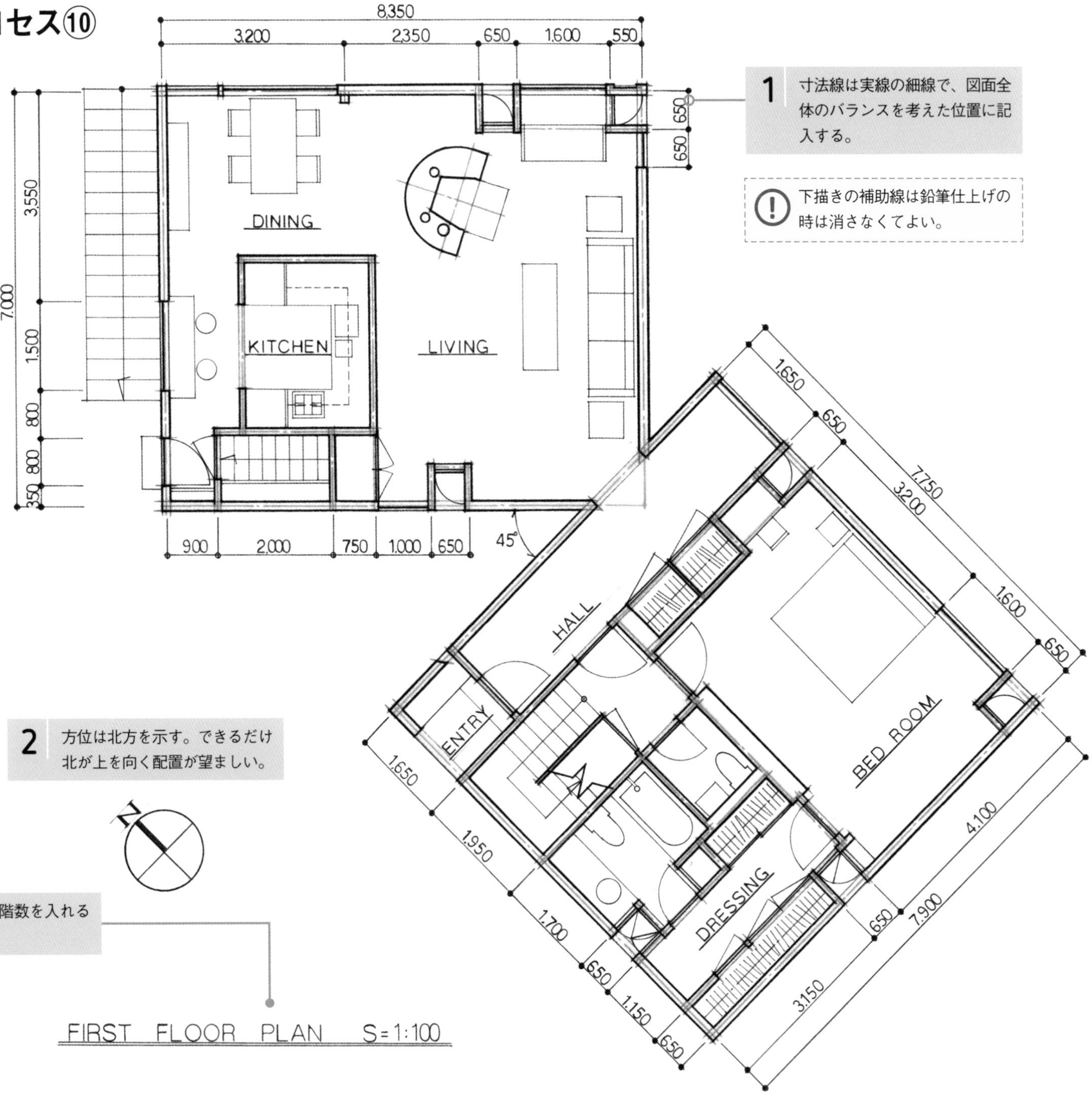

1 寸法線は実線の細線で、図面全体のバランスを考えた位置に記入する。

下描きの補助線は鉛筆仕上げの時は消さなくてよい。

2 方位は北方を示す。できるだけ北が上を向く配置が望ましい。

3 図面タイトルには階数を入れること。

Plan 13 インキング仕上げ①

インキング仕上げの時は、インク式ペンを使って鉛筆の下書きをなぞって仕上げます。インクが乾ききったら、鉛筆の補助線を丁寧に消しましょう。

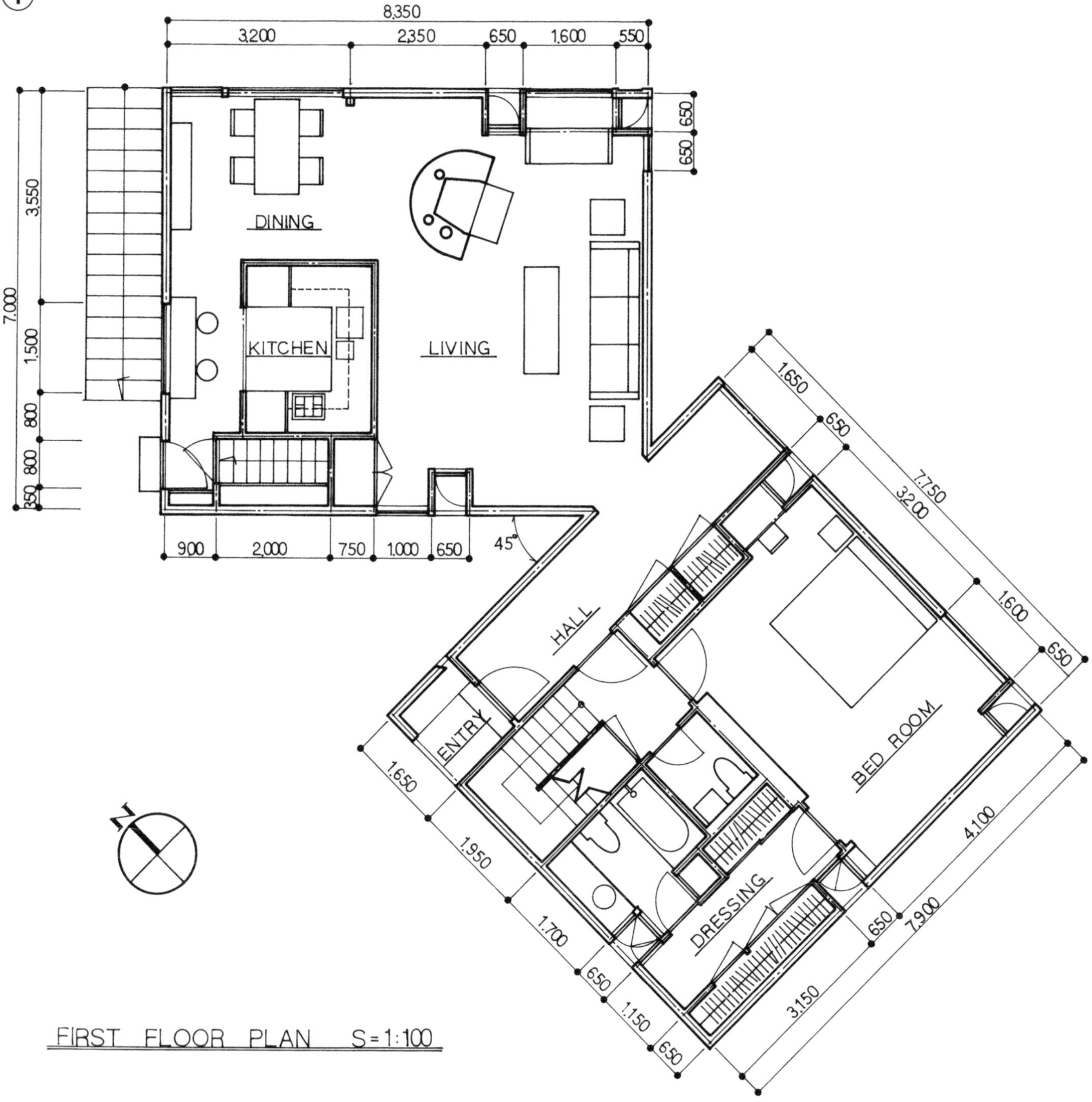

FIRST FLOOR PLAN S=1:100

1階のエントランスホールからリビングを見る

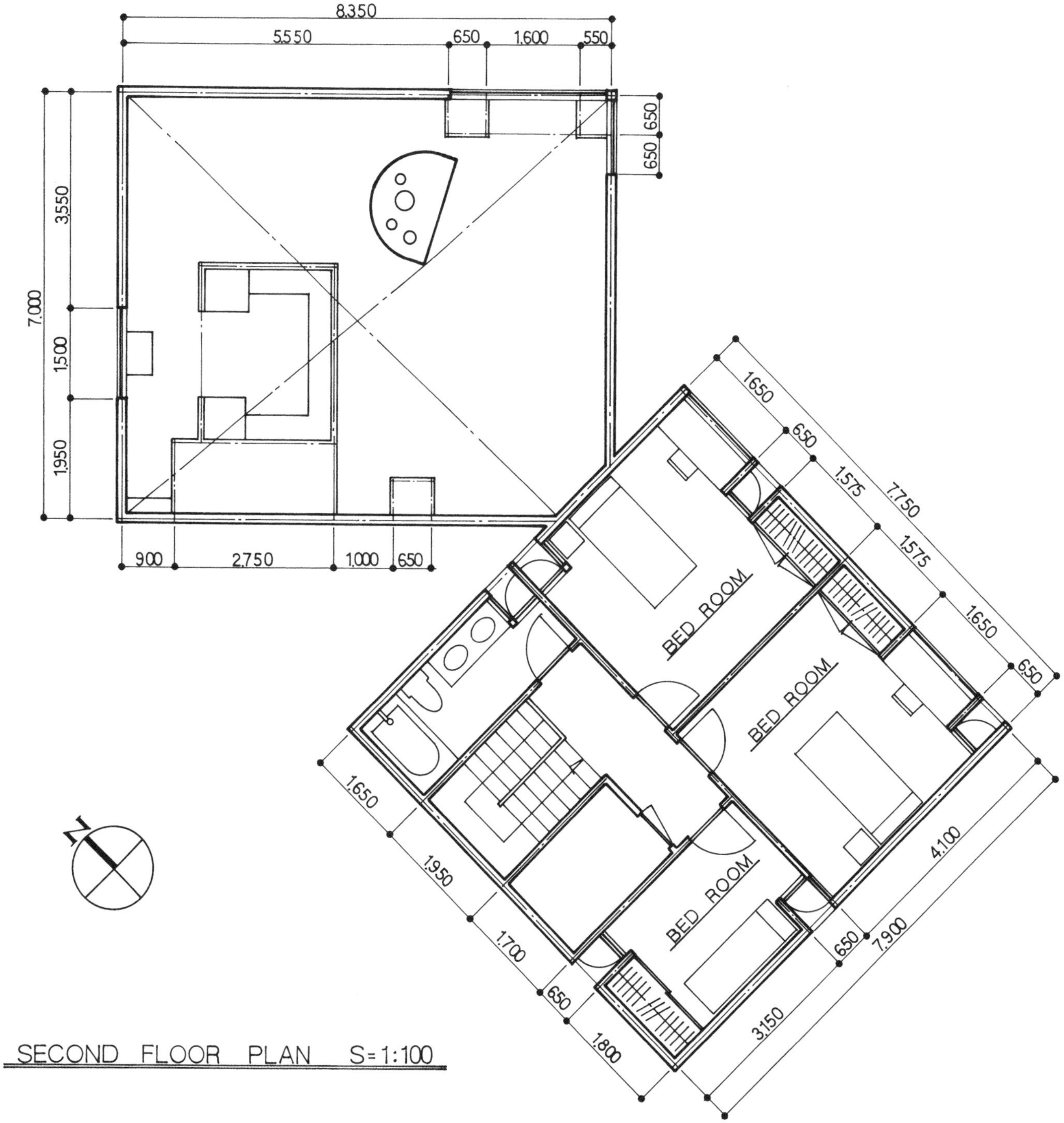

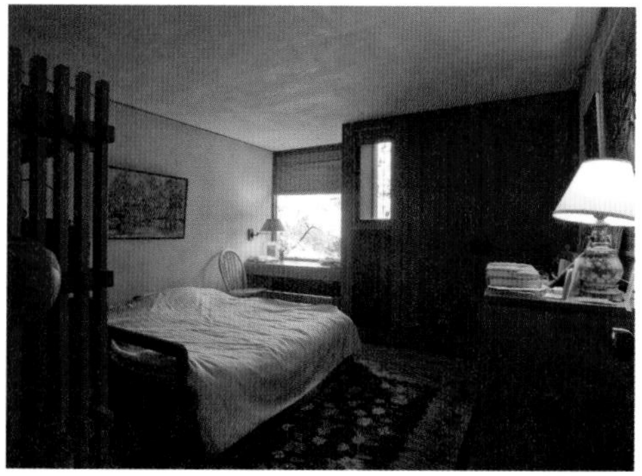

2階の寝室

インキング：

インクを用いて製図すること。さまざまな太さの製図用ペンを使うことが多い。

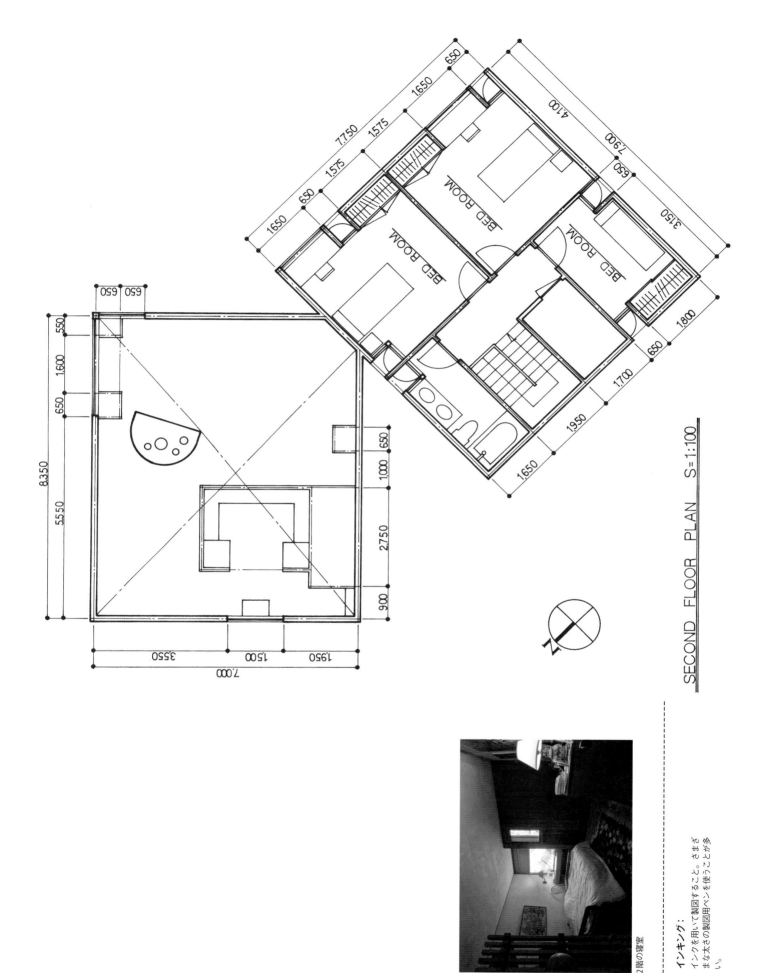

Plan 14

インキング仕上げ②

地 下の壁は石でできているので、1・2階の壁より、分厚く表現します。

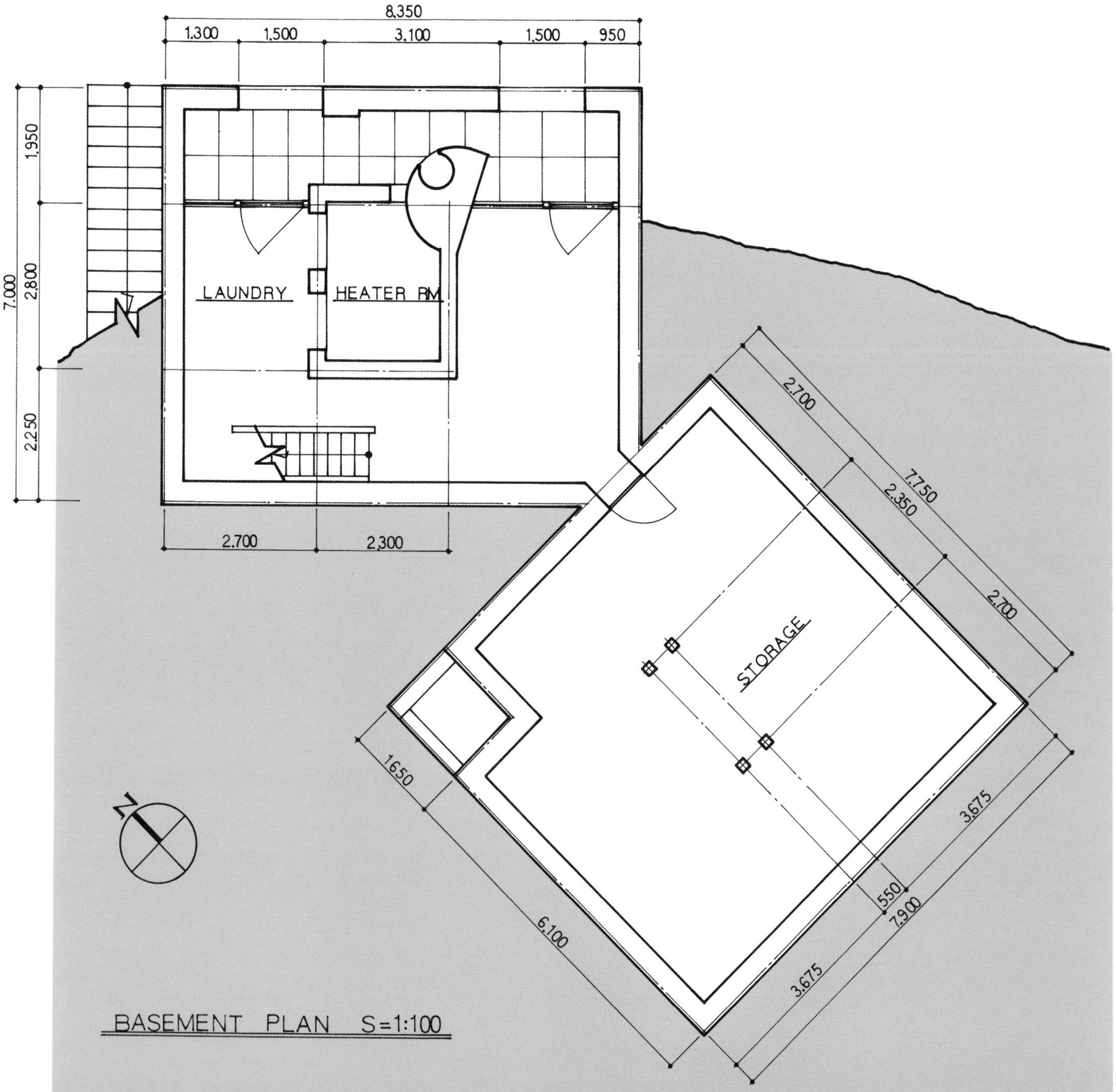

FISHER HOUSE PLAN

リビング・キューブとスリーピング・キューブ

フィッシャー邸は、2つの正方形を組み合わせたシンプルな平面構成をしています。1つの正方形には家族が一緒に過ごす居間などの部屋が配置され、もう1つの正方形には、よりプライベートな寝室などの部屋が入っています。カーンはそれらを「リビング・キューブ」、「スリーピング・キューブ」と呼びました。このように建物や部屋の配置を計画することをプランニングと言います。

平面図は壁や開口部の位置、それらの向きを表しています。2つの「キューブ」はただ隣り合わせに並んでいるのではなく、1つが45度傾いた形で接しています。それぞれのキューブには敷地の奥にある小川や林を眺めるための大きな窓が開いていますが、向いている方向が異なることで、違った景色や光を採り入れています。

また、平面図を見ると、部屋の大きさ・性質・関係が分かります。それに扉や窓の位置、設備機器や家具を見れば、部屋名を読まなくても、何の部屋か想像できるのではないでしょうか。平面図は個々の部屋の様子だけでなく、部屋同士の関係も表しています。この家のなかで一日を過ごすとしたら、どのように部屋から部屋へ動くか、平面図の上で想像してみましょう。

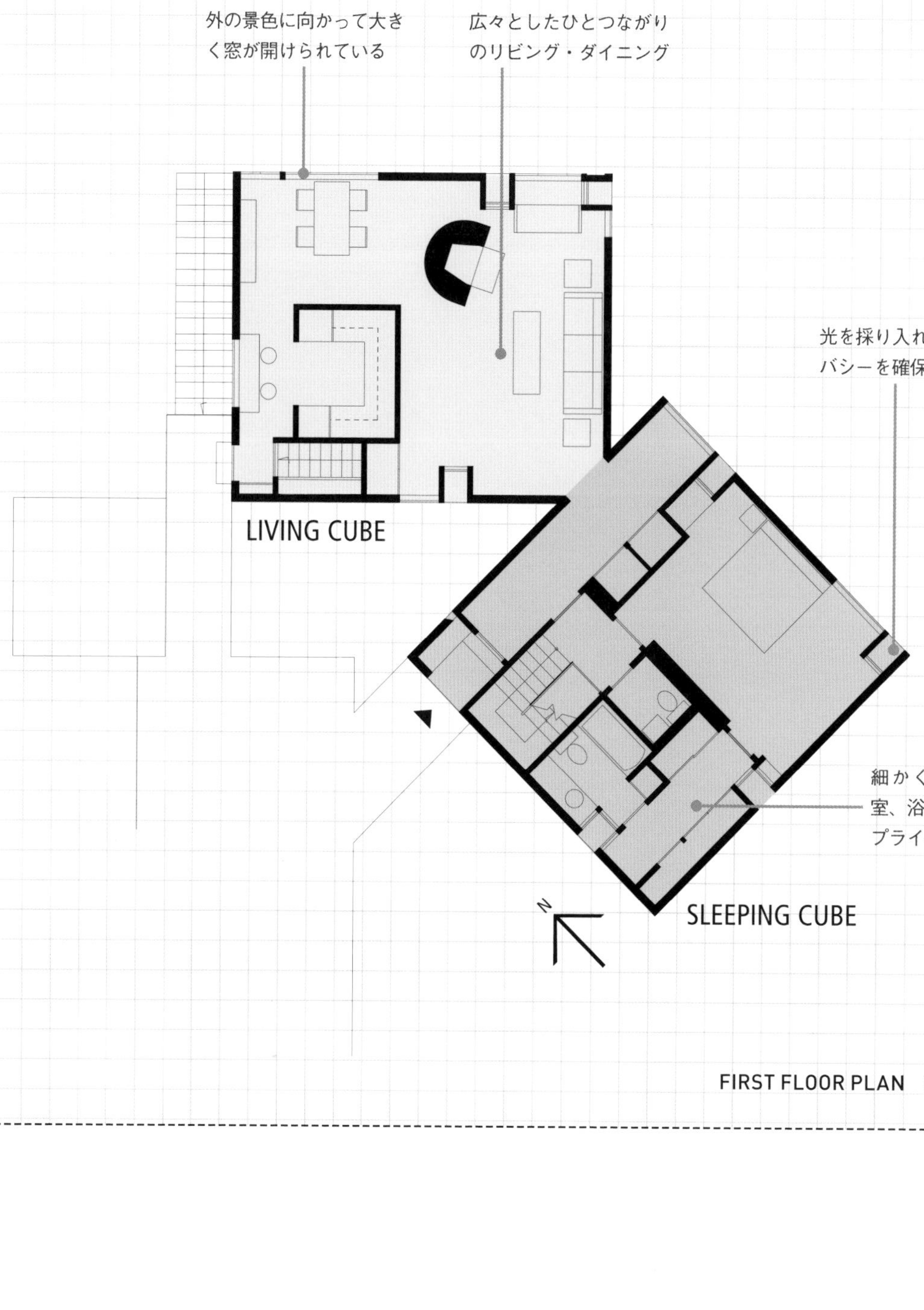
光を採り入れながらもプライバシーを確保する小さい窓
細かく区切られた寝室、浴室、トイレなどプライベートな部屋

FIRST FLOOR PLAN　S=1:150

プランニング：
計画・設計すること

Section 1

断面図(SECTION)とは

断面図は垂直方向に建物を切って、その切断面から奥の空間を表現した図面です。
平面図が建物の平面的な構成を表す図面だとすると、断面図は建物内外の高さ関係の構成を表します。設計においてとても有用ですが、基本図のなかで一番間違えやすい図面なので、考え方をしっかり覚えてください。

1 建物の特徴的な部分を縦に切る。(建物によっては下図のように切断面をずらす場合もある)

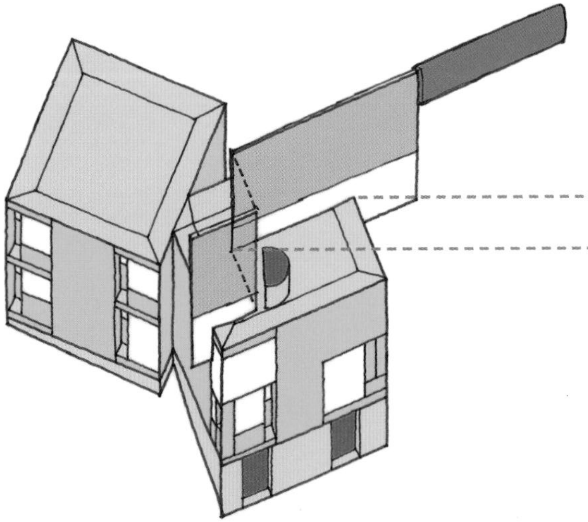

2 切断面を真横から見る。

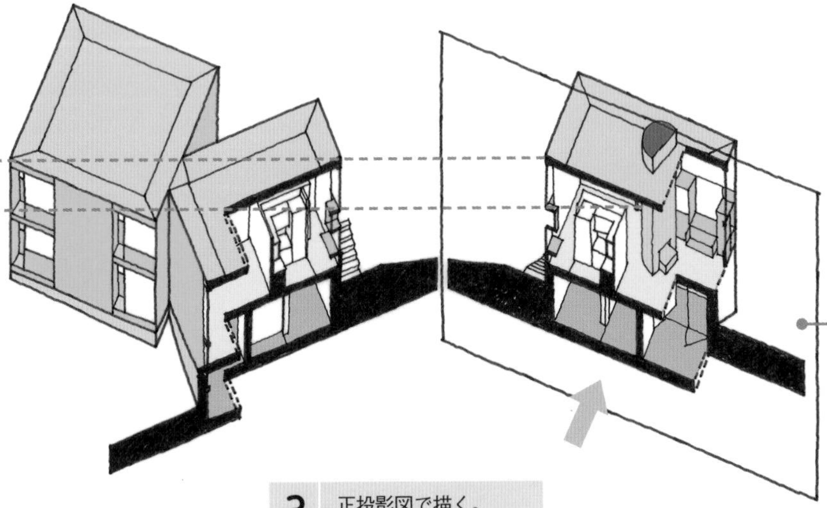

3 正投影図で描く。

切断面より奥に見える物も、そのままの大きさで投影面(図面)に投影されているように表現する。

身近な物の断面図をスケッチして、断面図の概念を理解しましょう。

フィッシャー邸をさまざまに切断してみましょう。

切断面（切り口）：グレー部分

見えがかり：切り口より
奥に見える内部の様子

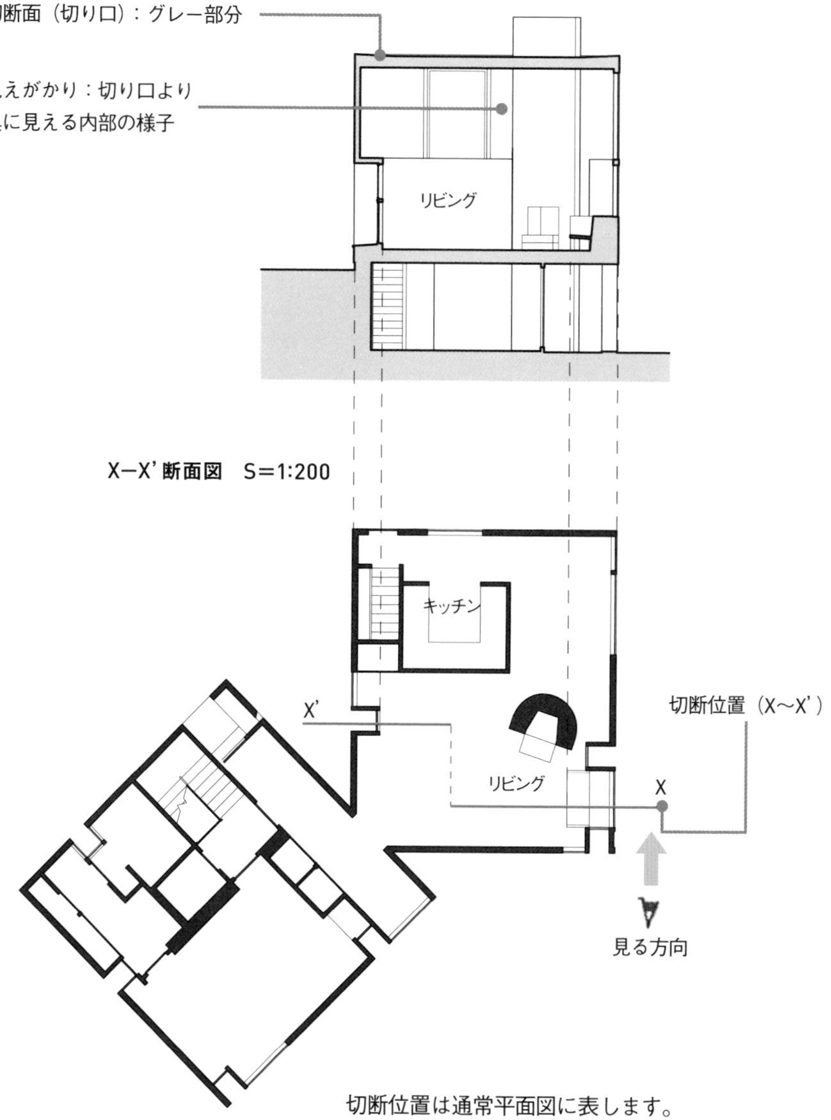

X―X' 断面図　S=1:200

切断面（切り口）：グレー部分

見えがかり：切り口より
奥に見える建物の外形

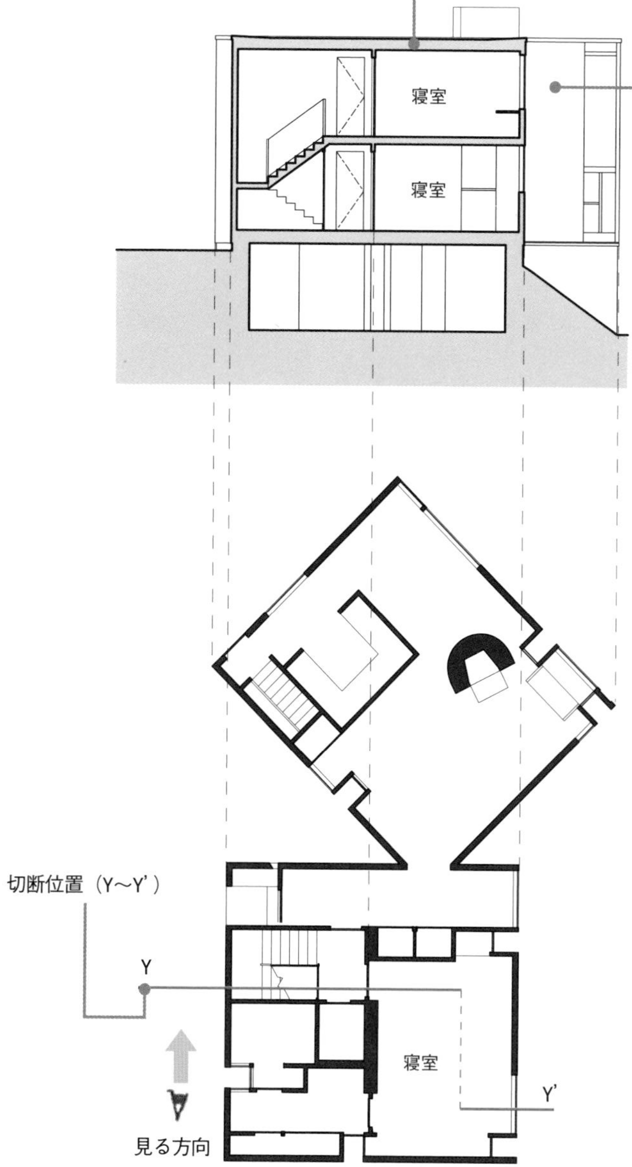

Y―Y' 断面図　S=1:200

切断位置は通常平面図に表します。
切断位置は断面図で表したいものによって、このページの断面図のようにまっすぐではなくずらす必要がある場合があります。(41ページの説明参照)

Section 2

断面図の作図——線の意味

リビング・キューブの断面図を描いてみましょう。
平面図にカットライン（切断位置を示す線）を描き込んだものを用紙の前に置いて、常にどこを切断していて、何が見えるかを確認しながら描きましょう。

線の太さの種類：

①極細線（0.1mm以下）
補助線（本線を描くために必要な下描き線）

②細線（0.1mm）
基準線・通り芯線、寸法線、ハッチ、目地線、木目線、破断線、開き線など

③中線（0.2mm〜0.4mm）
見えがかり線など

④太線（0.5mm〜0.8mm）
断面線

線の約束事：

①実線
見えがかり線、寸法線、断面線など

②破線
隠れ線

③点線
想像線、移動線

④鎖線（一点・二点）
基準線・通り芯線、吹き抜け線

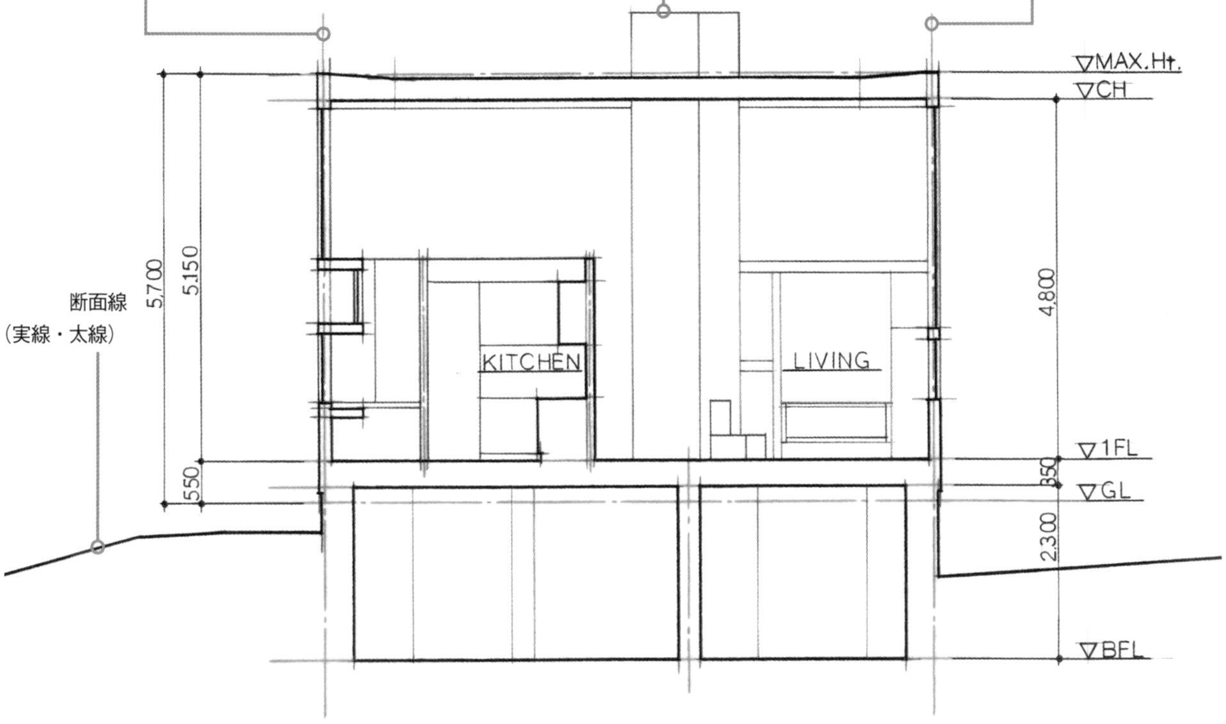

B-B' SECTION　S＝1:100

Section 3

断面図の作図プロセス①——基準線を描く

断面図も平面図と同じように、まず基準線から描きますが、平面図と同様に、用紙の上での図面の配置を考えながら描きましょう。

断面で一番重要なのは高さの基準線です。まず、地盤面高さ（GL)、1階床高さ（1FL)、最高高さなど基本の高さの基準線を描きます。基本的な高さについては下記を参照してください。

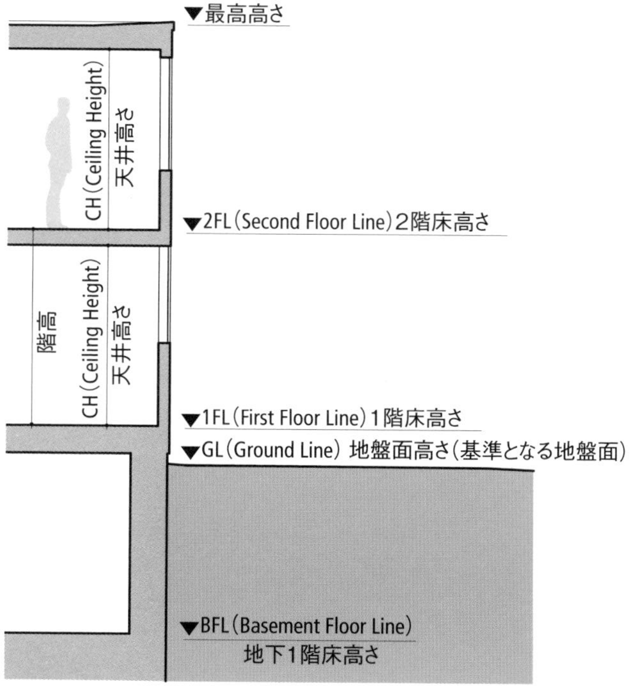

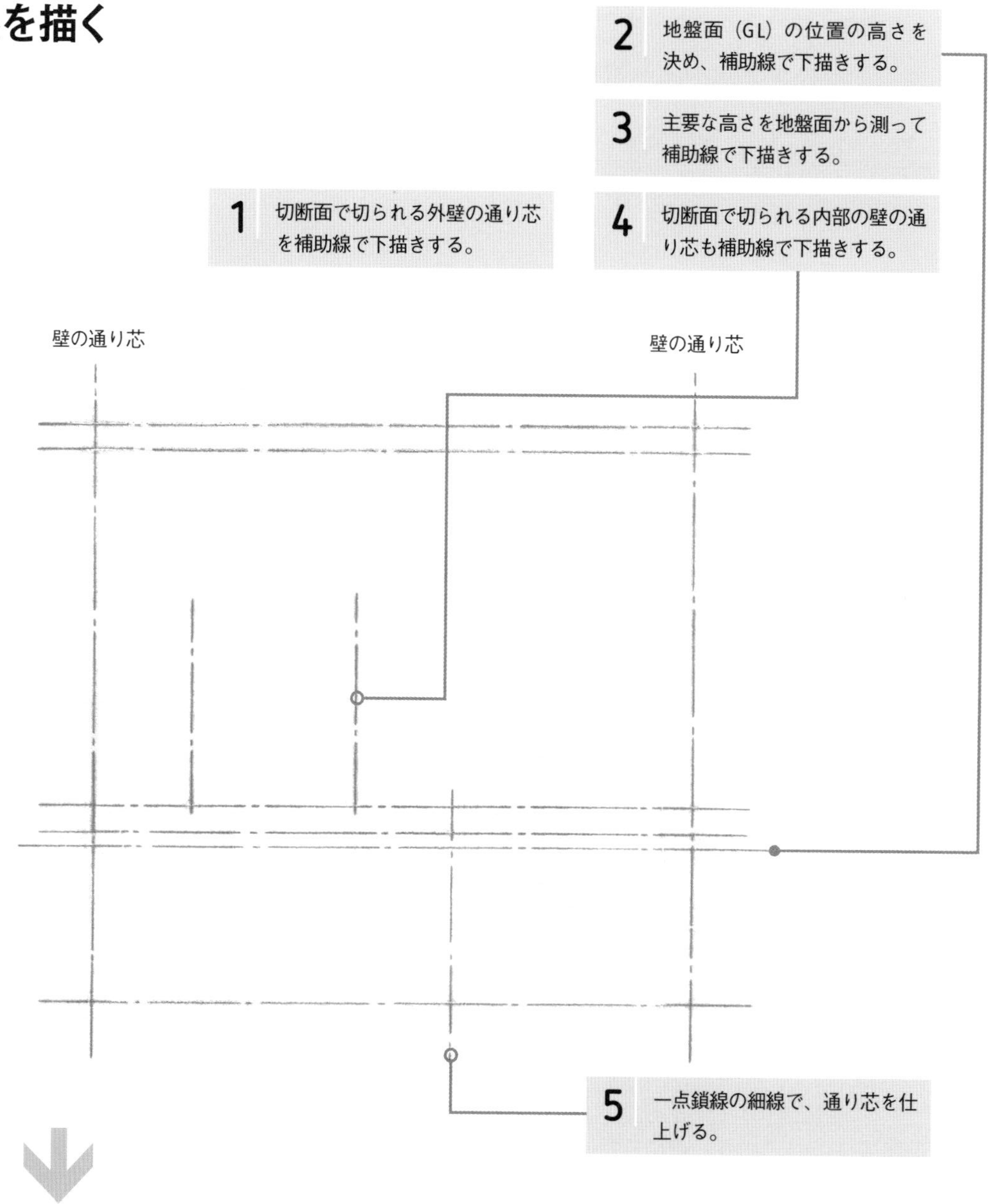

GL：
Ground Lineのの略。高さ方向の基準面で、建物が接している地盤面の高さ。勾配のある敷地では平均したレベルで設定する高さを平均GLという。

FL：
Floor Line の略。各階の床のレベル。1FL、2FLというように各階ごとに示す。

CH：
Ceiling Heightの略。床から天井までの高さ。

階高：
床から次の階の床までの高さ。CHとは異なる。

最高高さ：
地盤面から測ってその建物の最も高い部分までの高さ。

Section 4

断面図の作図プロセス②——壁と床（切断面）の厚みを下描きする

平面図と同じように、壁の厚みを下描きしましょう。通り芯は壁の中心線なので、両側に壁の厚さを半分ずつ振り分けます。また、Section 3で描いた高さの基準線を参照して、床や天井の線を下描きします。

1 外壁の通り芯から壁の厚み、150㎜を半分ずつ振り分けて補助線で下描きする。

2 主要な高さはSection 3の一点鎖線の必要な部分を補助線で描く。

3 その他、内壁や地形なども補助線で下描きしておく。

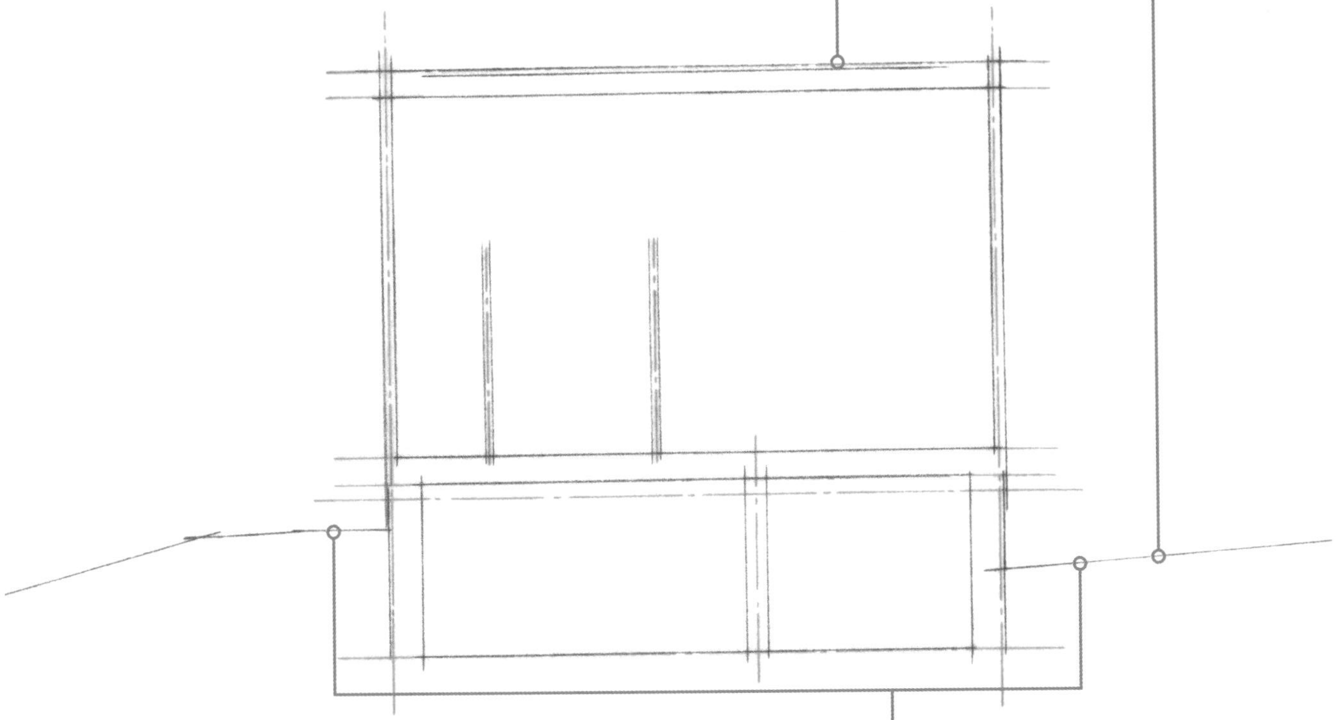

下描きの線なので、実際はうっすら見える程度の補助線で描く。

フィッシャー邸は斜面地に建っているためいろいろな高さの地盤面と接している。この断面図のGLはアプローチ側の地盤高さに設定している。

Section 5

断面図の作図プロセス③——開口部の位置をマークする

壁に開ける開口部の位置をマークします。手本の断面図を測って描きましょう。

その他、切断面で切断される物（この場合はキッチンのカウンターなど）も下描きしておきます。

フィッシャー邸のキッチンからダイニングを見る

1 手本の断面図を測って、Section 4で描いた壁の下描きに開口部の高さを補助線でマークする。基準となる高さ（GLなど）を決め、そこからの距離を測る。

2 内部の天井まで届かない間仕切り壁などの高さも測って、補助線でマークする。

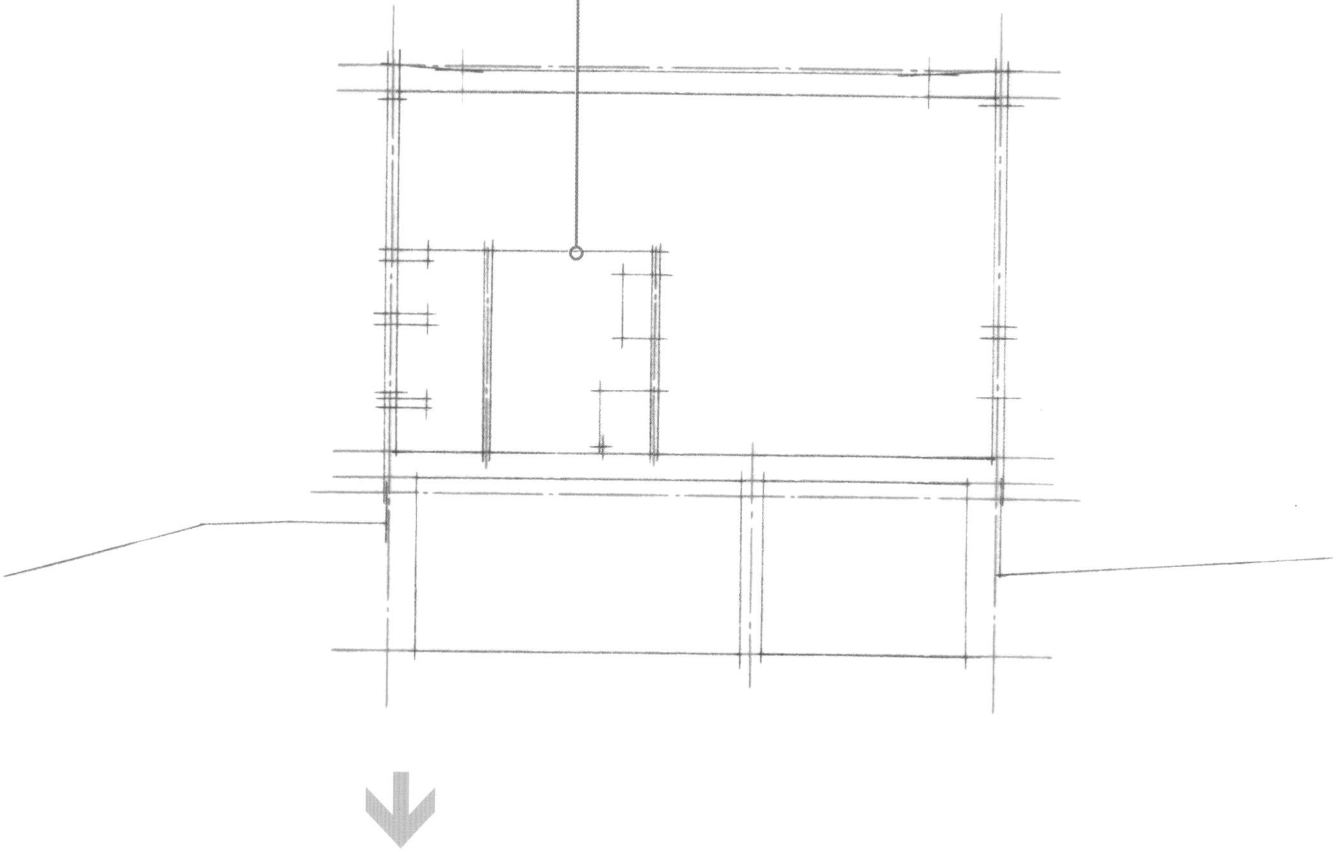

間仕切り壁：
部屋を分割する壁で、通常は建物を構造的に支えていない壁（非耐力壁）のことをいう。

Section 6

断面図の作図プロセス④——壁や床（切断面）を描く

下描きした壁の厚みと開口部の位置を手掛かりに、壁や床（切断面）の部分を描いていきます。

断面部分を強調するため、塗りつぶしたり、ハッチングをかけたりすることもあります。

1 34・35ページの下描きをもとに切断されている壁を太線の実線ではっきり描く。

2 地面も切断されているので、同様に太線で描く。建物の断面線と接する所はつなげて描く。

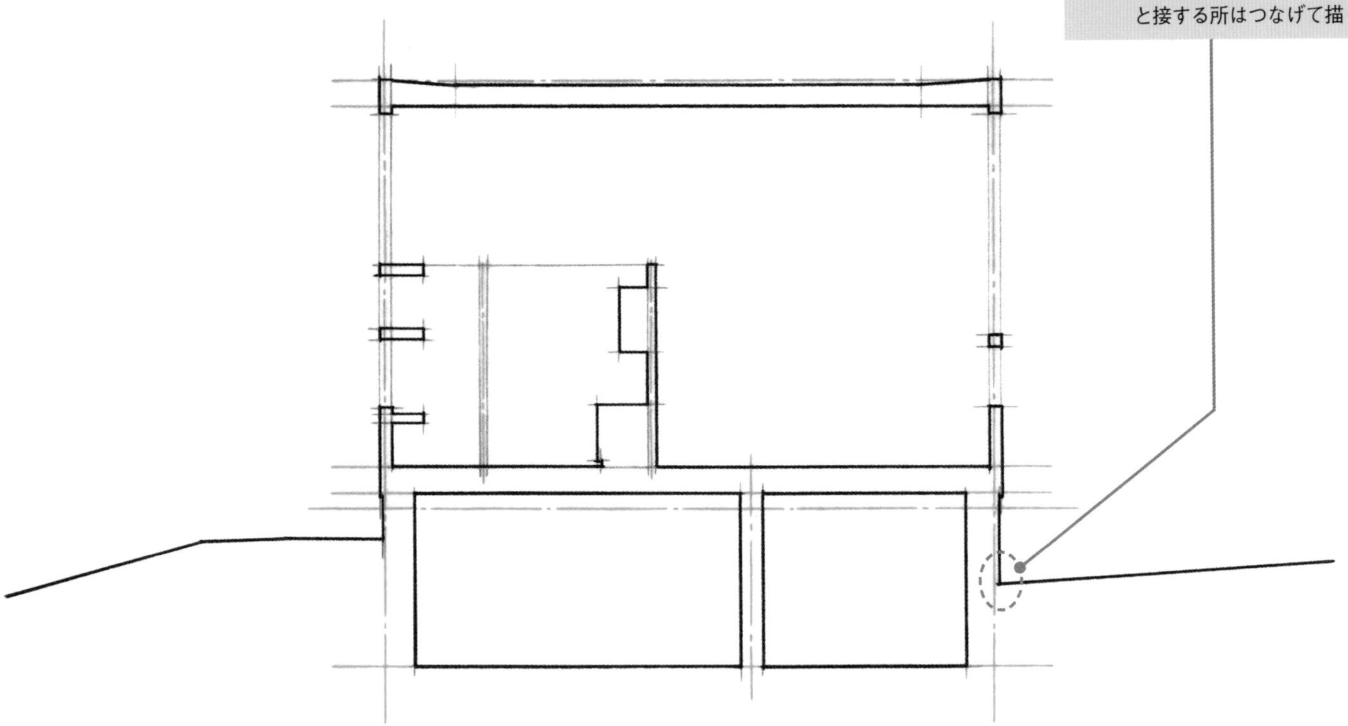

Section 7

断面図の作図プロセス⑤——窓と扉の記号を描く

開口部の扉・窓を描きます。扉やガラスは切断面なので、強めに描き、枠は見えがかりなので、中線で描きます。56ページの建具の記号も確認しておきましょう。

北東側の窓

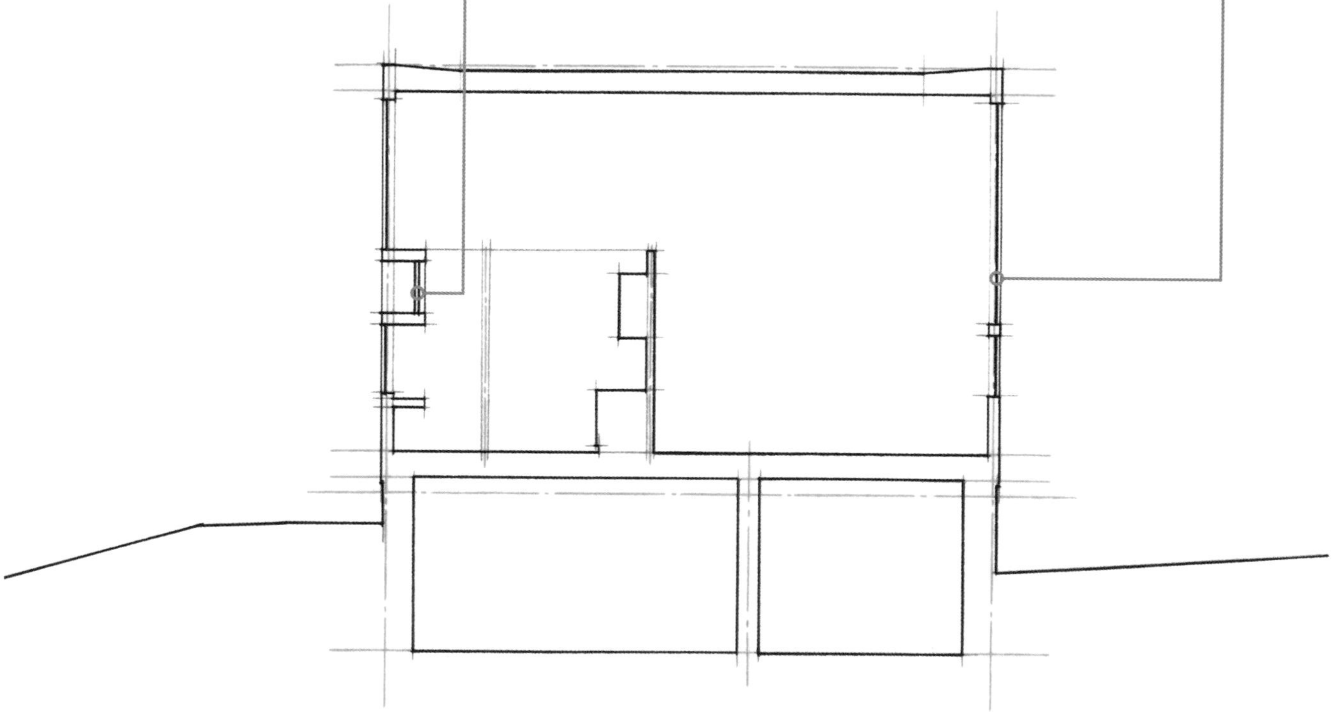

1 切断されている扉やガラスは強めの中線で描く。

2 枠は見えがかりなので、実線の中線で描く。

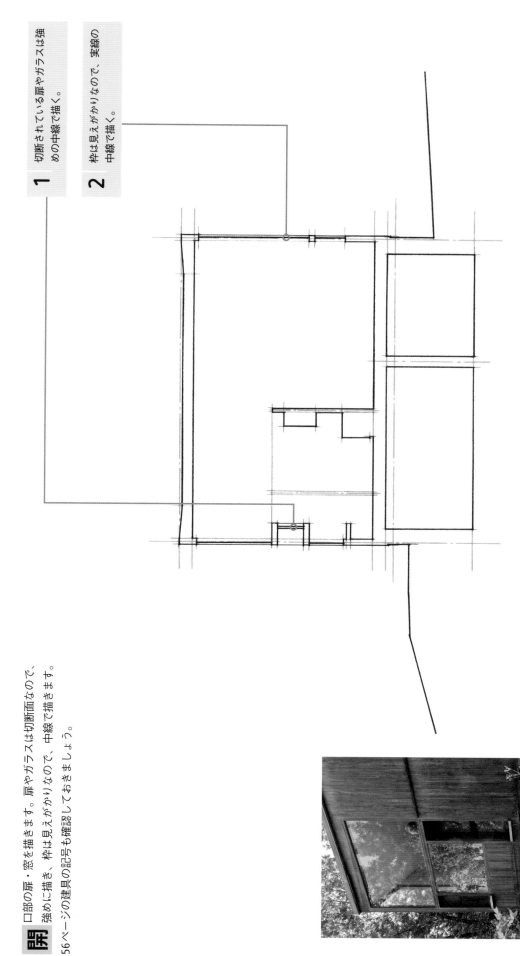

Section 8

断面図の作図プロセス⑥——見えがかりを描く

家具や設備機器など切断面の奥に見えている「見えがかり」を描きます。突き当たりの壁の開口部も描くと、部屋の様子がより伝わりやすくなりますが、奥の深い建物では、見える物をすべて描くと重なり合ってしまい、分かりにくくなることがあります。その場合は手前の物を優先します。

1 切断面の奥に見えている見えがかりは中線の実線で描く。

2 切断面に対して正対していないもの（この場合は暖炉）もそのまま正投影で描く。平面図を断面の向きに置いて、主要な線を引き出す方法が描きやすい。(31ページの図参照)

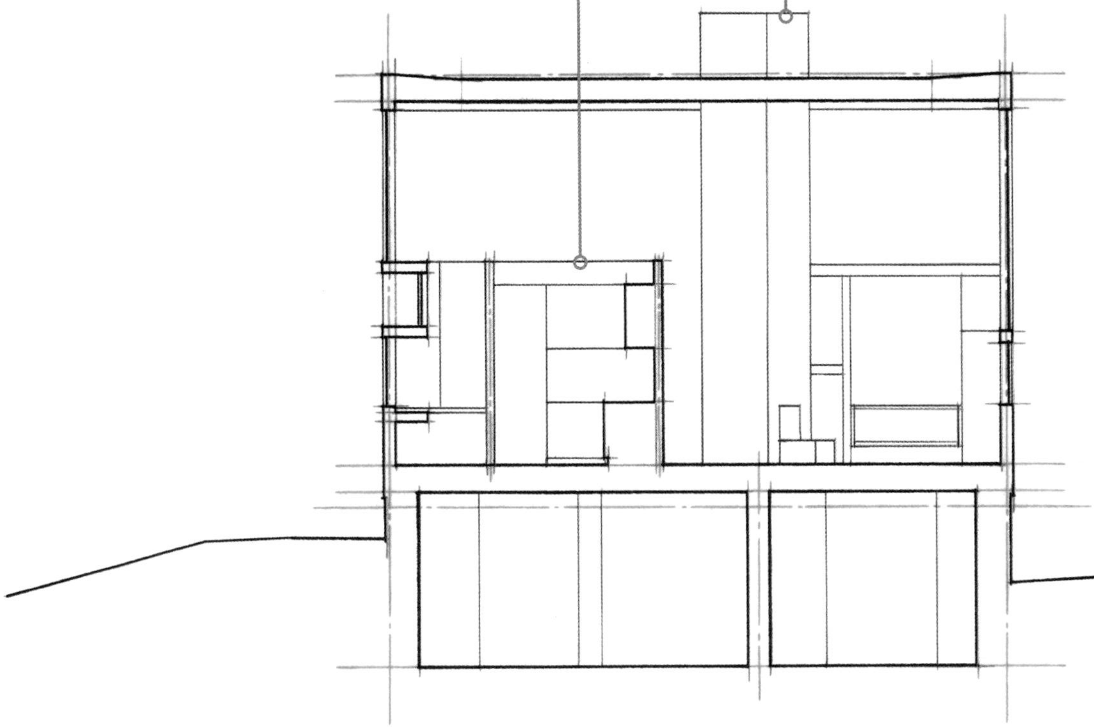

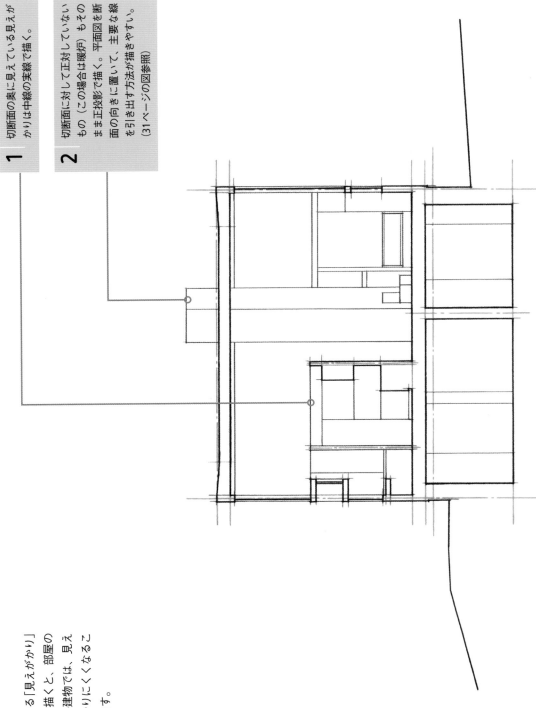

Section 9

断面図の作図プロセス⑦——文字、記号を記入する

平面図と同じように、「B－B' 断面図」といった図面のタイトルや縮尺などの文字は忘れずに記入してください。切断位置（カットライン）は、平面図に記号を入れるか、断面図の用紙のなかに下記のようなキープランを入れてはっきり示しましょう。

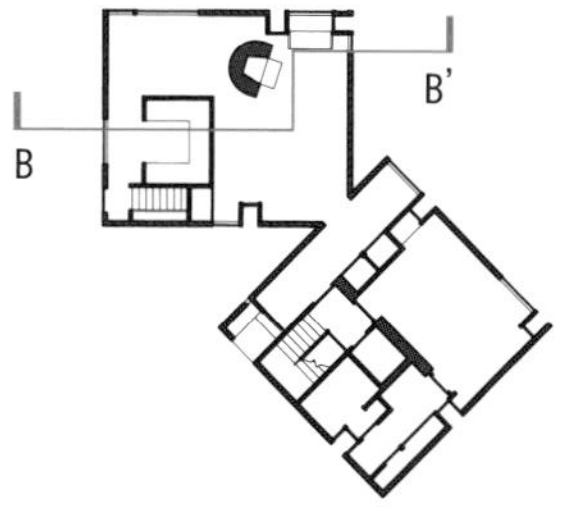

断面位置を表すキープラン

図面の中の部屋名などの文字は補助線で位置と高さのガイドを描いてから、丁寧に書きましょう。

1 部屋名は図面の邪魔にならない所に補助線で位置と高さのガイドを描いてから、丁寧に書く。

2 寸法線は実線の細線で描く。主要な高さの寸法は必ず入れること。

3 切断位置がわかりやすい図面タイトルと縮尺を記入する。方位は必要ない。

キープラン：
建物のある部分が、全体のどこに位置するのかを示すための簡略化した平面図のこと。

インキング仕上げ

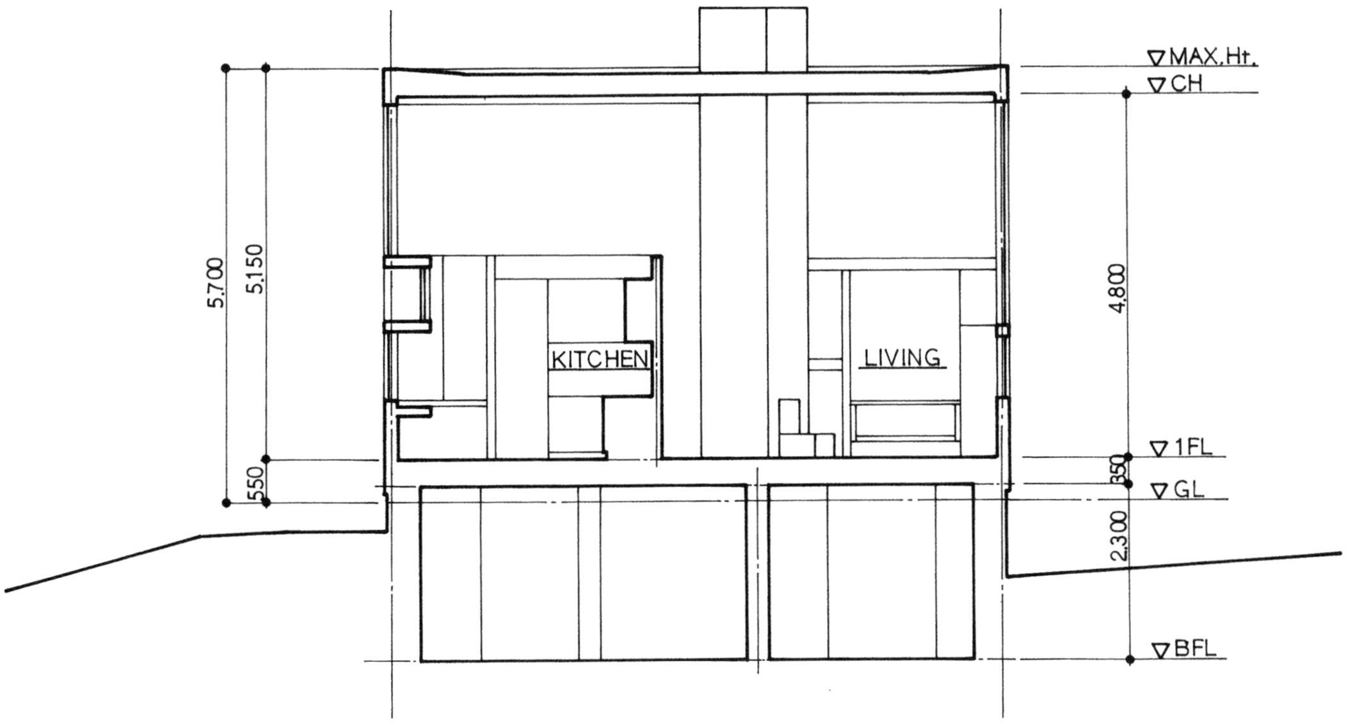

B-B' SECTION　S = 1 : 100

Section 11

描き方のコツ——切断位置を決める

断面図の切断位置を自分で決める際は、建物の一番特徴的な部分を表現できる位置がどこか考えることが重要です。切断する位置を間違ってしまうと、分かりにくい図面表現になってしまいます。

以下の点に注意してください。

① 柱など（フィッシャー邸の場合は暖炉）空間に点在する物や、壁を平行に切断しない。
② 部屋どうしの関係や内外部の関係を表すため、できるだけ開口部で切断する。

断面位置の悪い例：

1 X-X'の切断位置は暖炉を切断してしまっているため、本来はワンルームの部屋が区切られているような間違った情報を与えてしまう。

2 開口部が表現されていないため、まったく閉じた部屋であるかのような表現になってしまっている。

3 壁を平行に切断するのも不可。

切断位置は平面図かキープランに示す。
記号は切断面を見る方向へ向かって印を描く。（記号については57ページを参照）

なお、建物によっては空間の特徴を表すため、切断面をまっすぐ通さないで、ずらす時もある。

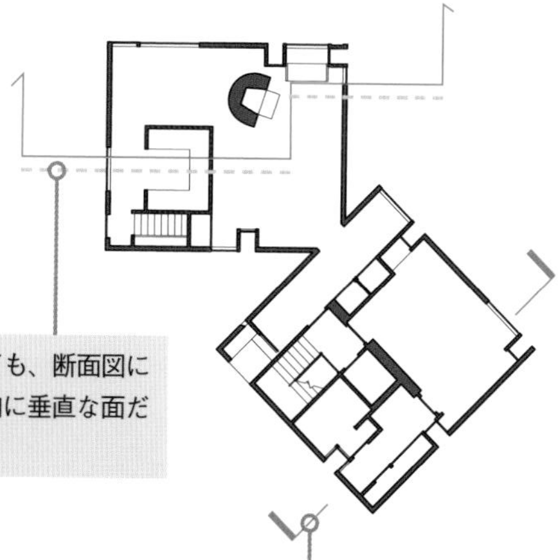

4 切断面をずらしても、断面図に描くのは見る方向に垂直な面だけ。

5 切断位置の記号は図面の邪魔にならないように描く。

ワンルーム：
複数の機能があっても壁や建具で区切られていない、ひとつながりの部屋。

FISHER HOUSE SECTION

「見るための窓」「風を通すための窓」

まず、建物と地面の接している部分を見ると、この住宅が立地している斜面の地形や、場所によって接している地面のレベルが異なることが分かります。

2つの断面を見比べて、それぞれの室内の垂直構成を見てみましょう。「スリーピング・キューブ」は通常の天井高さで、小さい部屋が並んでいます。反対に、リビング・キューブは天井の高い2層吹き抜けで、キッチンも天井まで届かない間仕切り壁で仕切ってあるだけの、ワンルームであることが分かります。寝室などが配置された前者と人が集まる後者の部屋の性格の違いが断面図でも表されています。

建物の輪郭を見ると、外壁と同じ面にある窓と壁の面より引っ込んでいる窓という異なる窓の形状が表されています。この住宅には「見るための窓」と「風を通すための窓」という2種類の窓があるのです。前者は外壁と同じ面にある大きなガラス窓です。小川や林などの景色を見られるように配置されているのですが、開閉はできません(FIX)。後者は「風を通すための窓」です。開閉しやすいように小さめの木やガラスのパネルでできており、雨仕舞が良いように、外壁面より引っ込んで設置されています。

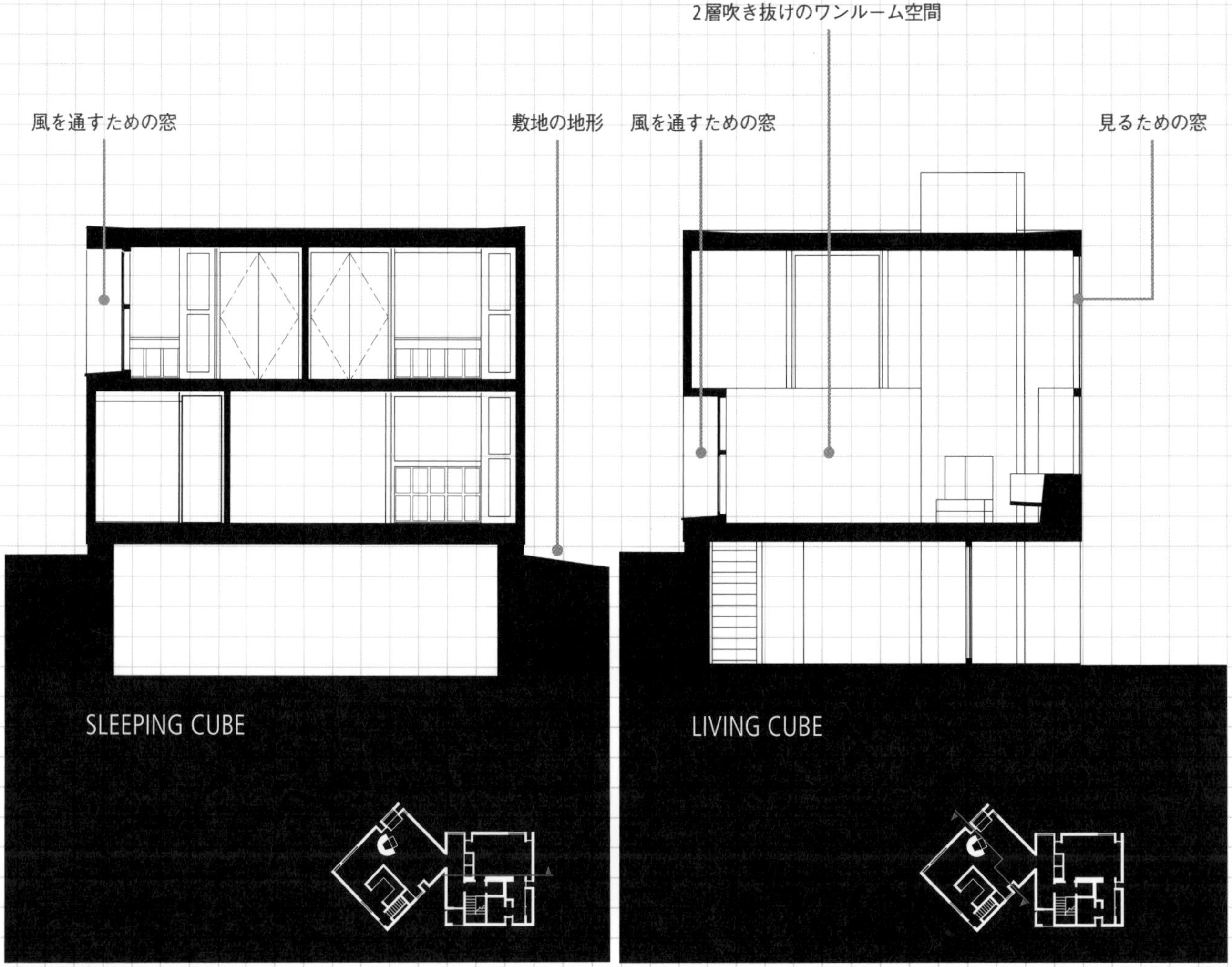

見るための窓

風を通すための窓

吹き抜け：
2階以上の建物で、階をまたいで上下に連続している空間。

FIX：
開閉できない建具。嵌め殺し窓ともいう。56ページ参照。

雨仕舞：
雨水が建物の内部に浸入するのを防ぐこと、あるいはその工法。

Elevation 1

立面図(ELEVATION)とは

立面図は建物の高さ、扉や窓の位置・大きさ、外装材などの外観の情報を表した図面です。断面図が建物を垂直方向に切断した図面だとすると、立面図は建物の手前で垂直に切断し、そこから見える面を正投影した図面です。建物の主要な立面はファサードとも呼ばれます。

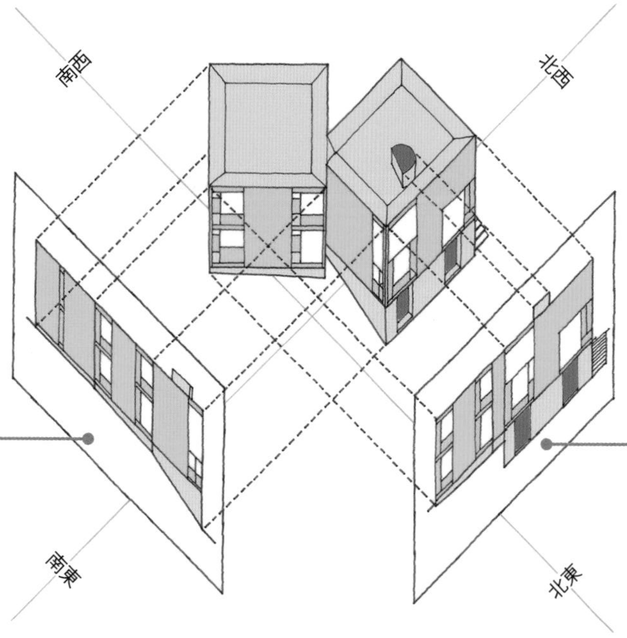

立面図は通常、建物の主要な立面を含む4方向から見た面を正投影で表現する。

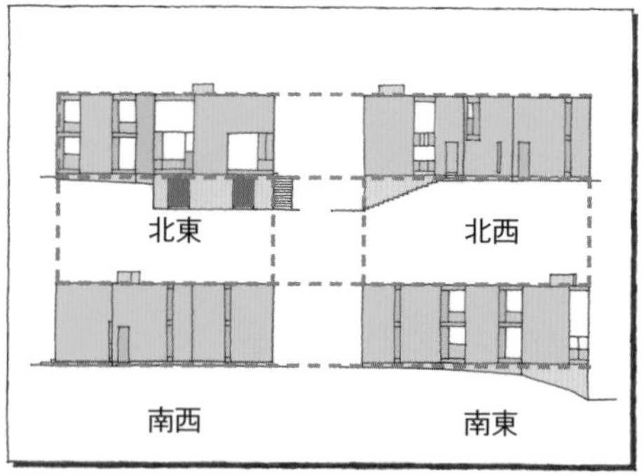

建物の面を回りながら見ているような順番で、縦横をそろえて描くと分かりやすい。

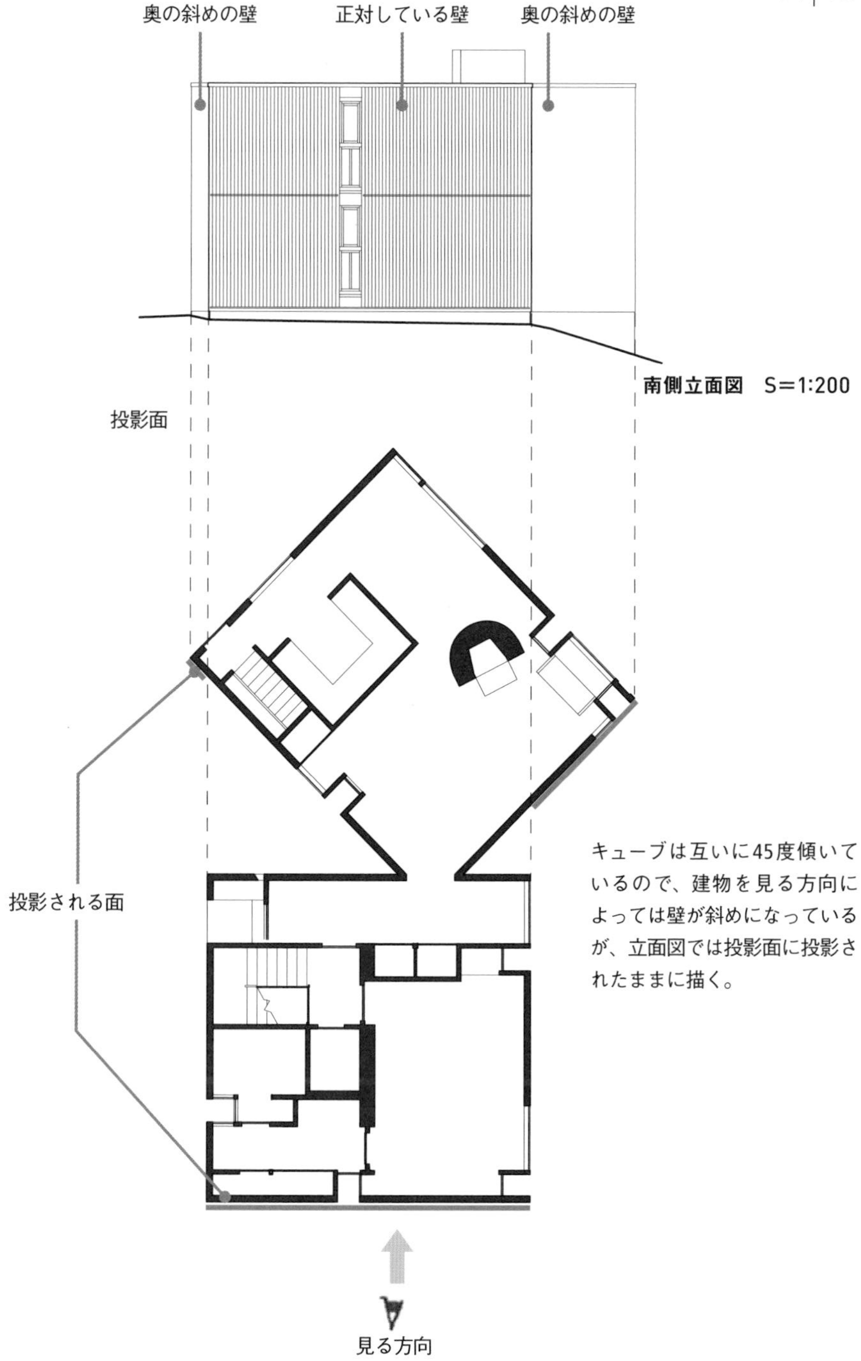

キューブは互いに45度傾いているので、建物を見る方向によっては壁が斜めになっているが、立面図では投影面に投影されたままに描く。

Elevation 2

立面図の作図——線の意味

線の太さの種類：

①極細線（0.1mm以下）
補助線（本線を描くために必要な下描き線）

②細線（0.1mm）
基準線・通り芯線、寸法線、ハッチ、目地線、木目線など

③中線（0.2mm〜0.4mm）
見えがかり線など

④太線（0.5mm〜0.8mm）
断面線、GL

線の約束事：

①実線
見えがかり線、寸法線、断面線など

②破線
隠れ線

③点線
想像線、移動線

④鎖線（一点・二点）
基準線・通り芯線、吹き抜け線

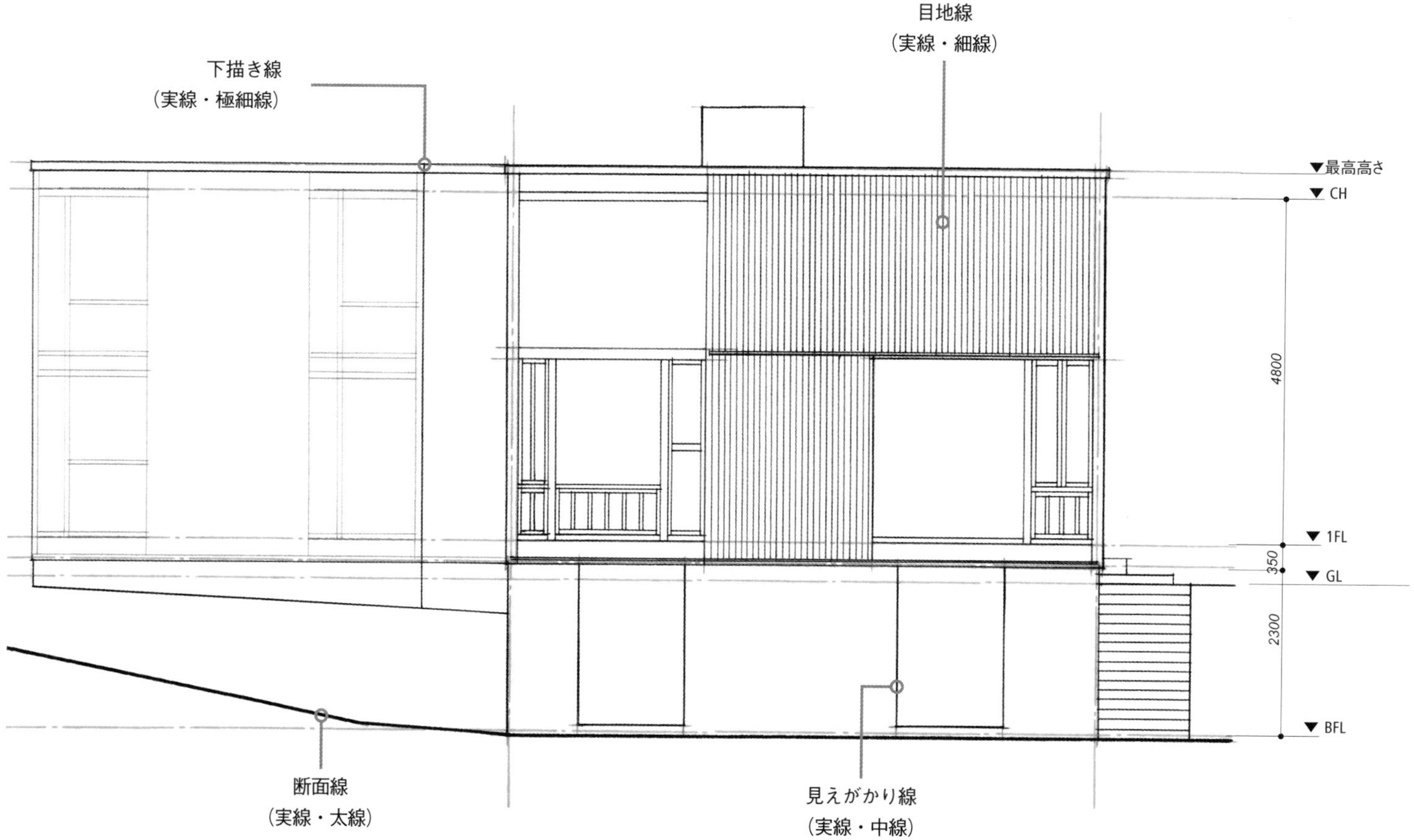

NORTH－EAST ELEVATION S=1:100

ファサード（Facade）：

Façade と綴るフランス語で、建物の主要な立面のこと。
英語のフェイス（顔）と同じ意味の「Face（ファス）」の派生語。

Elevation 3

立面図の作図プロセス①——基準線を描く

前のページの立面図を描いてみましょう。立面図は断面図と同じように、まず基準線から描き始めます。

立面図も壁の通り芯と基本的な高さを表す線が基準になります。

ショードローイングの場合は、最終的な立面図に基準線を表さないことがあります。その場合は作図の参考として補助線で描きましょう。

1 地盤面（GL）の位置の高さを決め、補助線で下描きする。

2 正対している外壁の通り芯を補助線で下描きする。

3 主要な高さを地盤面から測って補助線で下描きする。

最終図面に基準線を表さない場合は補助線のままでよい。

Elevation

4 立面図の作図プロセス②——外郭や主な開口部の位置を下書きする

基準線を参考に、建物の輪郭や窓などの開口部の位置を下描きします。

地形も手本の立面図を参照して下描きしておきましょう。

1 基準線を手掛かりに、建物の外形、開口部などを補助線で下描きする。

2 手本の立面図を参照して、地形も下描きする。

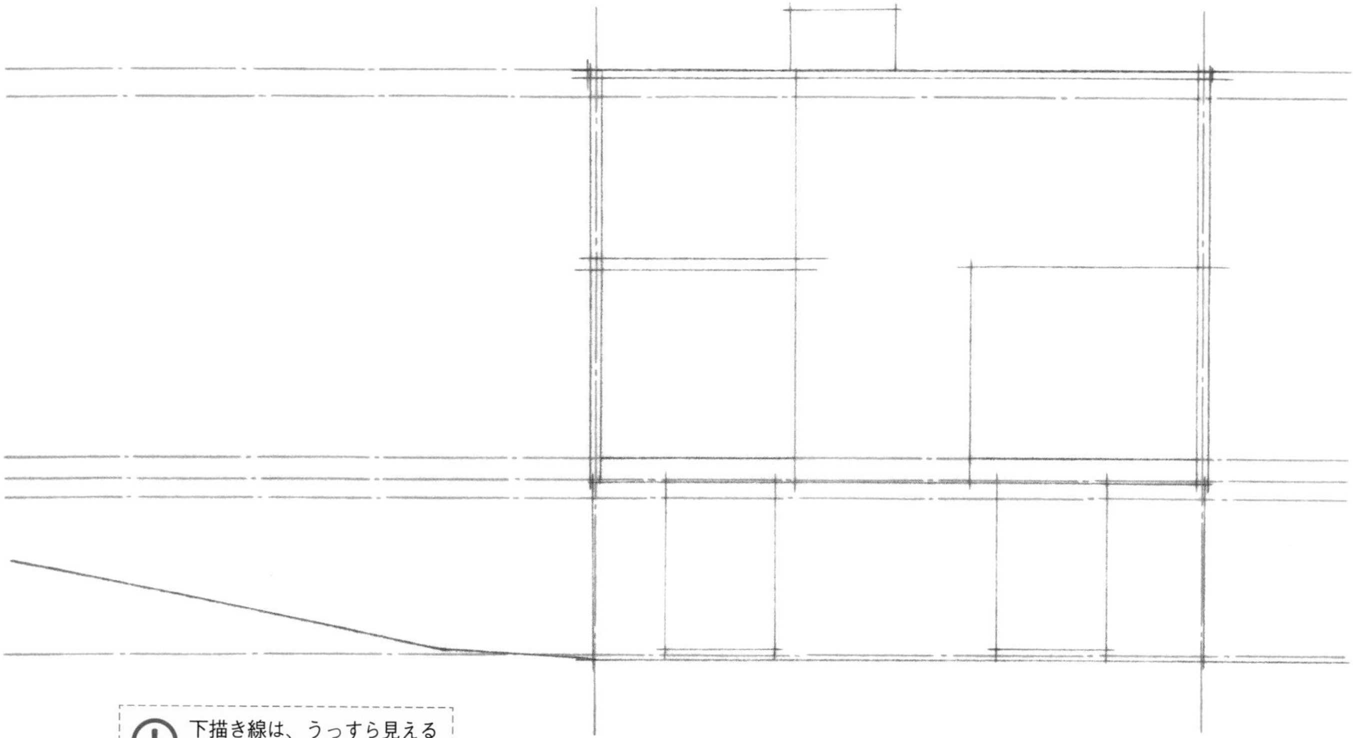

! 下描き線は、うっすら見える程度の補助線で描く。

Elevation 5

立面図の作図プロセス③——見えがかりを描く

立面図は、基本的に切断されている地面以外は、すべて見えがかりです。

正対している面より奥にある面（スリーピング・キューブの外壁）も補助線で外郭を下描きしておきましょう。

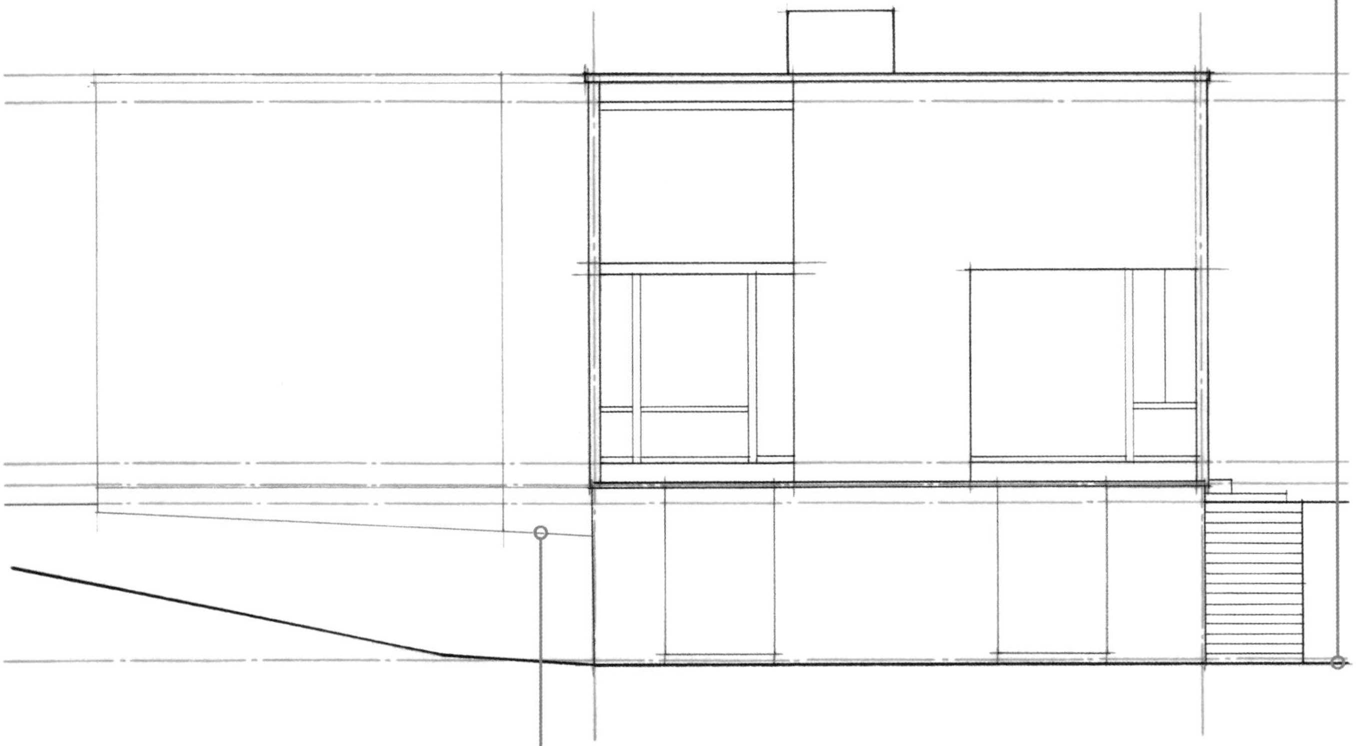

1 見えがかりをElevation 4の下描きの上に実線の中線で描く。

2 地面は切断されているので、地形を表す線は実線の太線で描く。

3 正対している面に対して傾いている壁の外郭も補助線で下描きしておく。

Elevation 6

立面図の作図プロセス④——仕上げ材を表現し、文字、記号を記入する

最後に建物の仕上げ材の目地などを表現し、図面タイトルや縮尺を記入します。

立面図は建物の主な外壁面ごとに描くので、方角を使って「北東立面図（北東側を向いている立面図）」というようなタイトルを付けることが多いのですが、フィッシャー邸のように立面が複雑な建物は、どの面を描いているかを表すキープランを付けるとより分かりやすくなります。

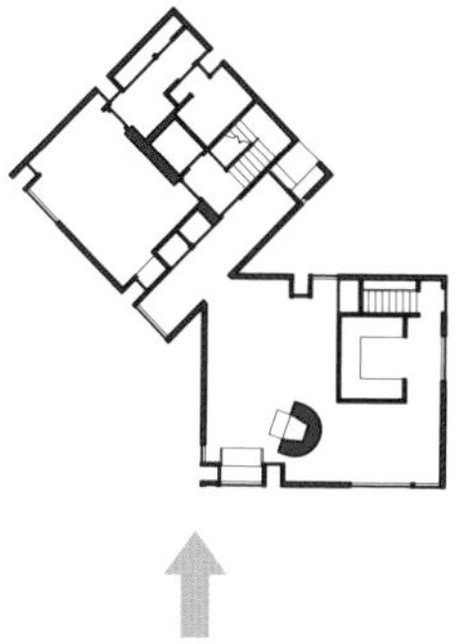

立面位置を表すキープラン

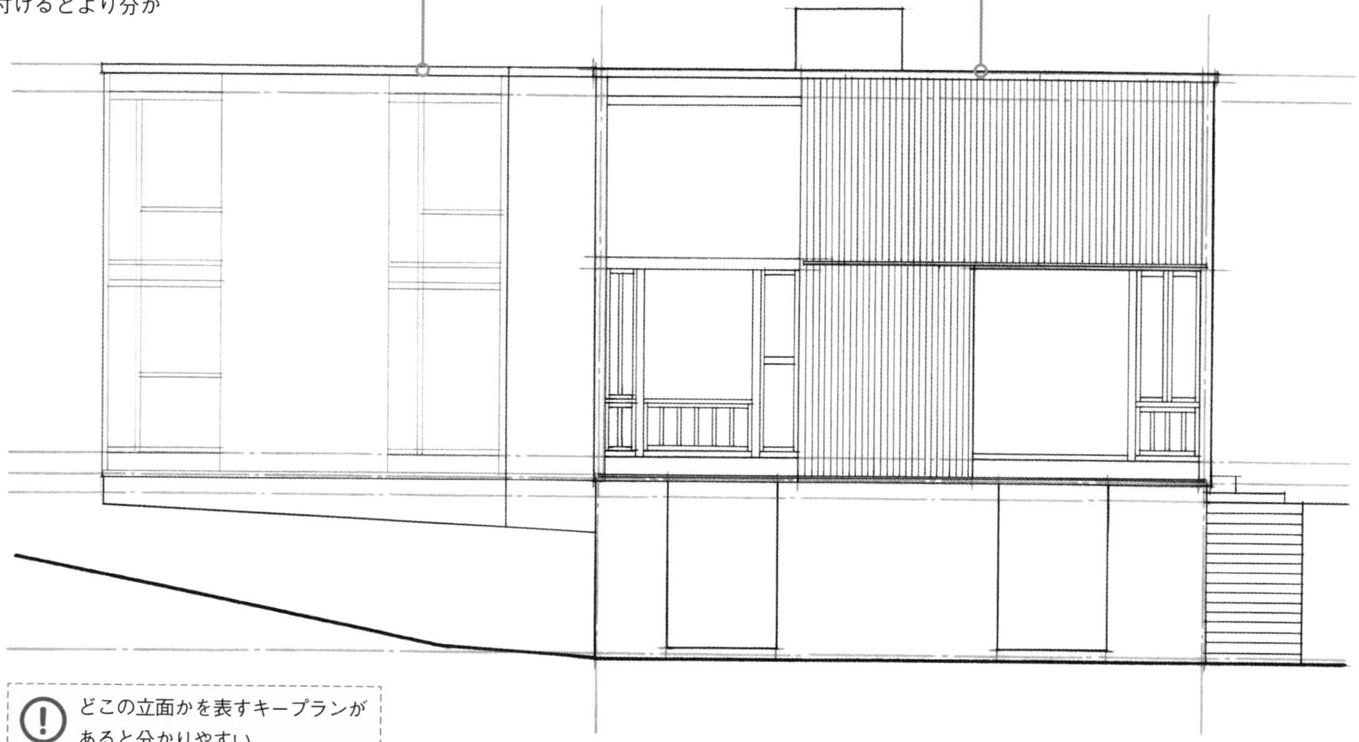

1 建物の仕上げ材を表す目地線などは細線で描く。
2 正対していない壁は奥行きを出すように細めの線で描く。
3 正対している建物の外郭は見えがかりのなかでも太めに描く。
4 どこの立面かを表した図面タイトルと縮尺を記入する。
NORTH-EAST ELEVATION S=1:100

どこの立面かを表すキープランがあると分かりやすい。

目地：
建築部材の間の隙間、継ぎ目の部分。

Elevation 7

インキング仕上げ

NORTH - EAST ELEVATION S=1:100

FISHER HOUSE ELEVATION

素材に忠実に

フィッシャー邸の外観を表す立面図からも、明快な設計の考え方が見て取れます。平面図で「キューブ」と呼んでいた四角が立面図を見ると本当に木でできた立方体で、それが石の基壇に載っているという構成が分かります。テクスチャ（64ページ参照）を描き入れることによって、立面図は建物の外形だけでなく、材質も表現することができるのです。

また、キューブの異なる外壁面にあるさまざまな大きさの窓が、さまざまな位置で考えられていることが分かります。ただし、基本図は正投影法で描くので「見るための窓」と「風を通すための窓」はどちらも同じ面にあるように見えます。「風を通すための窓」がくぼんでいることを立面図で表現するには、影を付けるなどの工夫が必要です。（3章参照）

北東側から見たフィッシャー邸

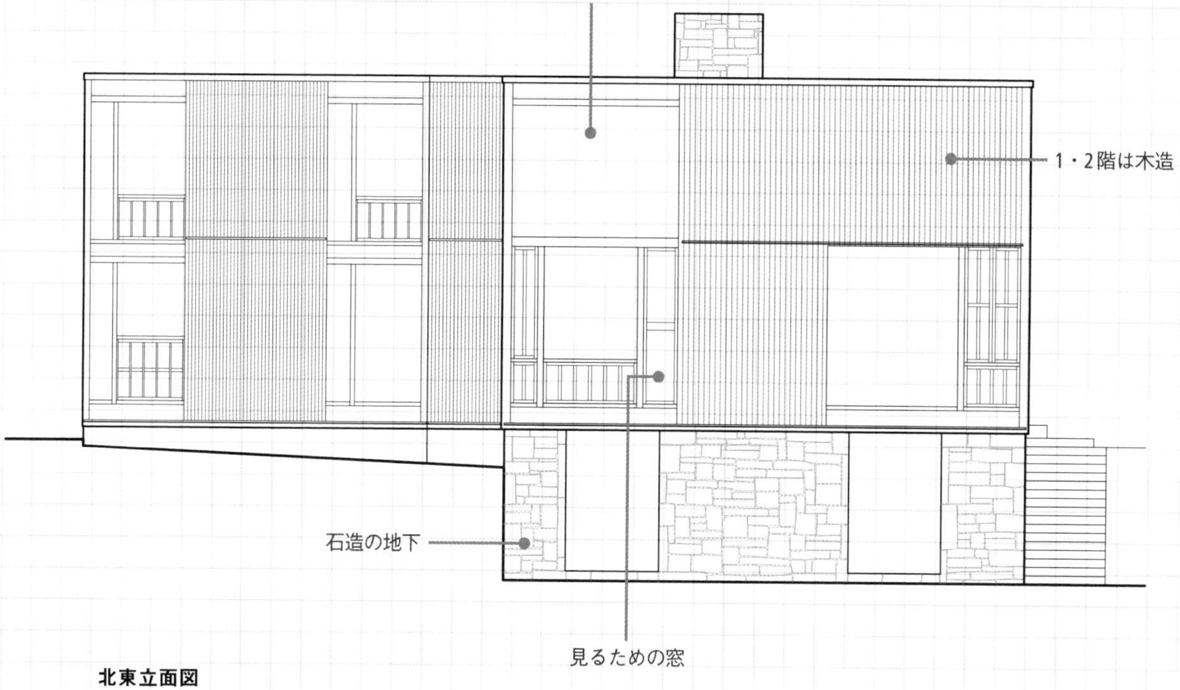

北東立面図

石造：
主に石で作られている建物。

木造：
主に木で作られている建物。

基礎：
建物の重量を地盤に伝え、建物を安全に支える機能をもつ最下部の構造。

Site Plan 1

配置図(SITE PLAN)とは

Introductionから Elevationで平面・断面・立面の基本図を学びました。基本図のヴァリエーションとして配置図があります。

建物は何もないところに建っていることはないので、その周辺環境（コンテクストとも呼ばれます）を表現することはとても重要です。平面的に建物がどのような敷地に配置されているかを示す図面を「配置図」と言います。配置図は通常、建物と周辺環境を真上から見ているように表現するので、建物は屋根伏図で描かれ、周辺の道路や建物の外郭、樹木などで、敷地の状況を表現します。配置図には必ず方位を示してください。

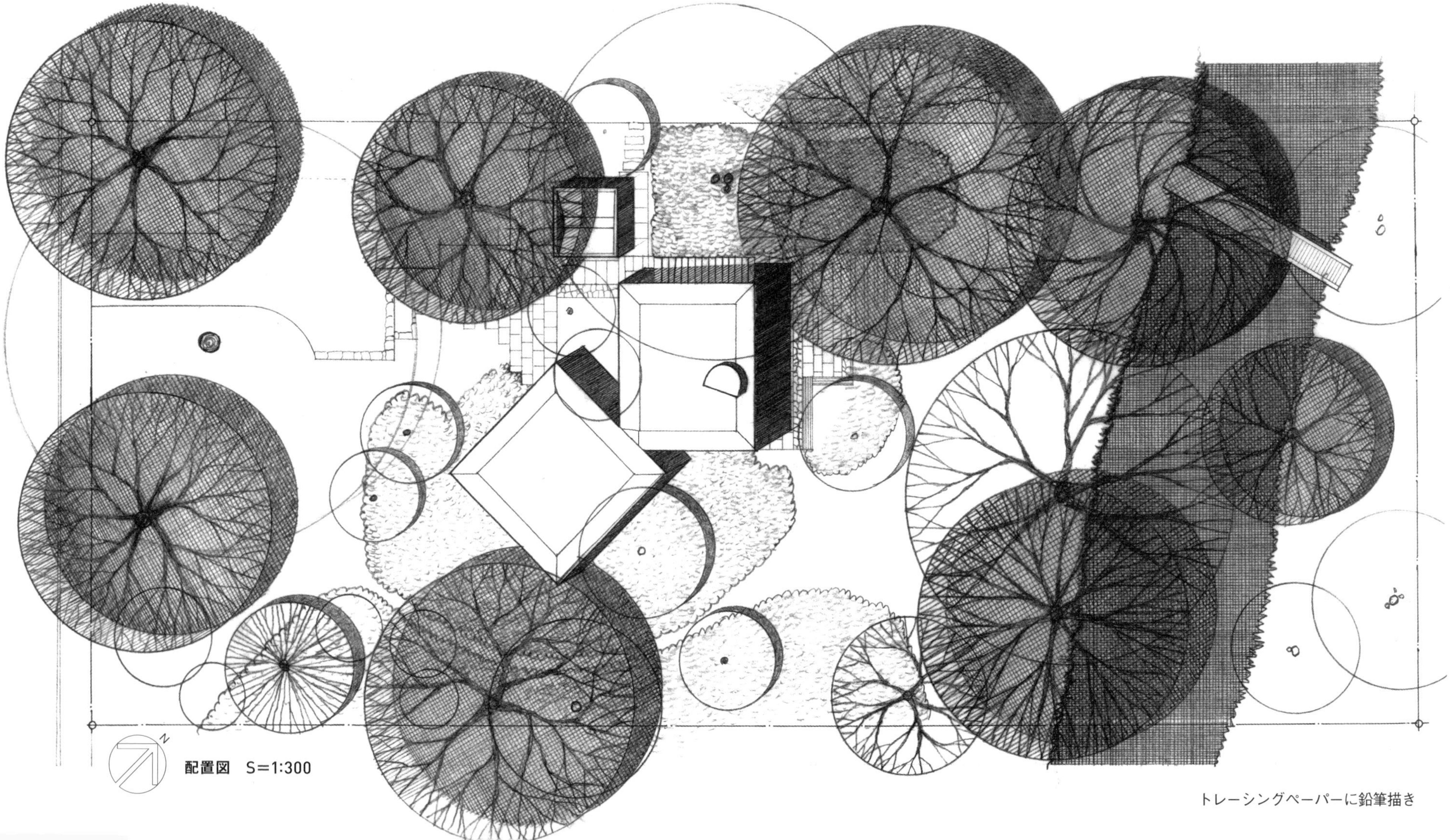

配置図　S=1:300

トレーシングペーパーに鉛筆描き

Site Plan 2

平面図に斜面を表現するには——等高線

等高線

等高線（コンタ）とは平面図（配置図）上に線によって高低差のある地形を表したものです。等高線はある等しい高さの点を結んだ線で、ある地点を基点（0）として、一定の高さごと（右図は500mm）に描きます。等高線の間隔が広ければ、地形の勾配が緩やかであることを示し、反対に狭い場合は、急な勾配を表します。

コンタの模型のつくり方

実際の高さ500mmの等高線の場合、縮尺1/50で模型をつくる時には、1cmの高さの板を積み上げると階段状のコンタ模型ができます。

等高線の高さの間隔を狭くすると、より薄い板を使用することになり、実際の傾斜に近くなりますが、枚数が多くなり、作業量は増大します。

模型を製作する際には、勾配によって、ふさわしい部材の厚みを十分検討してから始めることが望ましいです。

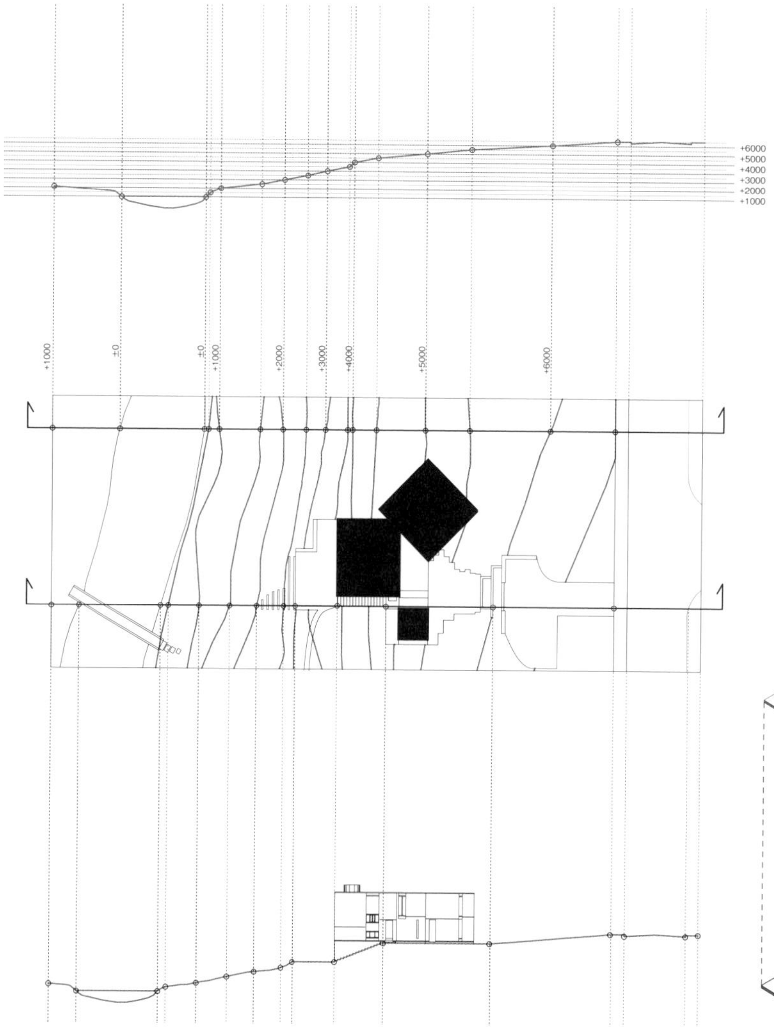

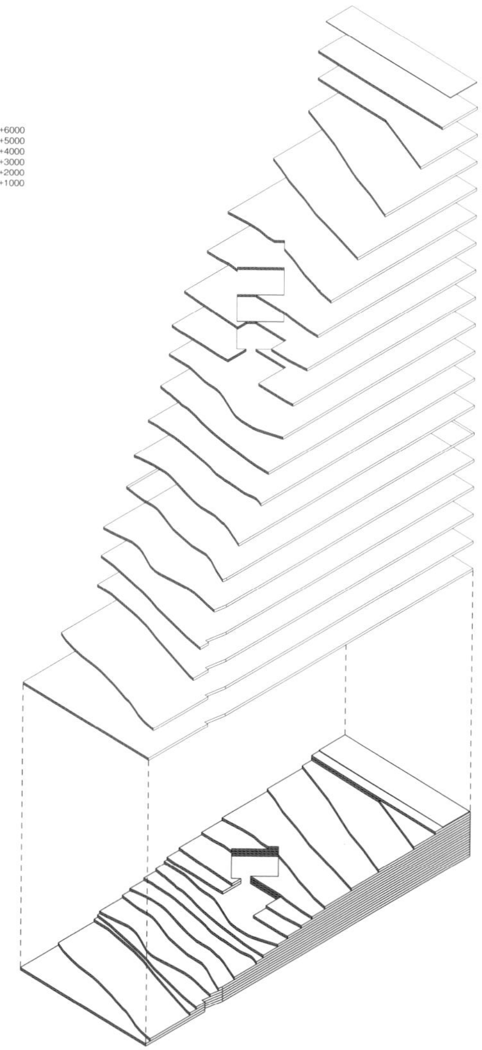

コンテクスト：
建物周辺の建物、道路、樹木、風土、気候などを含む敷地の環境および形状のこと。

等高線（コンタ）：
平面図（配置図）上で等しい高さの点を結ぶことで、高低差のある地形を表す線。

模型：
紙や木などの材料で三次元的に建物を模倣して作るもの。設計の過程で形状や構造を確認するために作られるスタディ模型や、完成した姿を人に見せるために作るプレゼンテーション模型などがある。

Site Plan 3

配置図のさまざまな表現

配置図は特に強調したい事柄によって、さまざまな描き方があります。室内外の関係を分かりやすく表現する方法として、下図のような屋根伏図の代わりに、平面図（ほとんどの場合1階平面図）を描いた図面を配置平面図といいます。

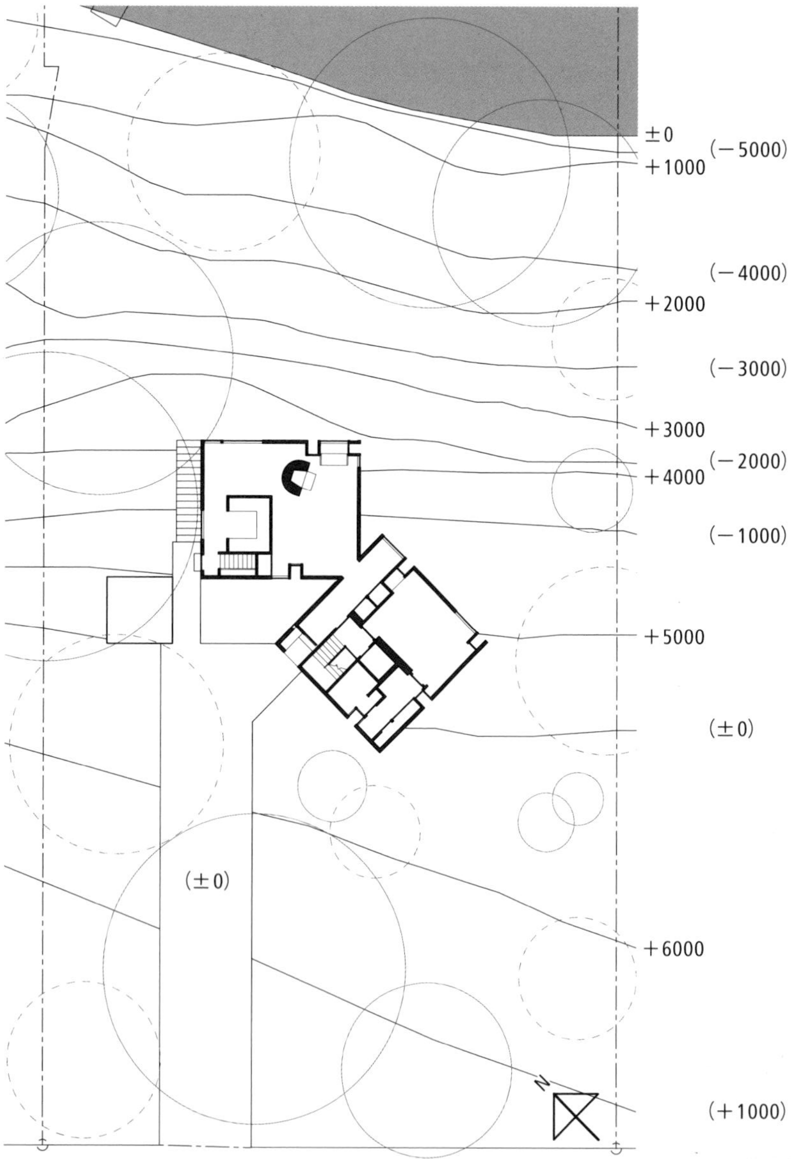

FISHER HOUSE SITE PLAN

木立の中の家

フィッシャー邸の敷地環境は、この住宅の設計に大きく影響しています。敷地は木々のうっそうとした斜面で、近くに小川が流れる自然の豊かな場所です。住宅はその恵まれた環境を最大限に生かすように配置されています。敷地の形状は道路側からはかなり奥行きがあるのですが、実は南北に接する隣地とはそれほど距離がなく、隣の家がすぐ見えるところに建っています。しかし、カーンは注意深く窓を配置することにより、美しい自然を満喫させながら、プライバシーも守られる室内を設計しました。

この家がいかに良くできていても、都会のなかの込み入った住宅街のなかに建てられたら、それはもう名住宅ではないのです。建物はオブジェではなく、土地の上に建てられるものですから、そのコンテクストを無視しては、良い設計にはなりえません。個々の敷地の状況を深く知るためにも、配置図は重要な図面なのです。

小川の向こう岸から見たフィッシャー邸

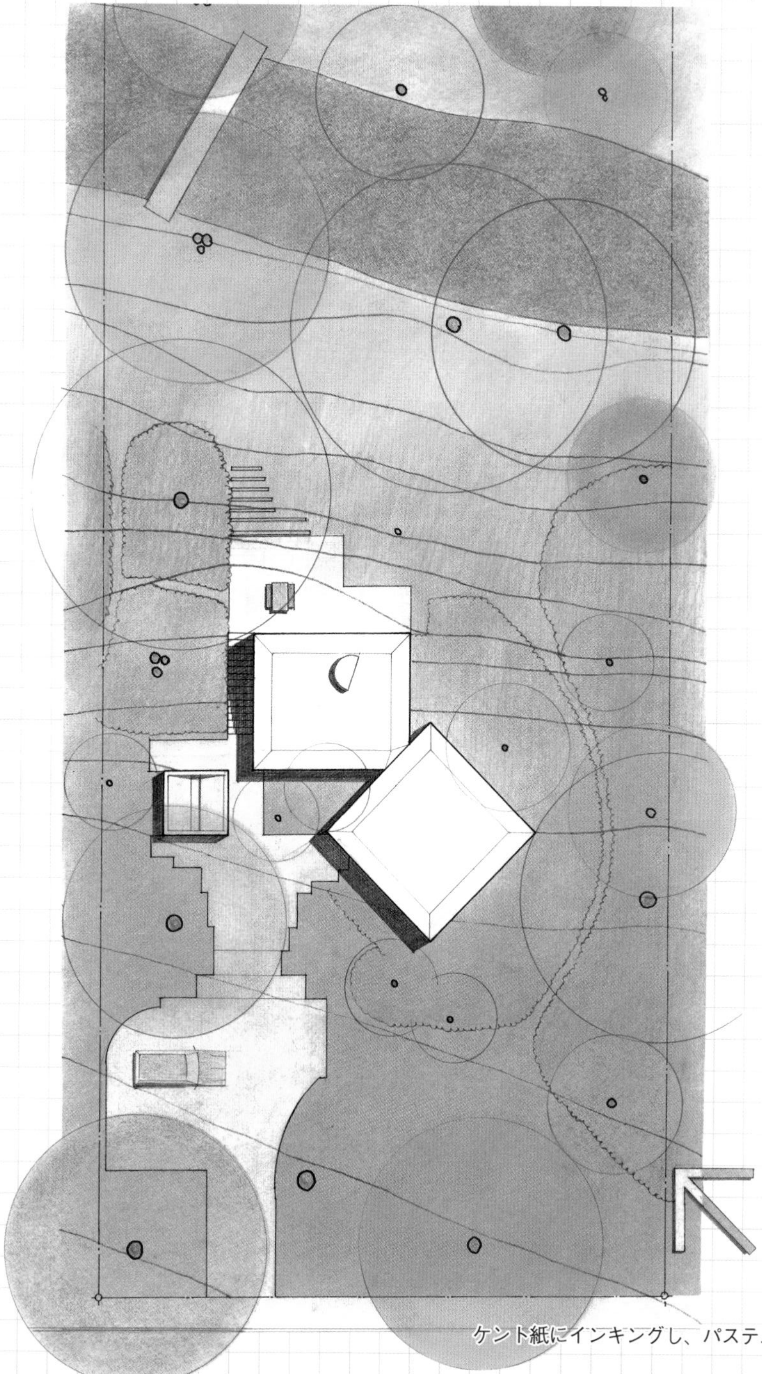

配置図　S=1:400

ケント紙にインキングし、パステル仕上げ

Symbol 1

建具の記号

基 本図の記号のルールや描き方の工夫を学んで、図面をより分かりやすいものにしましょう。

建具の主な記号　さまざまな種類がある。しっかり覚えよう。

扉の記号

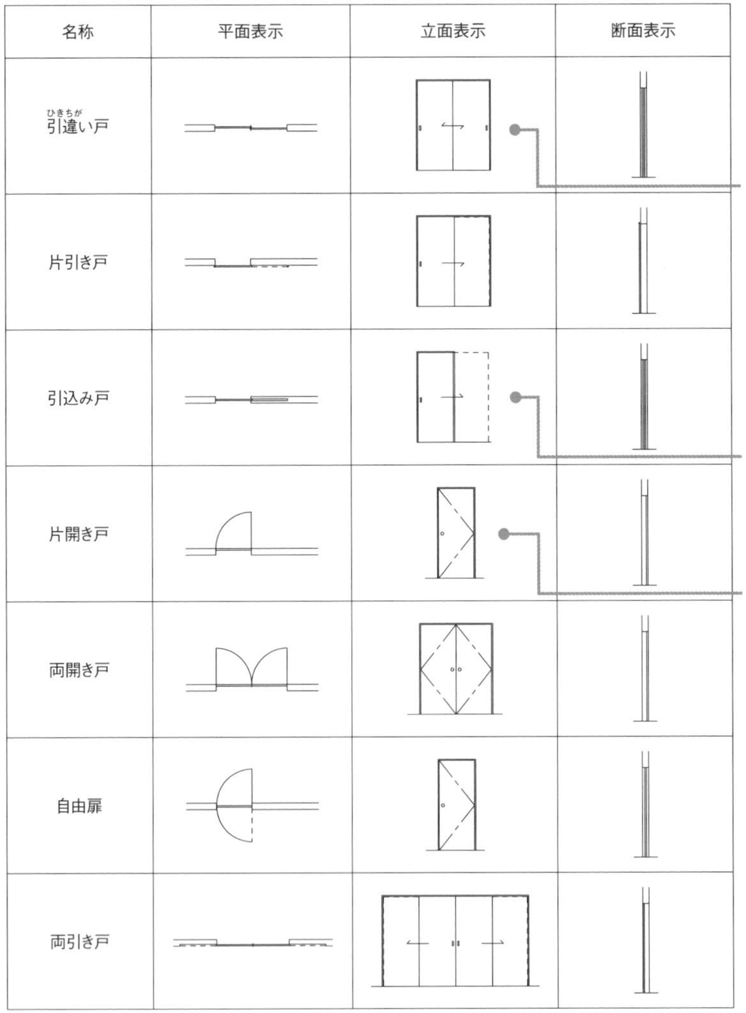

名称	平面表示	立面表示	断面表示
引違い戸			
片引き戸			
引込み戸			
片開き戸			
両開き戸			
自由扉			
両引き戸			

開く方向に矢印を記入する。

引き戸の移動線は破線で表現する。

立面図の扉の開き勝手は一点鎖線で。開く方向の描き方に注意。

窓の記号

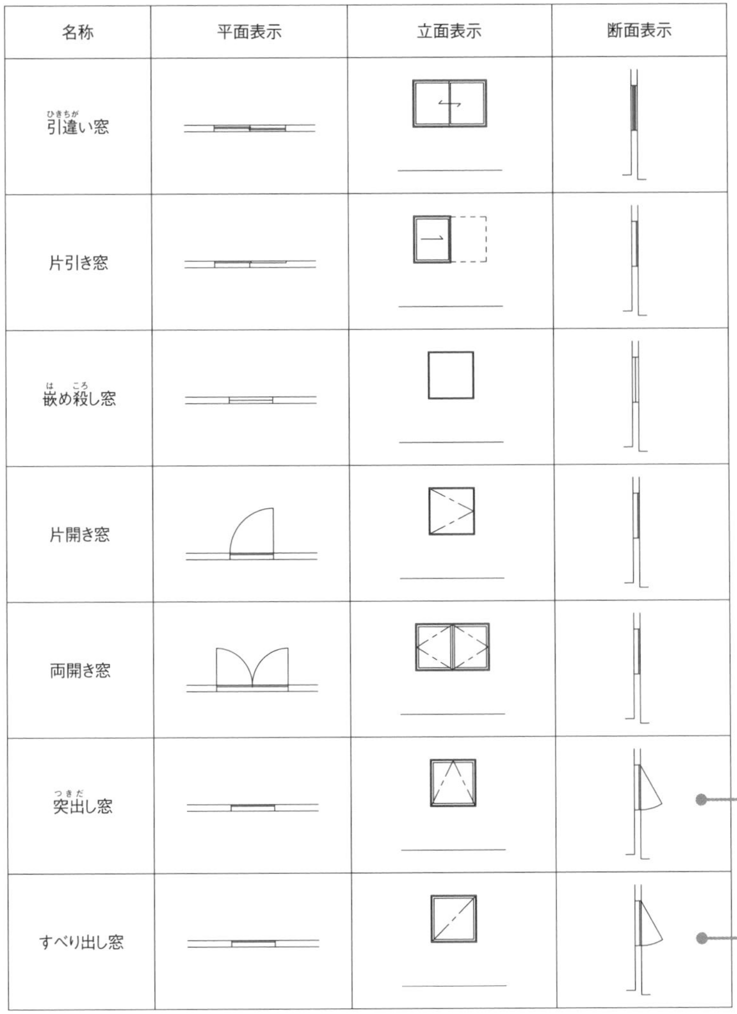

名称	平面表示	立面表示	断面表示
引違い窓			
片引き窓			
嵌め殺し窓			
片開き窓			
両開き窓			
突出し窓			
すべり出し窓			

平面や断面表示は同じだが、開きの機構が異なる窓。

Symbol 2

文字情報、方位も忘れずに、丁寧に

図面は意思を伝えるコミュニケーション・ツールですから、分かりやすいことが重要です。そのため、どんな縮尺で、何が描いてあるのかを表す文字情報は図面に不可欠です。また、建物の方位も1階平面図と配置図には必ず記入しましょう。文字や方位などの記号は、図面の一部なのです。

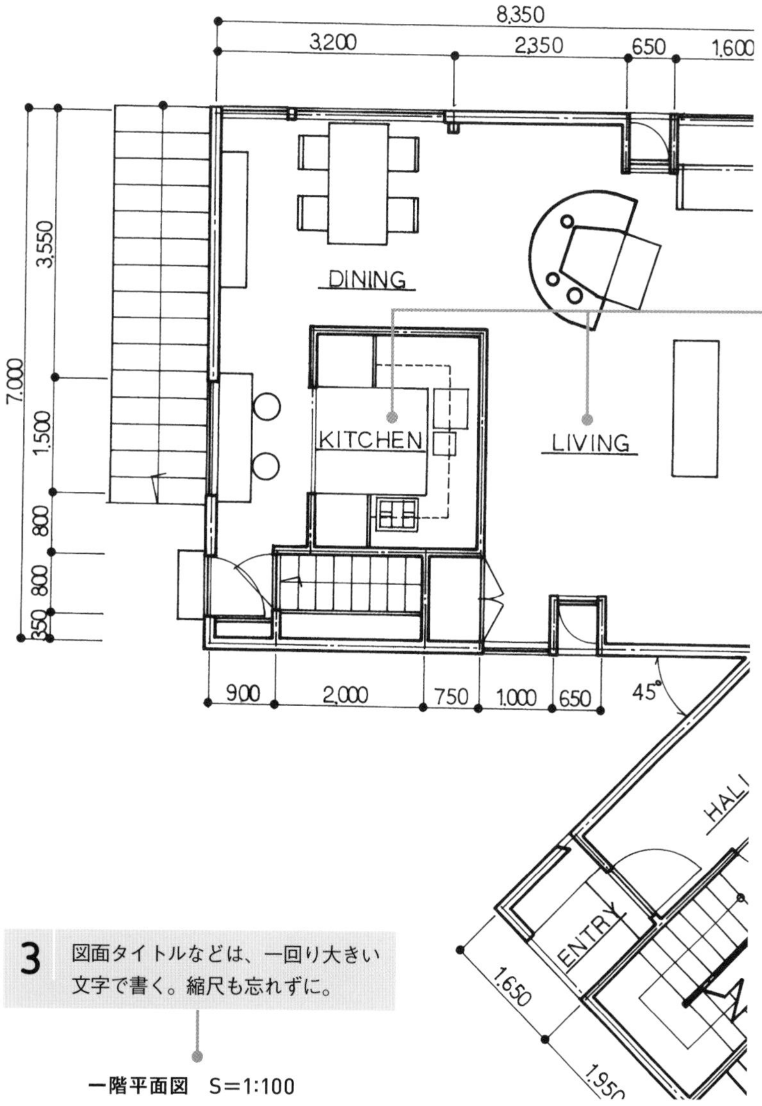

1 図面の中に文字を書く時は、補助線を3〜5㎜くらいの間隔で水平に引き、図面上の線と重ならないように補助線の間に文字を書き入れる。

2 できるだけ高さをそろえるなどして、バランス良く配置する。

3 図面タイトルなどは、一回り大きい文字で書く。縮尺も忘れずに。

一階平面図　S=1:100

方位や縮尺の記号などにもさまざまな描き方がある。
図面全体のバランスなどに配慮して、ふさわしいものを選ぶ。

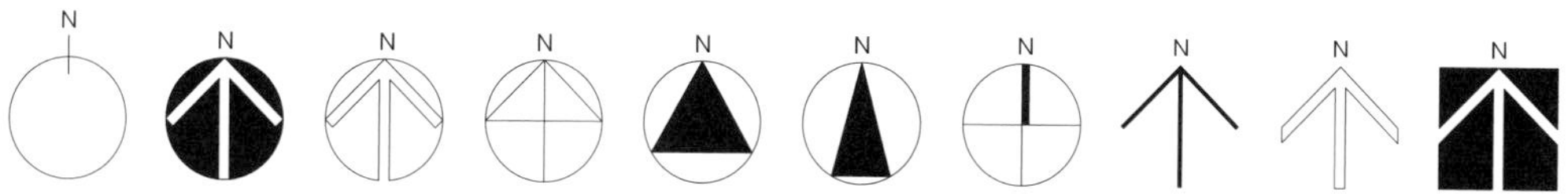

方位記号：平面図、配置図、模型に記入する。立面図、断面図などには使用しない。

断面記号

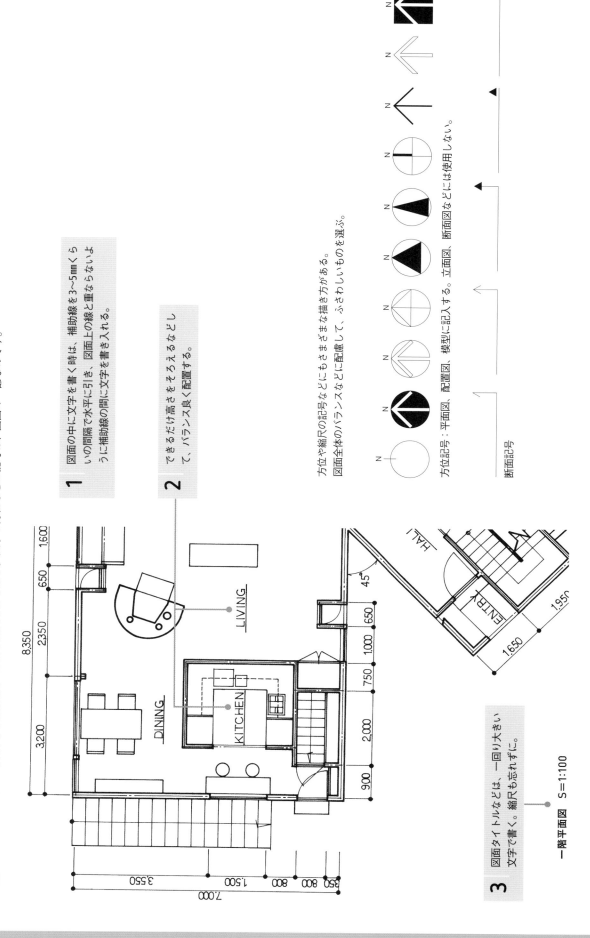

Symbol 3

図面を引き立てる小道具——添景(人物・車)

周囲の環境や、空間の広がりを表現するために、小道具として建物周辺や内部に描き加えられる樹木や、車、人などの絵を添景と言います。建物にスケール感を与える重要な役割をしますので、大きさやプロポーションを正確に描くことが重要です。また、あくまで主役は建物なので、それぞれの図面にふさわしいタイプの添景を適度に加えることを心掛けてください。

S=1:100の人物

人物の描き方　基本的なプロポーションを押さえて、さまざまな姿を描いてみよう。

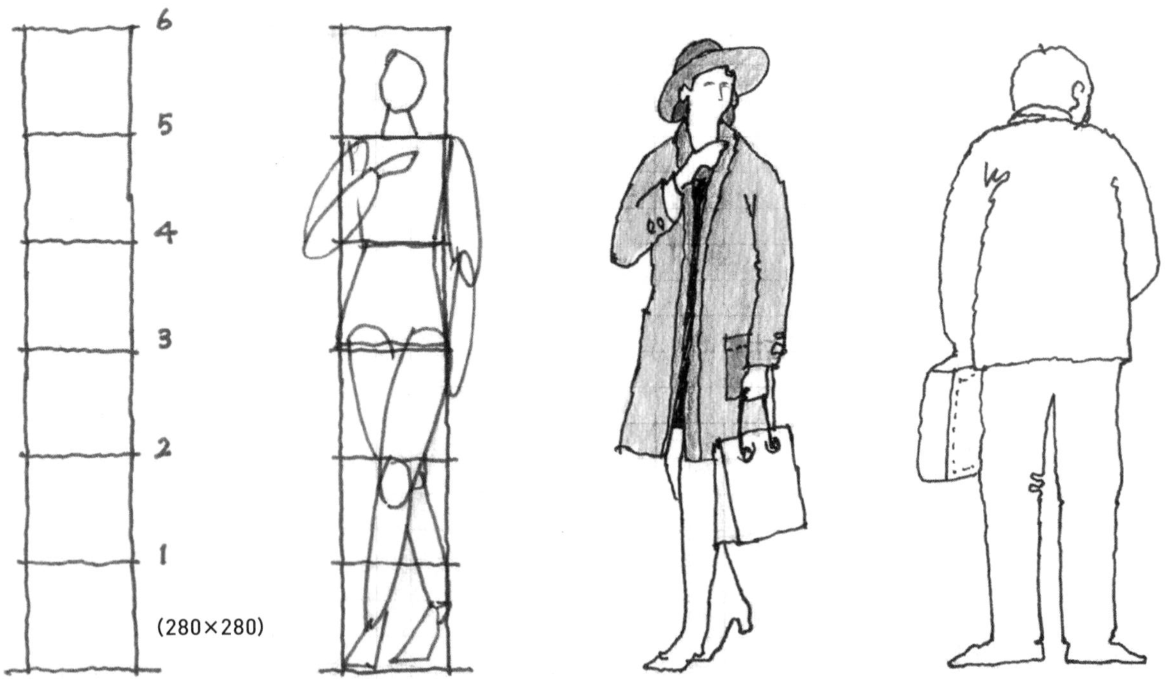

S=1:20の人物

S=1:50の人物

車の描き方

1 補助線で700角のグリッドを縦2段、横7段描く。

平面図・配置図用

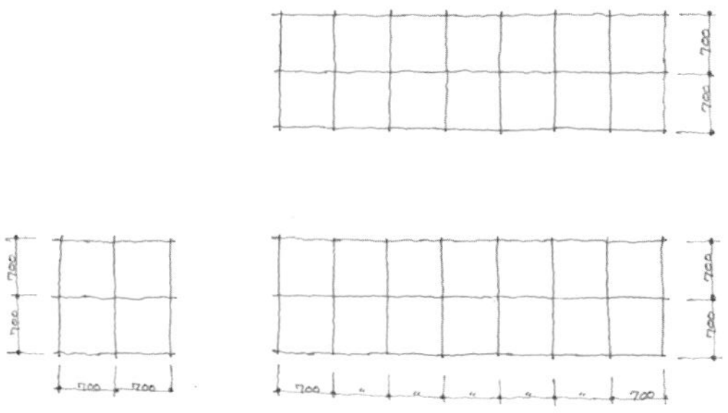

立面図用——一番下の線は地面の断面線。

2 タイヤをグリッドのなかへ描き入れる。

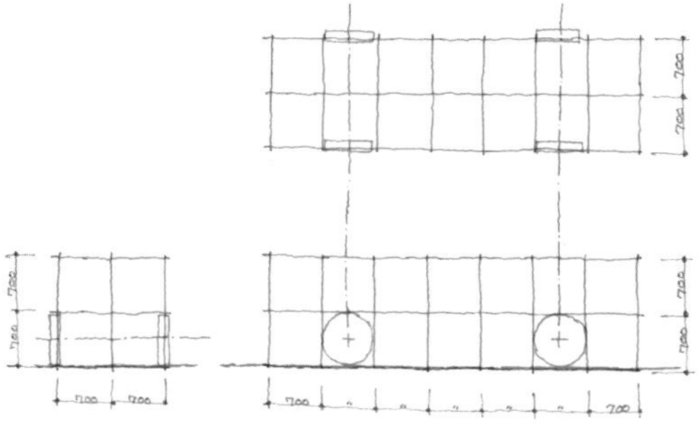

タイヤはグリットより少し小さめに描く。

3 車の外形を描いていく。

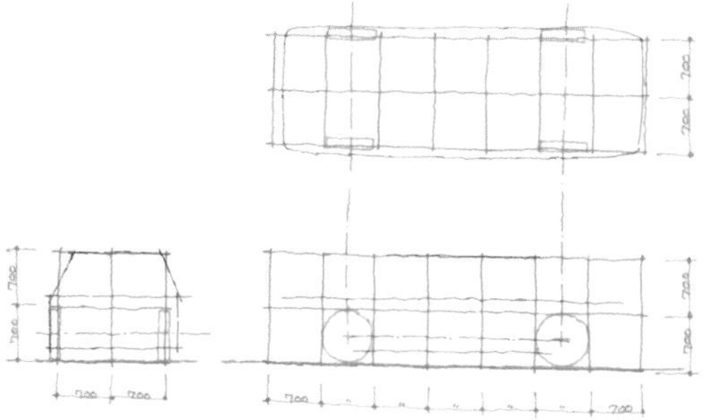

車輪を包むように車の外形を描く。

4 車種によっては枠より小さめに。好きな車のデザインで構わない。

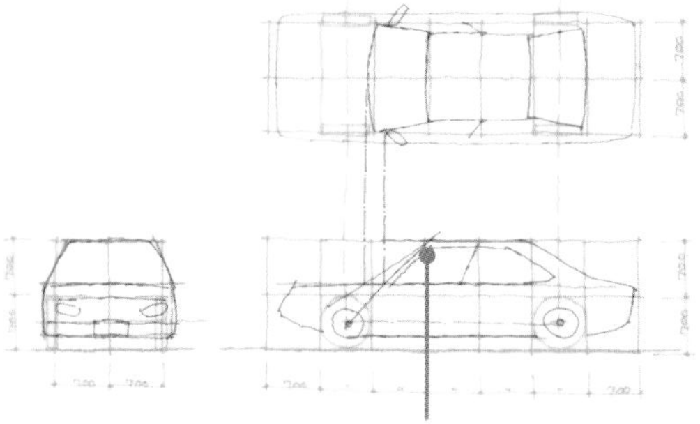

前輪の中心からここを結んだ線がピラー（自動車の窓柱）の芯になる。

5 細かな部分を足して、完成。

最終的に車輪は見えなくなる。

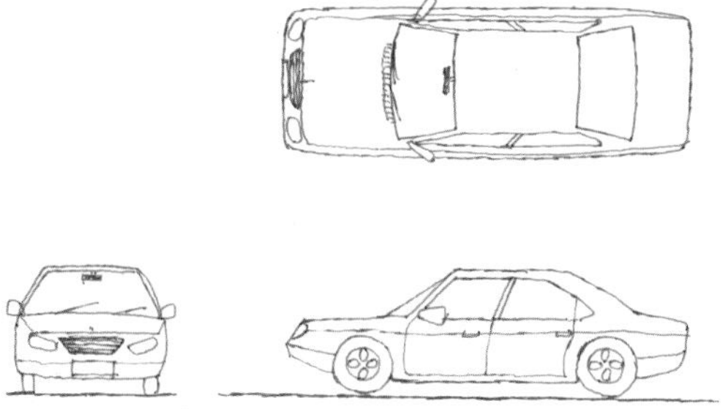

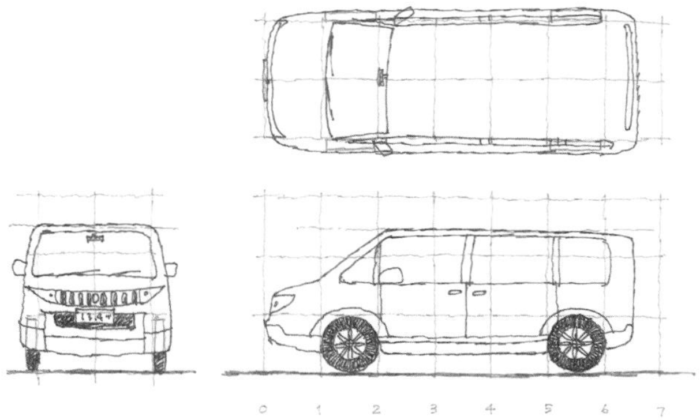

いろいろな種類の車を描けるようになると便利。

スケール：
縮尺のこと。原寸をどのくらい縮めたかを示す割合。

プロポーション：
大きさのバランスや縦横の比など、ある一部分と全体の関係の比率。人体で言えば、頭と身体の大きさのバランスなど。

グリッド：
一定間隔の格子。この場合はプロポーションを正しく作図するための手がかりとしている。

Symbol 4

図面を引き立てる小道具——添景(樹木)①

樹木も外部環境を表す重要な添景ですが、さまざまな種類と描き方があります。図面にふさわしい種類や、表現力のある樹木が描けるように、日ごろからさまざまな樹木を描く練習をしておきましょう。

樹木の描き方

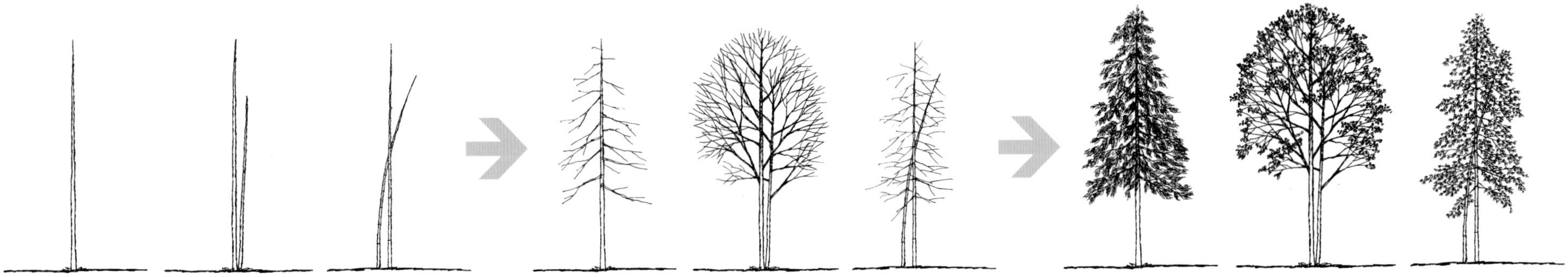

木はまず幹を描き、大きい枝から小さい枝を描いていき、最後に葉をつけていく。
幹は細めに、葉は少なめに描くのがコツ。

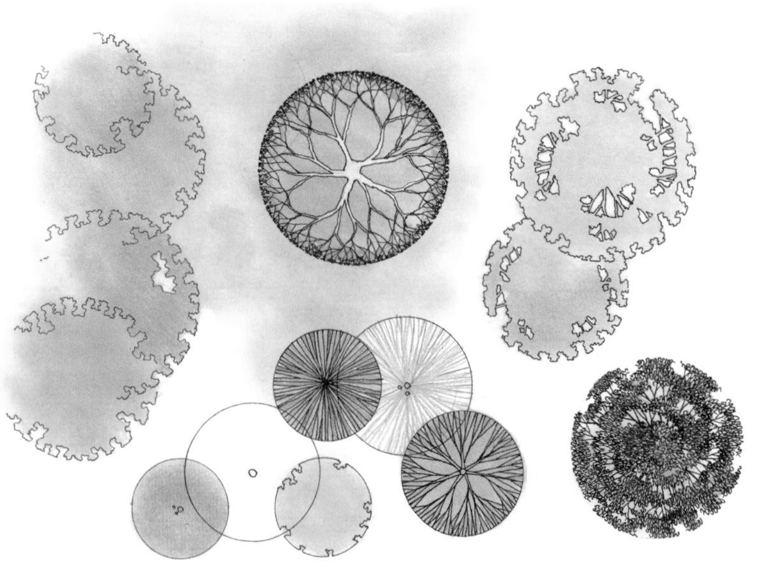

木を上から見た図のいろいろな表現。平面図や配置図に使う。

さまざまな種類の木がある。

さまざまな樹木の表現

平面図

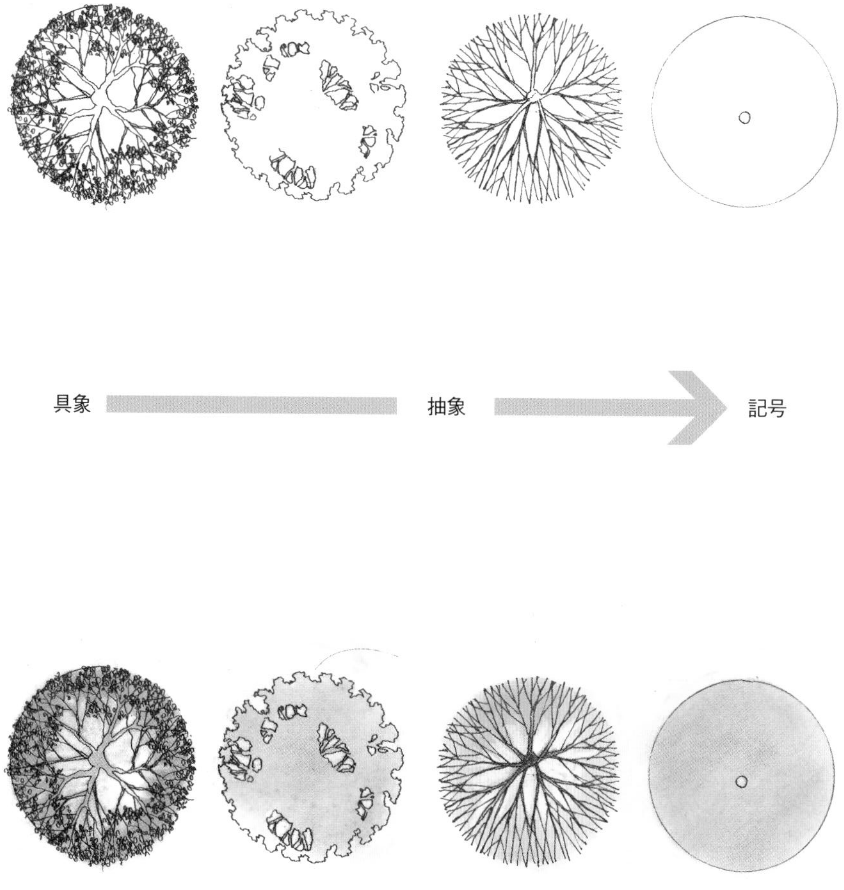

立面図

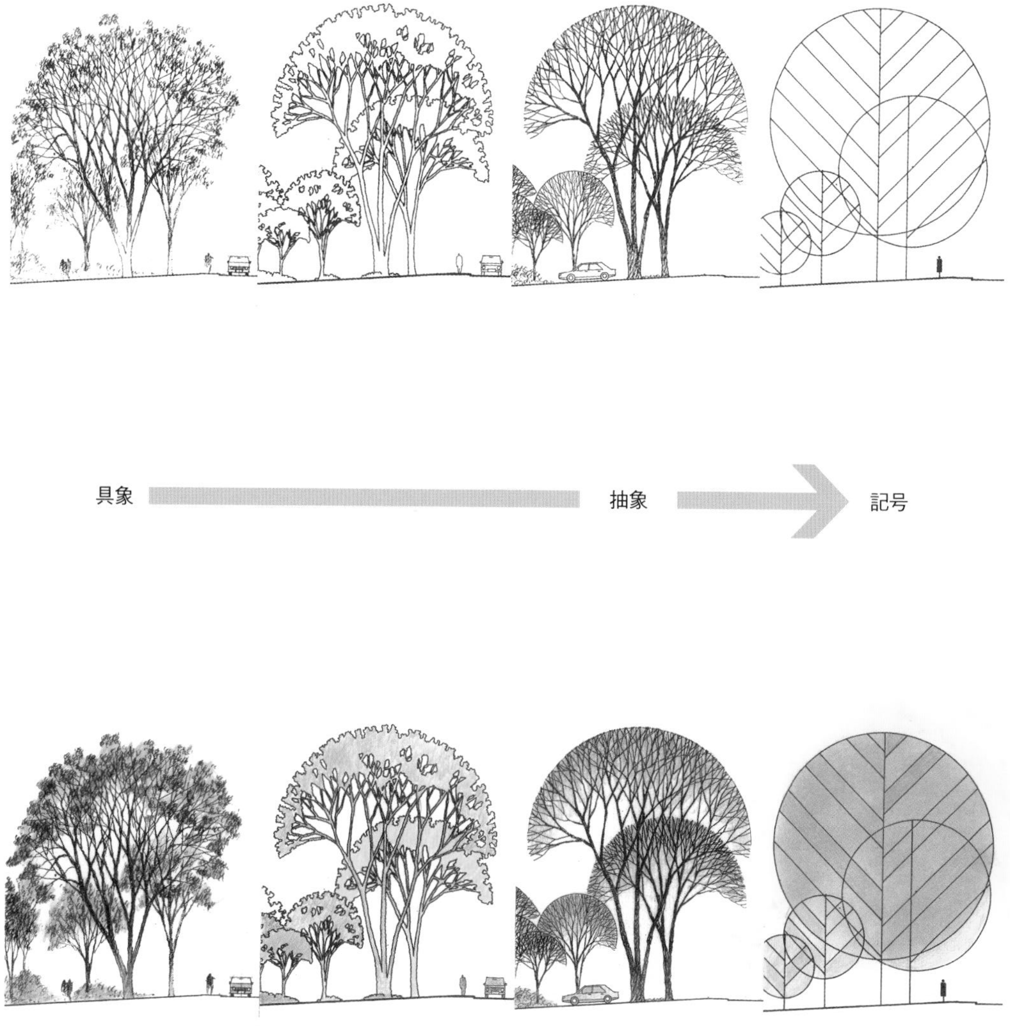

同じ木を表現するにもさまざまな描き方がある。図面にふさわしい表現を考えよう。

Symbol 5

図面を引き立てる小道具——添景（樹木）②

立面図、アクソノメトリック図で樹木の表現が変わります。

樹木の描き方　立面図とアクソノメトリック図との比較

1 幹を描く　2 枝を描く イメージ図　3 枝を描く　4 小枝を描く　5 小枝を描く　6 葉をつける

立面図の木

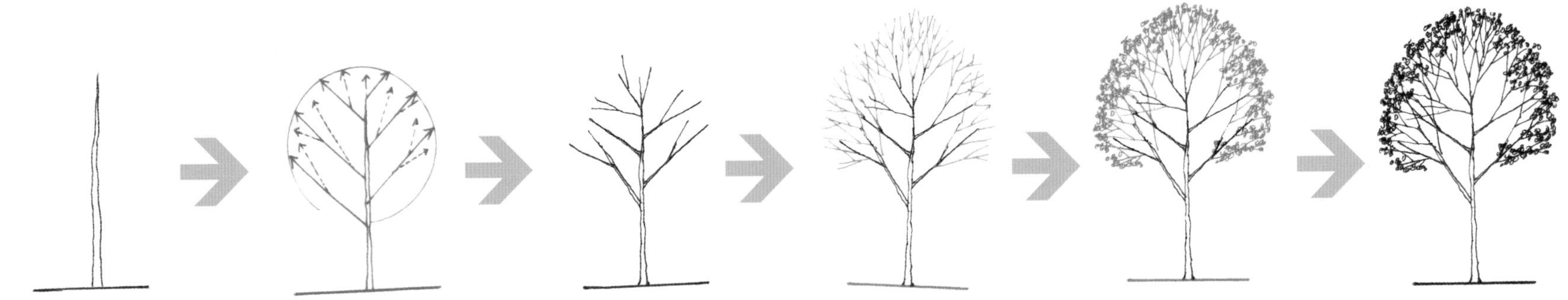

1 幹はあまり太くならないように細く描く。根本は太く、先は細く

2 枝を描く方法は扇状に上に向かうようなイメージで描く

3 幹に枝を描く。実際の木の枝のつき方を参考にするとよい

4 さらに小枝を細かくつける。時にはこの状態で完成

5 枝を小枝の先端につける。葉の形は丸でも楕円でもよい

アクソノメトリック図の木

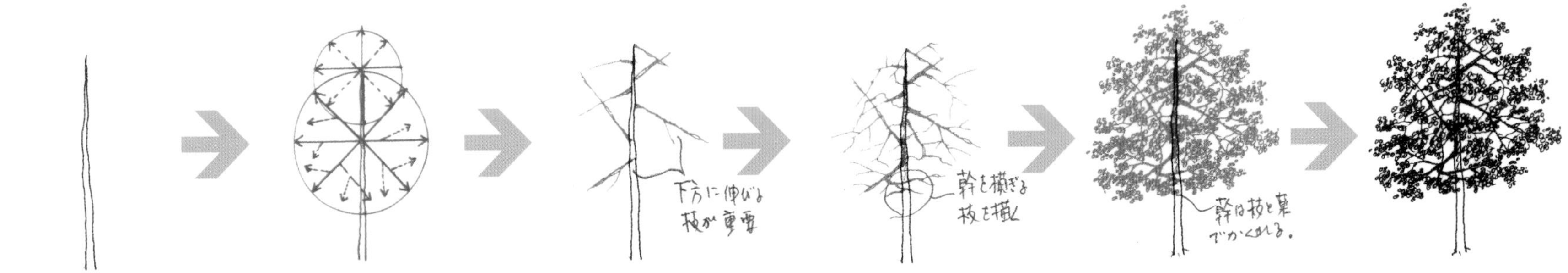

1 幹を描く。GLは描かない

2 水平の円盤の中心から四方八方に枝が伸びていくイメージで描く

3 枝を描く。下方に伸びる枝が特徴

4 小枝をつける

5 葉をつける。幹にかかる枝や葉が重要

アクソノメトリック図の添景　樹木、人、自動車

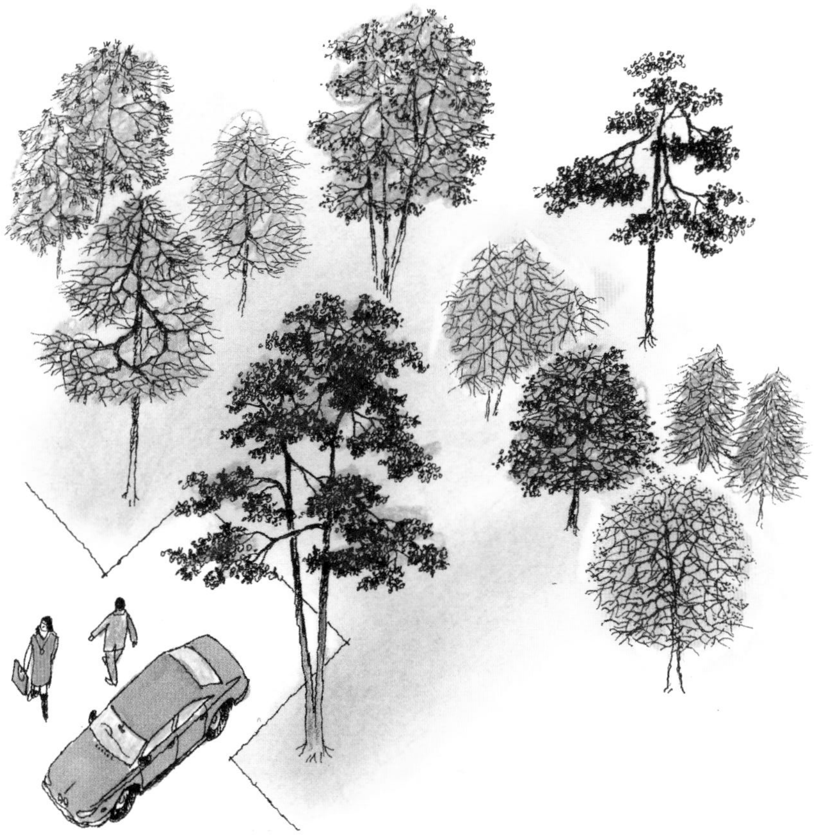

Symbol 6

図面を引き立てる小道具——家具のスケール

家具などの添景を描くと、部屋の様子が良く伝わりますが、そのためには大きさを正しく描くことが重要です。身近な物の寸法を覚えて、正しい大きさで描けるようにしましょう。
下図はフィッシャー邸の家具をもとにしたいくつかの例ですが、その他の寸法は「設計資料集成」という本を参考にしましょう。

ダイニングセット

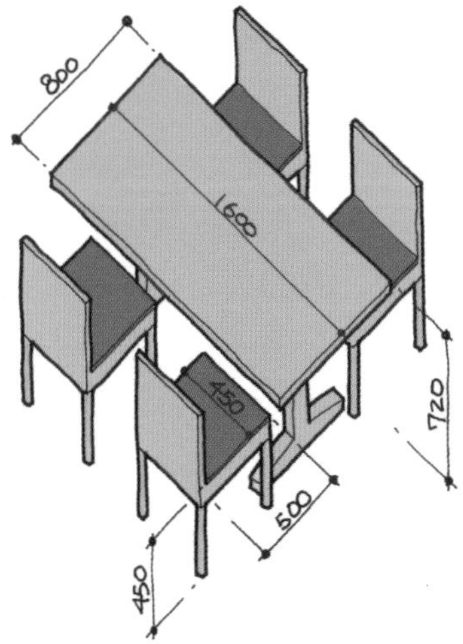

ソファーセット

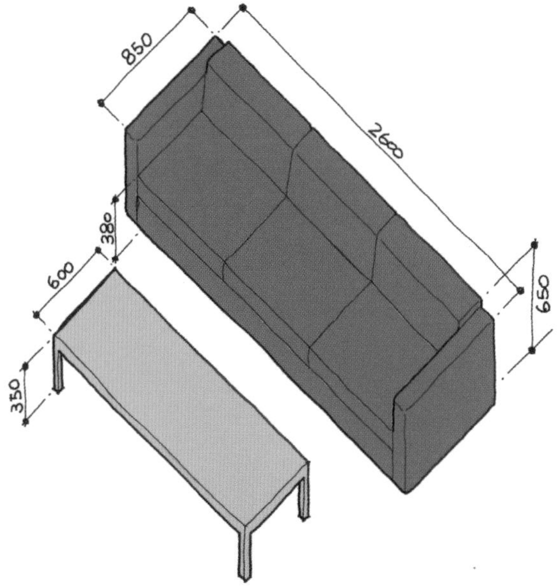

シングルベッド

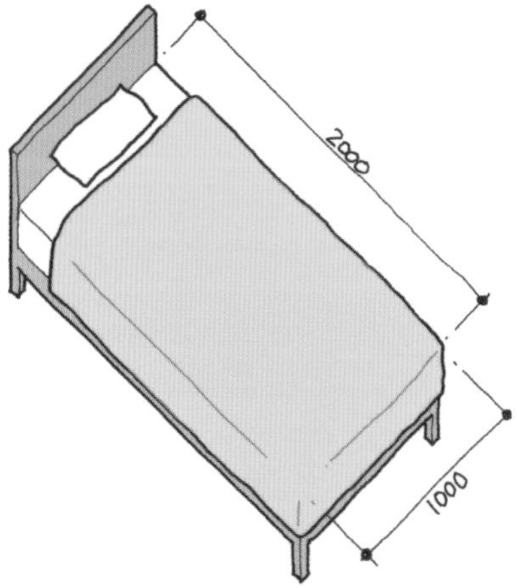

キッチン

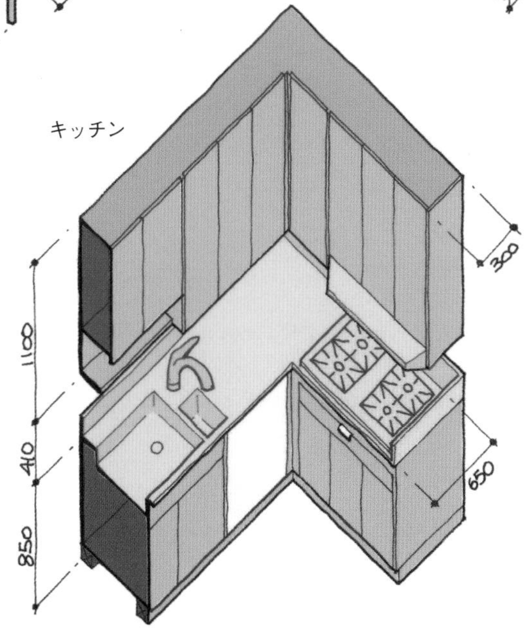

シンク

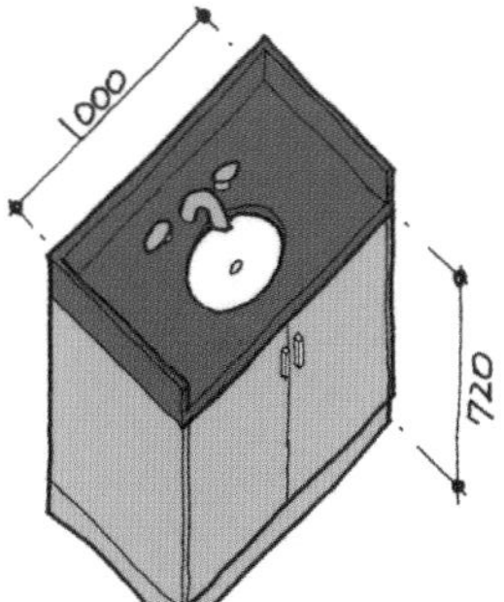

風呂

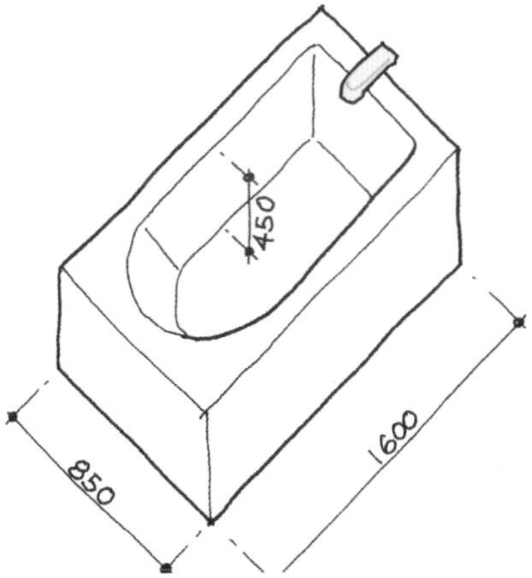

トイレ

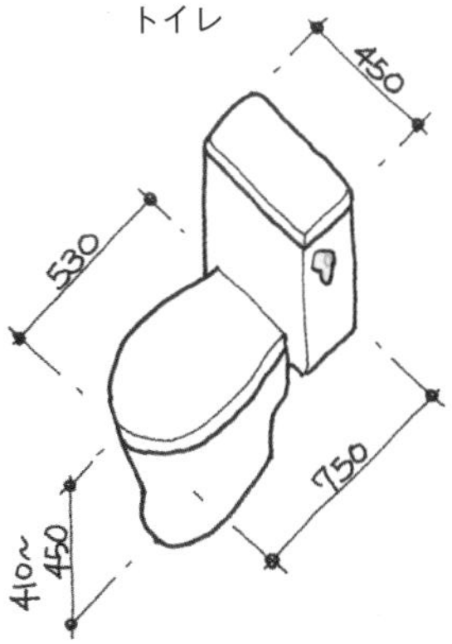

Symbol 7

図面を引き立てる小道具——テクスチャ

テクスチャ（材質）を表現する

テクスチャは物の表面がどんな質感や材質でできているかを表現します。適切なテクスチャを図面に描き込むことにより、スケールや部屋の性質（居間や寝室ならフローリング、トイレはタイルなど）を示唆することもできます。ここには平面図に描くテクスチャの表現の例を挙げましたが、断面図や立面図にも応用してテクスチャを描いてみましょう。

木目

フローリング

レンガ

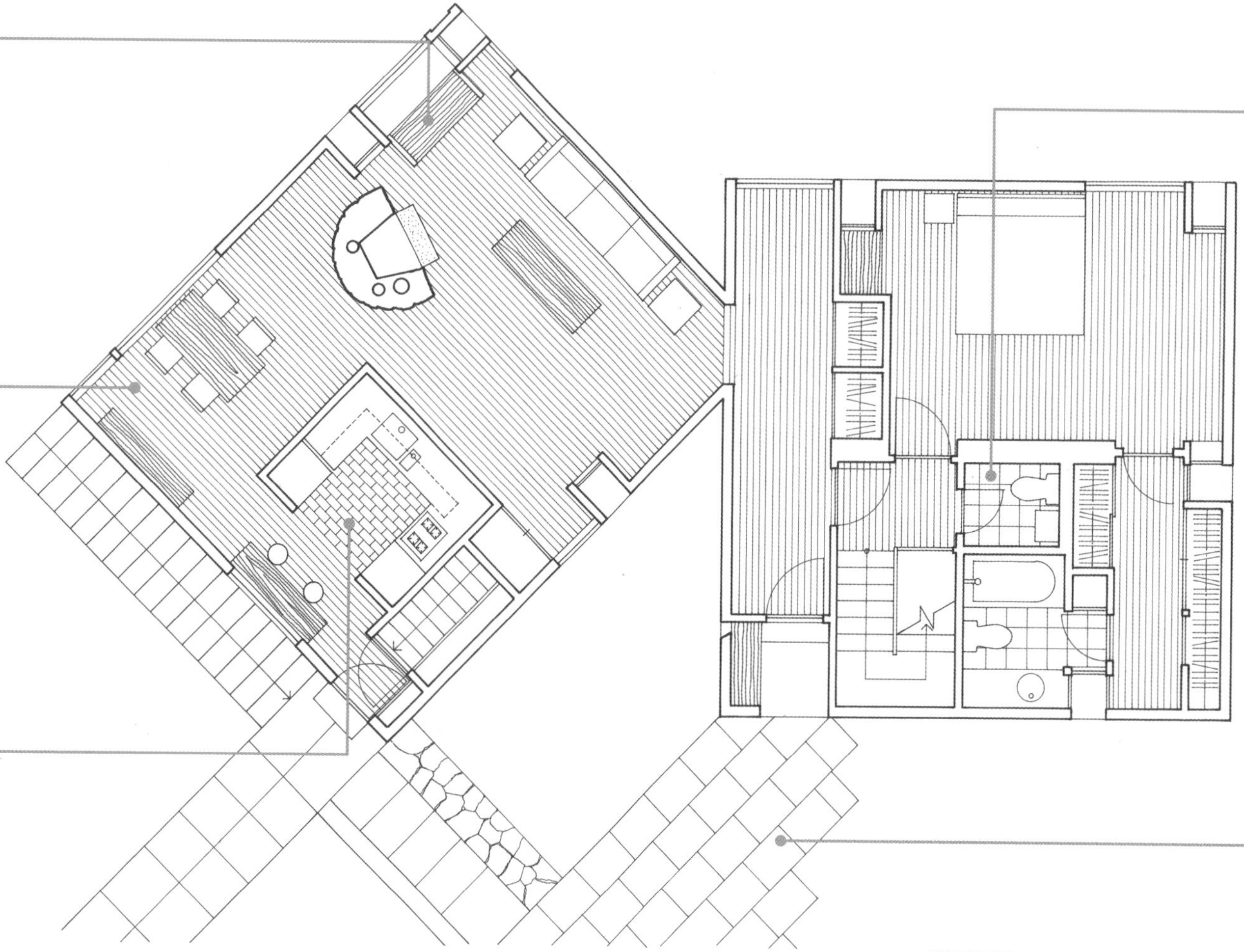

1階平面図　S=1:150

タイル

石

Variation 1

さまざまな表現①

基 本図に手を加えることにより、建物についてのさらに詳しい情報を伝えることができます。たとえば、平面図に床の材質を表す目地などを入れると、部屋の性質を示唆できるだけでなく、図面としても密度の濃いものになります。また、家具などの添景を適度に入れることで、その部屋の使われ方や動線、スケールを表すことができます。部屋名や寸法などを確認しなくても、一目でその部屋がどんな部屋か分かるような、そんな生き生きとした図面を描いてみてください。

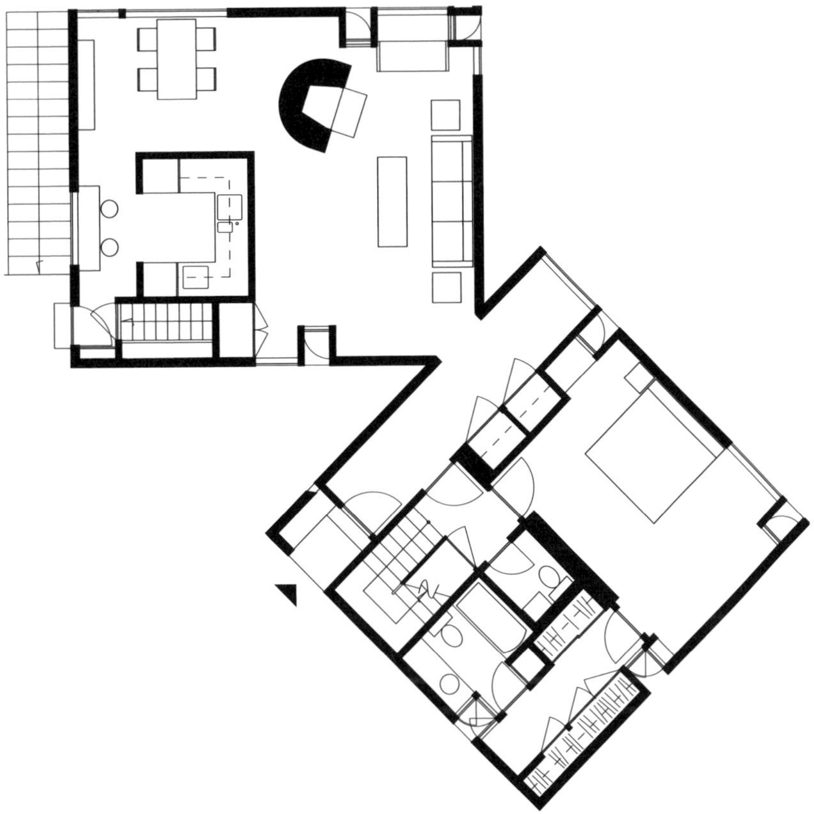

1階平面図　S=1:150
CAD ドローイング

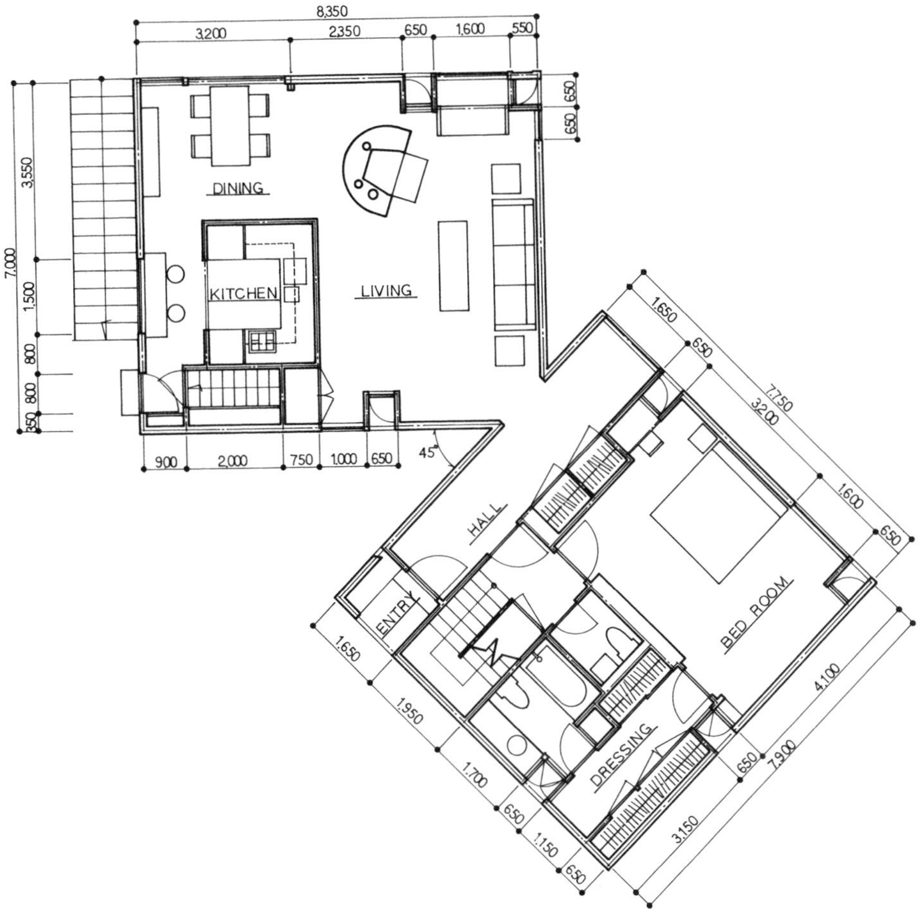

1階平面図　S=1:150
ケント紙の上にインキング

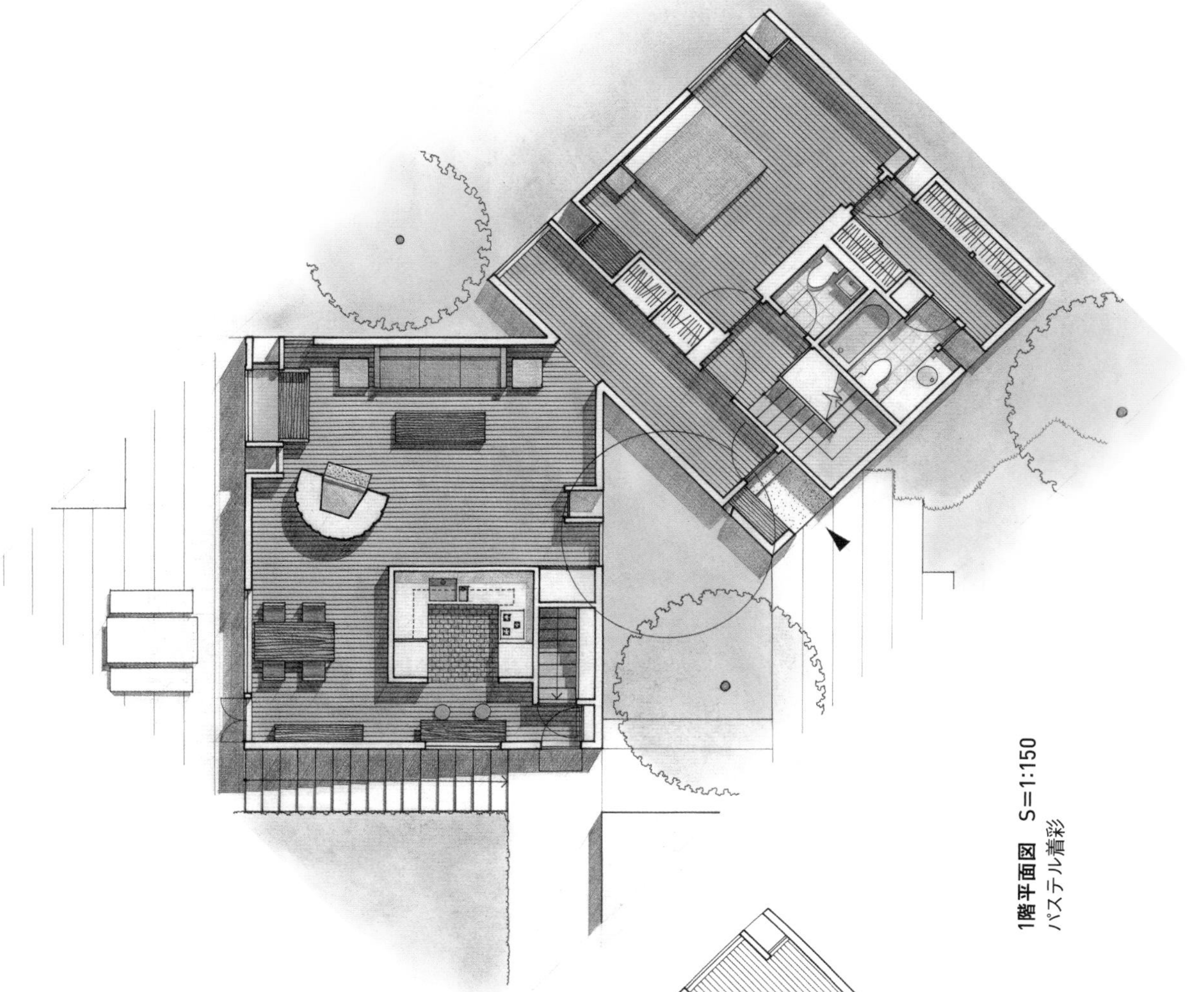

1階平面図　S=1:150
パステル着彩

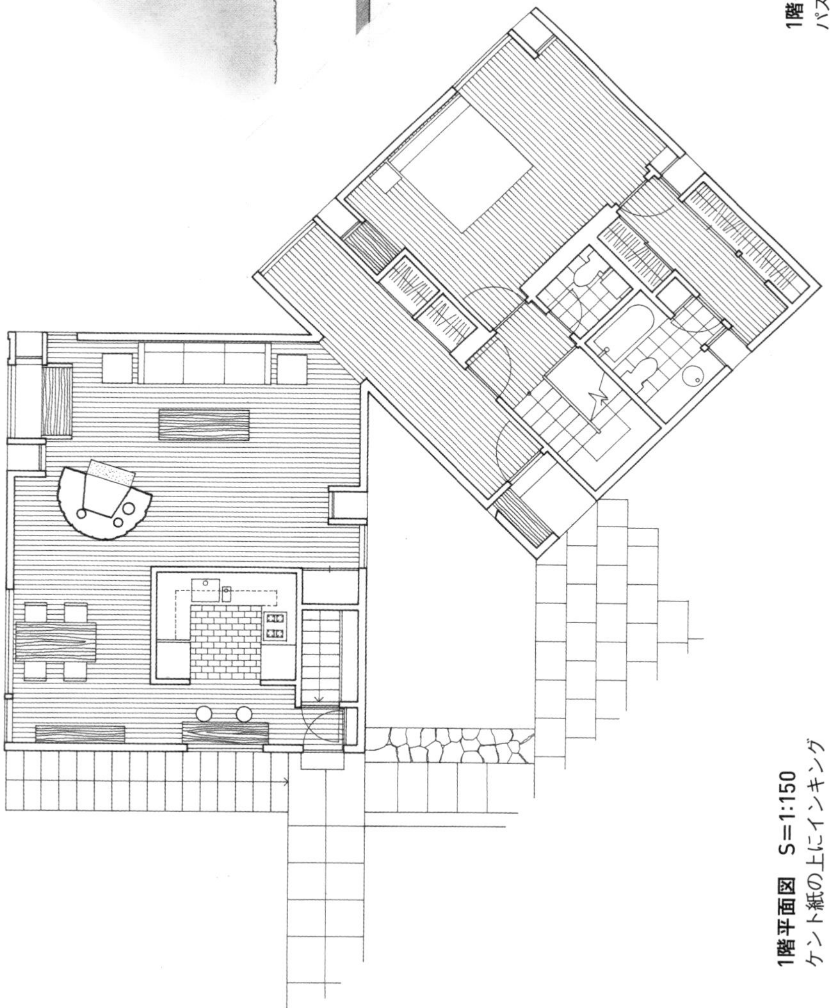

1階平面図　S=1:150
ケント紙の上にインキング

Variation 2

さまざまな表現②

立面図も添景の木の表現によって、印象が変わります。

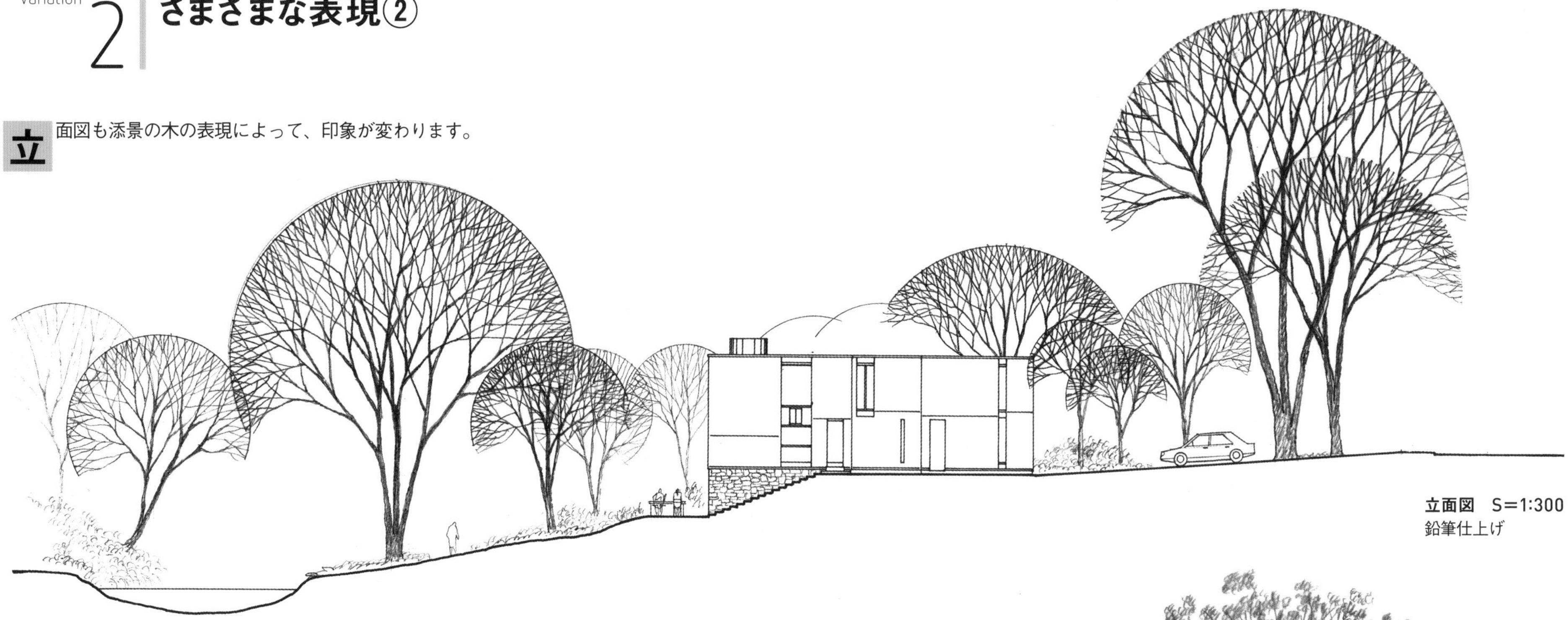

立面図　S＝1:300
鉛筆仕上げ

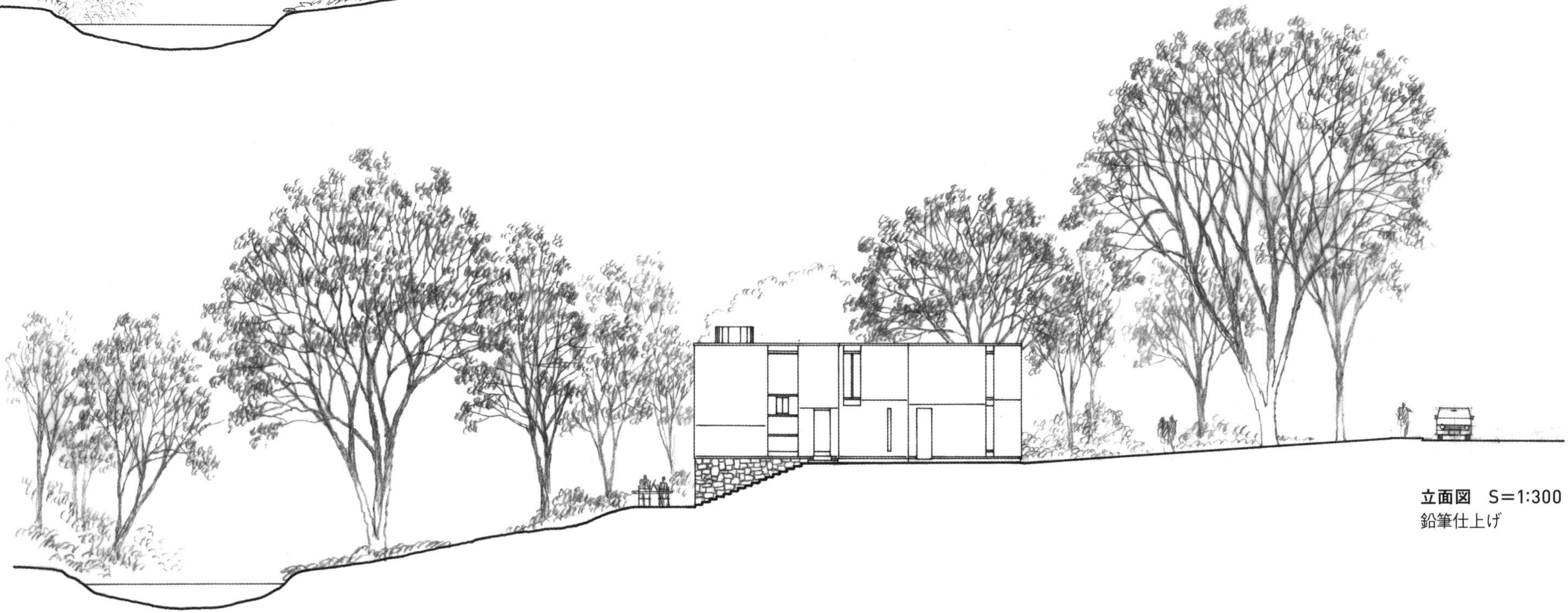

立面図　S＝1:300
鉛筆仕上げ

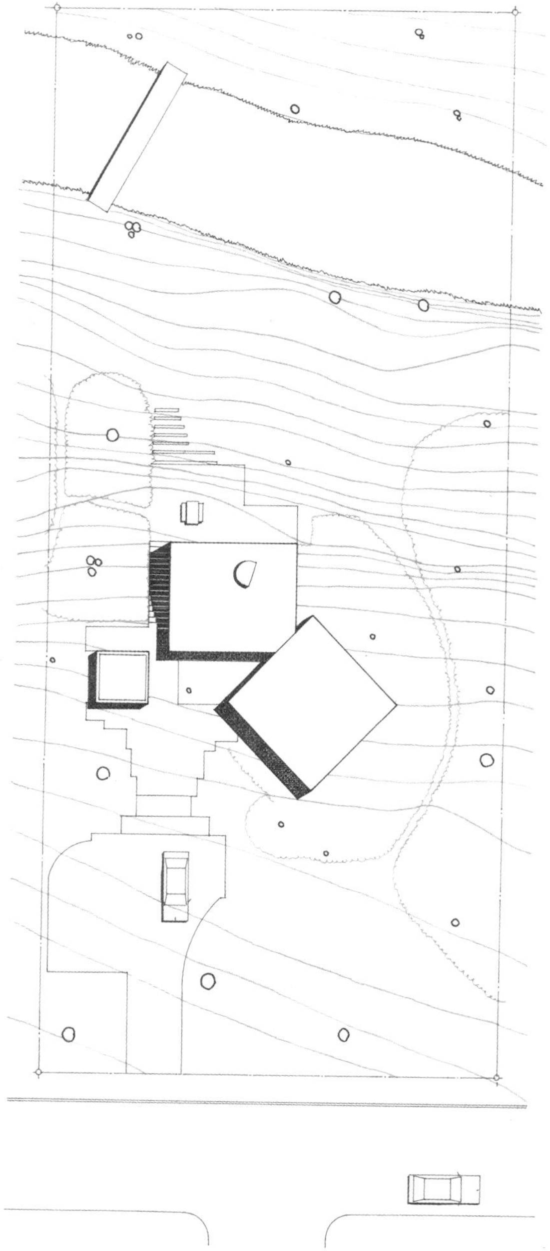

配置図　S=1:500
建物や地形、樹木の位置などをシンプルに表現した図。影の表現が建物の高さを表している。(影については第3章参照)

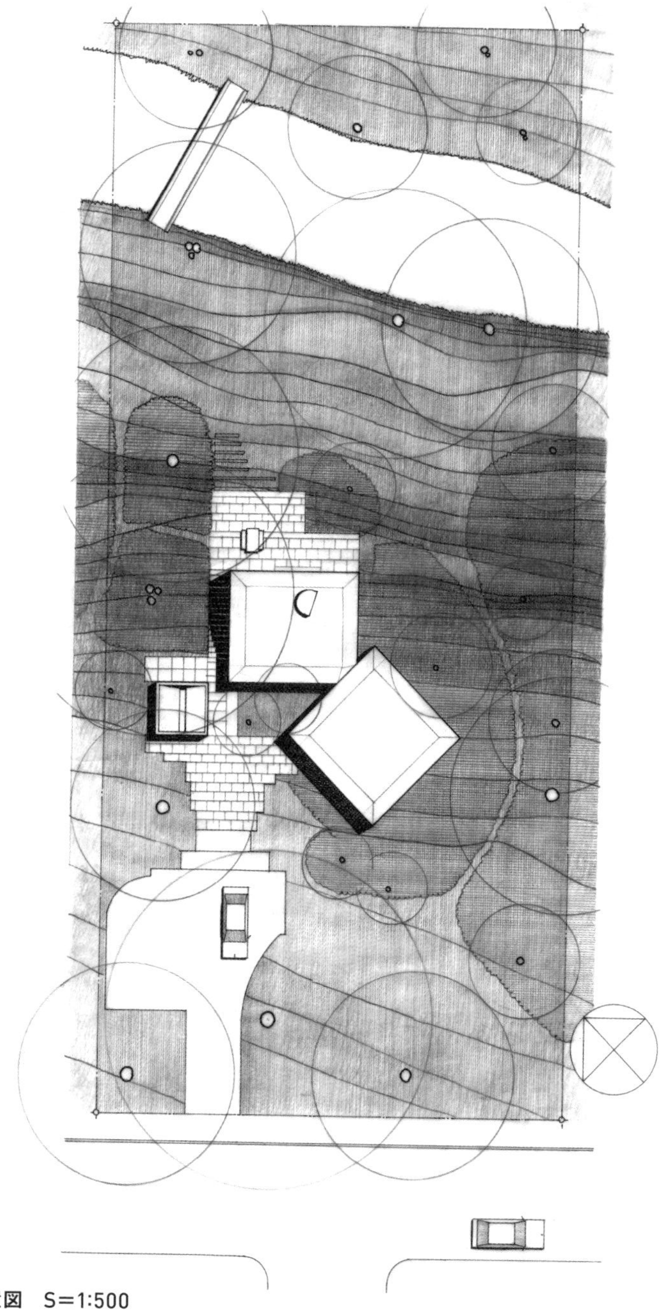

配置図　S=1:500
線の密度で高低差を表している。
また樹木の大きさも表現されている。

鉛筆+ハッチング

column 06

DESIGN PROCESS
設計のプロセス

良い建物の設計は、1つの思い付きに頼るのではなく、試行錯誤を繰り返しながら進められます。フィッシャー邸の設計は4年間もかかっているのですが、その設計という作業はどんなプロセスで行われるのでしょうか。カーンのスケッチを紹介しながら、一般的な設計のステップを説明します。

エスキース——1

建築におけるエスキースとは、設計の初期段階に考えをまとめ、検討するためにスケッチを描くなどして、デザインを練り上げていくことです。最初は設計する建物の敷地環境、プログラム、要求面積などの情報を集め、理解し、分析していくところから始まります。

敷地環境
敷地の大きさ、形状、高低差
敷地の性格：街／住宅地／森
敷地内の既存の物：樹木／川　など

プログラム
計画される建物の用途：住宅／学校／美術館
住宅であれば、どんな家族構成で、
特別な機能が必要かどうか：仕事場を兼ねた住宅／
下宿部屋のある住宅　など

要求面積
住宅ならリビング、ダイニング、
主寝室などの部屋はどのくらいの
大きさが必要か　など

これらを整理し、理解したうえで、設計のコンセプトを考える。

エスキース——2

1で整理した内容を反映した平面計画（間取り）を、ダイアグラムのような簡単なスケッチで描いてみます。図にすると部屋の大きさ、関係、必要な動線などが分かってきます。また、敷地の中に建物をどう配置するかも重要なポイントです。

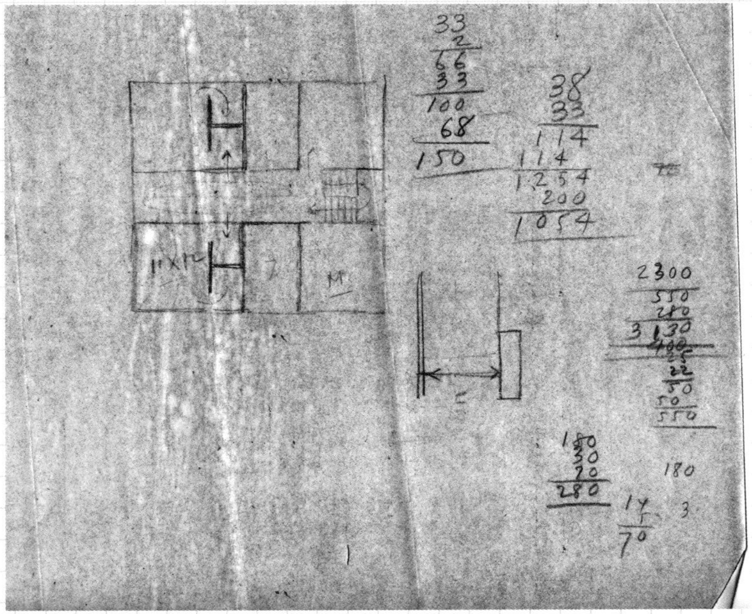

初期のフィッシャー邸の平面スケッチ。寝室が集まる2階の部屋割りや面積計算の簡単な図がトレーシングペーパーに鉛筆で描かれている。この段階ですでにダイニングなどを含むリビング・スペースと寝室や浴室などを含むスリーピング・スペースを分けるコンセプトが考えられていた。

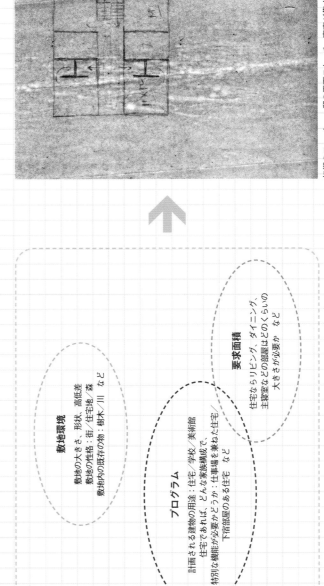

エスキース——3

2の平面計画でおおよその建物の形状、大きさ、各部屋の配置などを決め、断面、立面などを考えていきます。2と3の過程は同時に行われることが望ましいです。

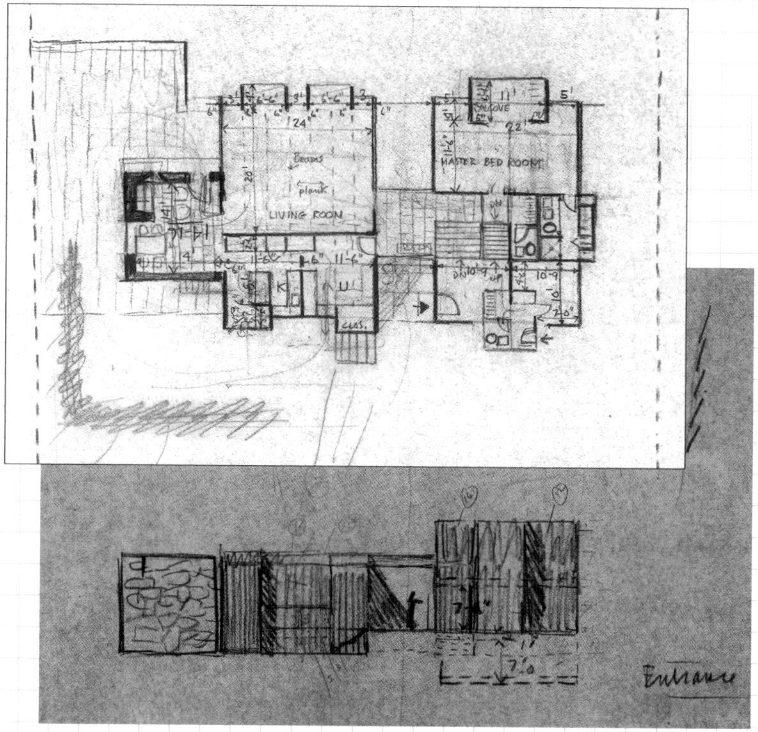

初期のフィッシャー邸の平面・立面スケッチ。立面図を見ると石と木という素材が分かるが、石造の上に木造が載るのではなく、石造と木造が隣り合わせに計画されていた。リビング・スペースとスリーピング・スペースが明確に分けられたプランだが、最終案とはまったく異なる形状で考えられていた。

エスキース——4

部屋の内部の様子などのイメージもスケッチしておくと、自分の考えが人に伝わりやすくなるだけでなく、コンセプトを整理するためにも有効です。

ダイニング（左）と主寝室（右）のスケッチ。暖炉は当初から重要な要素として考えられていた。当時計画されていた石造のダイニングの重厚さと木造の寝室の私的な感じが表現されている。スケッチに家具や人が描き込まれていると、スケールが分かりやすくなり、空間をイメージしやすくなる。

2〜4を繰り返す

案に満足いくまでプロセスを繰り返す。フィッシャー邸でカーンは7、8の異なる案を考えた。

エスキース：
設計の構想の過程で描かれる図やスケッチ、またはそれを作成する行為。設計の授業で先生が作品をチェックすることもいう。

プログラム：
ある建物の使われ方や大きさなどの諸条件。

コンセプト：
ある建築設計における基本的な考え、概念。

ダイアグラム：
情報や考え方を抽象化し、図式化してわかりやすく表現したもの。

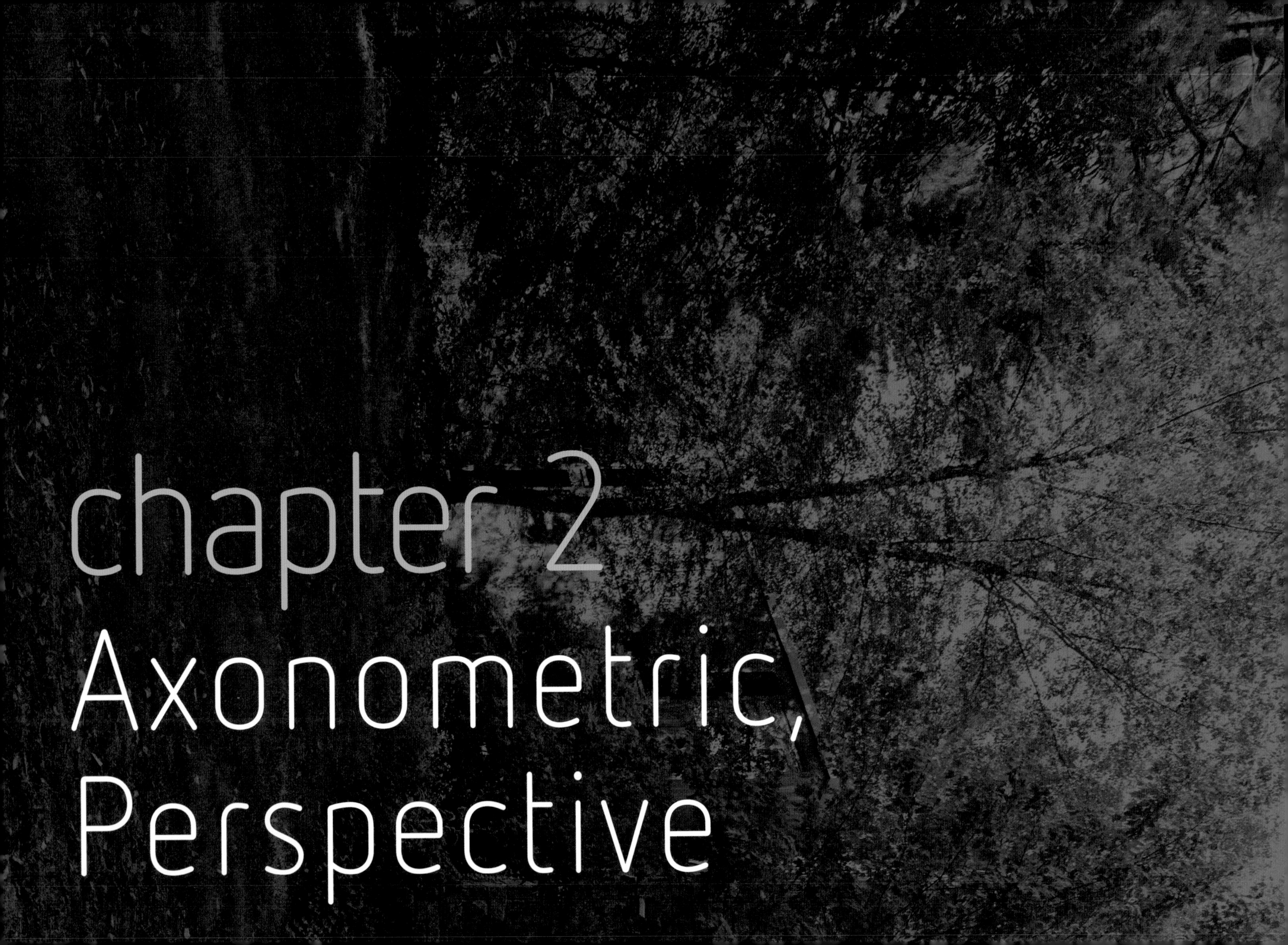

chapter 2
Axonometric, Perspective

フィッシャー邸を立体的に表現する

アクソノメトリック、
一点透視図、二点透視図

この章では三次元の建物を二次元で立体的に見えるように描く方法を学びます。アクソノメトリックは基本図をもとに起こしていく三次元の図で、透視図は人の目に映っているように描く表現方法です。

Axonometric 1

アクソノメトリック(AXONOMETRIC)、アイソメトリック(ISOMETRIC)とは

アクソノメトリック（アクソメ）は基本図を使って簡単に立体を表せる図法です。

フィッシャー邸のアクソノメトリック図

基本的な描き方は平面図をそのままある角度に傾け、それぞれの要素を垂直に引き上げて（または引き下げて）高さを与えます。

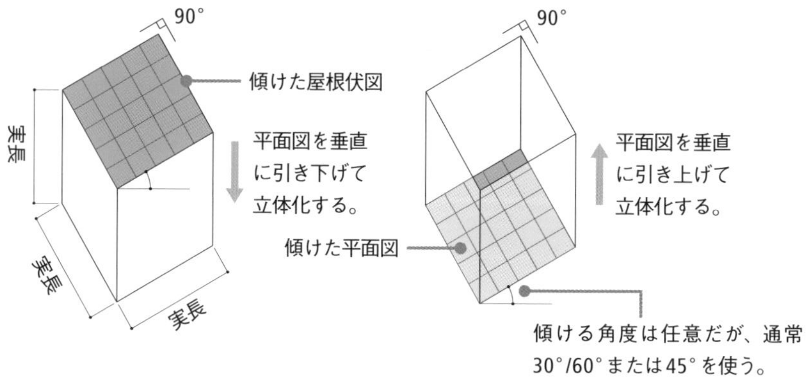
90°
傾けた屋根伏図
平面図を垂直
に引き下げて
立体化する。
実長
実長
実長
90°
平面図を垂直
に引き上げて
立体化する。
傾けた平面図
傾ける角度は任意だが、通常
30°/60°または45°を使う。

アクソノメトリックの特徴は、平面や高さの寸法が基本図と同様に実長であり、その2つが同時に表現できることです。そのため、説明的な図面として使われます。

平面図の代わりに、立面図や断面図から決まった角度で奥行きを与えて描くこともできます。

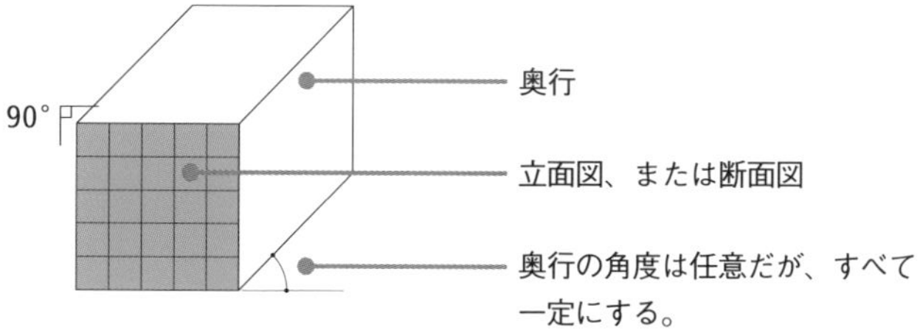
90°
奥行
立面図、または断面図
奥行の角度は任意だが、すべて
一定にする。

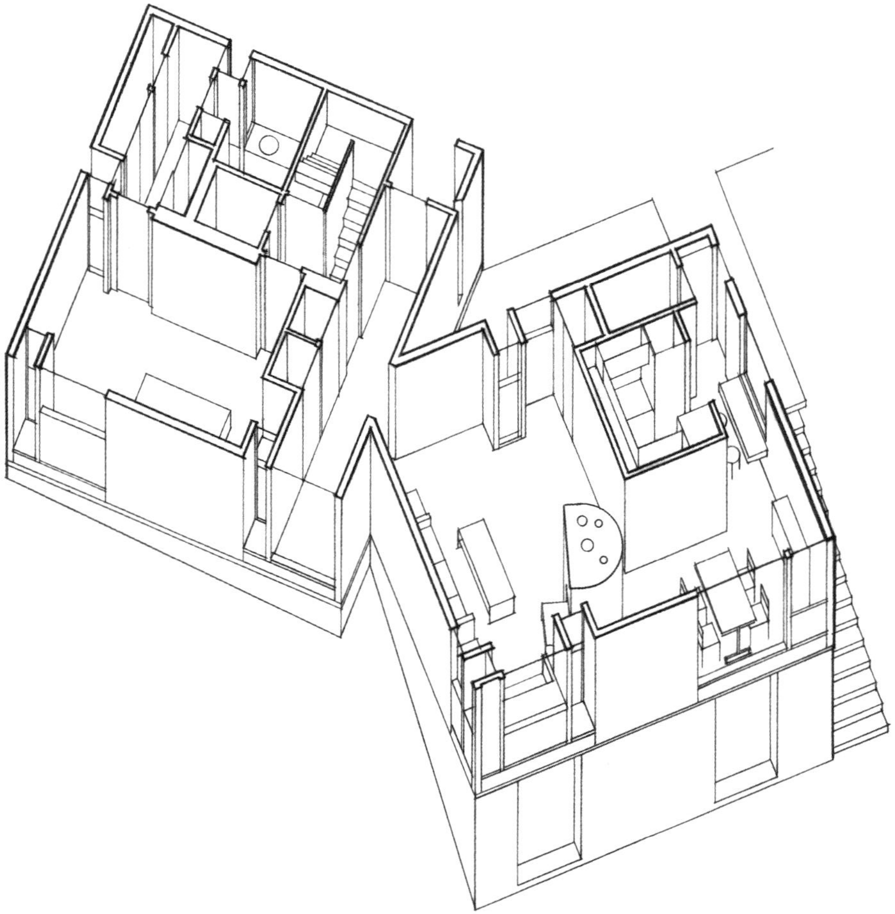

フィッシャー邸の1階アクソノメトリック図
アクソノメトリック図で建物の内部を立体的に表現することもできる。

アイソメトリック（アイソメ）はアクソメより低い視点で、より見たままに近い表現です。

　互いに直角な3つの面を、画面に対してすべて等しい角度にし、そのままの寸法で描く方法をアイソメトリック（アイソメ）と言います。アクソメと違って、平面図などをそのまま使って描くことはできません。

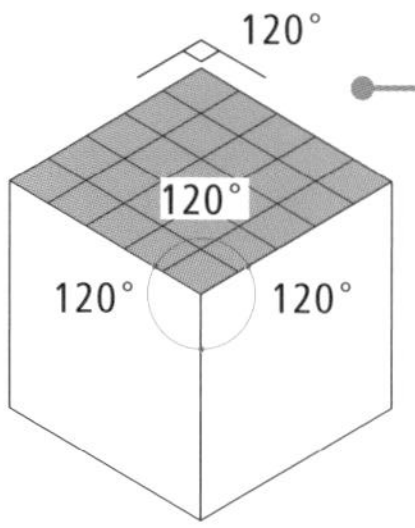

平面図を角度に合わせて調整する必要がある。

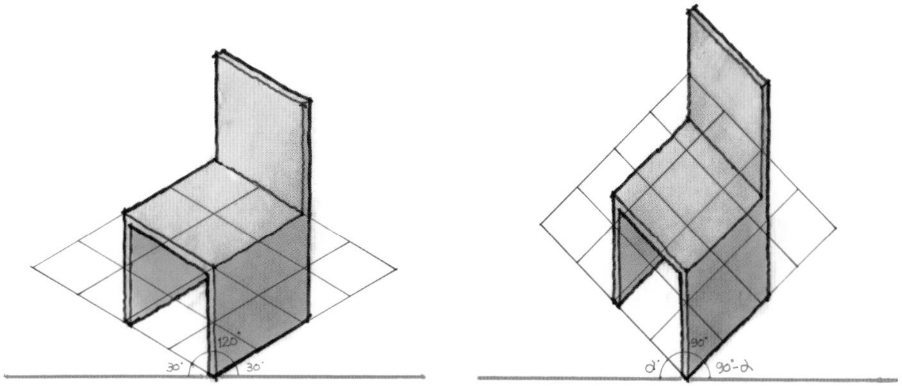

アイソメトリック図　アクソノメトリック図

アイソメとアクソメの違い

Axonometric 2

見せたい物を強調する——角度を決める

アクソノメトリックを描くための一番の決め手は、基本の平面図の角度を決めることです。角度によって見える物、強調する物が異なります。標準的には30度／60度または45度／45度が使われますが、図面で何を表現したいかを考えながら角度を決めてください。

見せたい面の角度を小さくすると、その面が強調されたアクソノメトリック図になる。

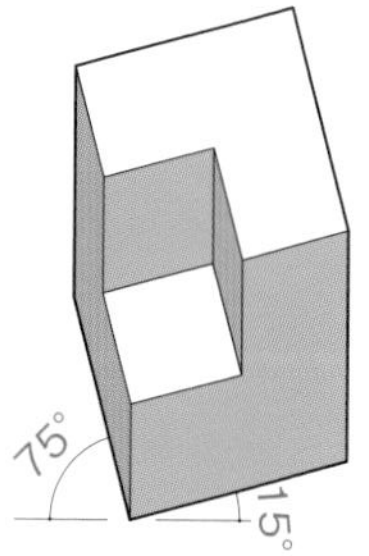

緑の面が強調される。

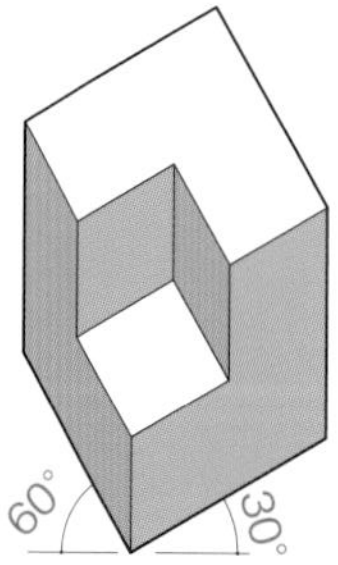

緑の面が少し強調される。

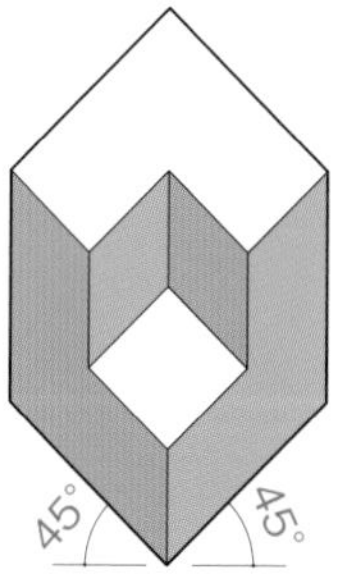

緑と青の面を均等に見せる。

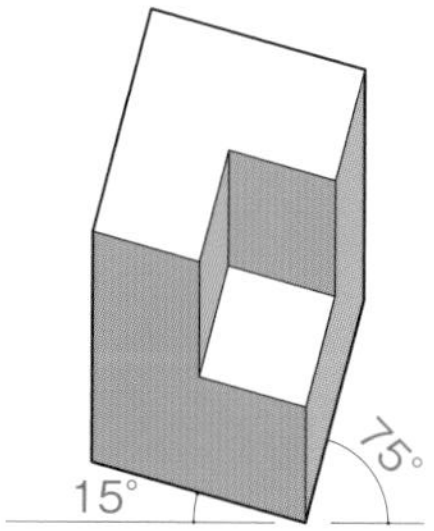

青の面が強調される。

アクソノメトリックで表現したい物によって、高さの縮尺を意図的に変えることも必要なケースがある。

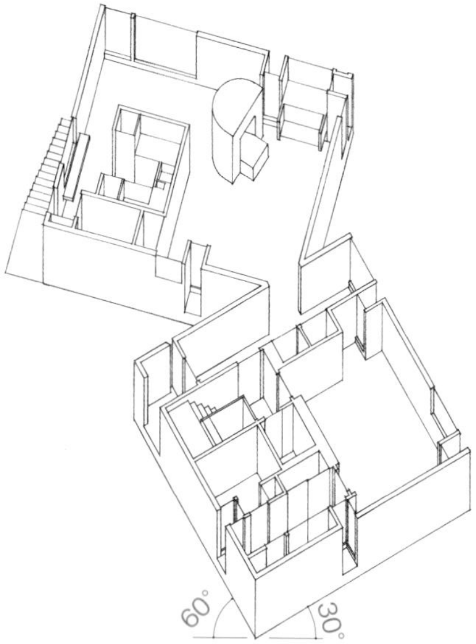

60°／30°

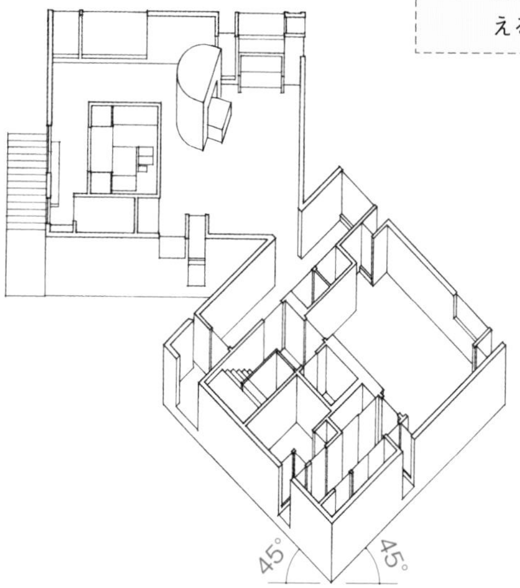

45°／45°

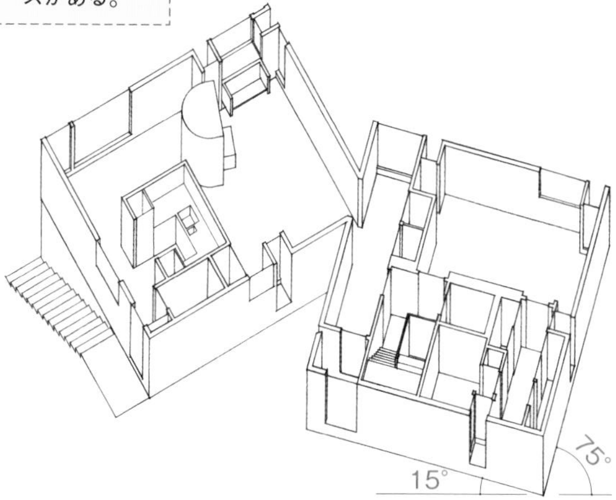

15°／75°

Axonometric 3 アクソノメトリック図の作図プロセス①

フィッシャー邸の外観のアクソノメトリックを描いてみましょう。

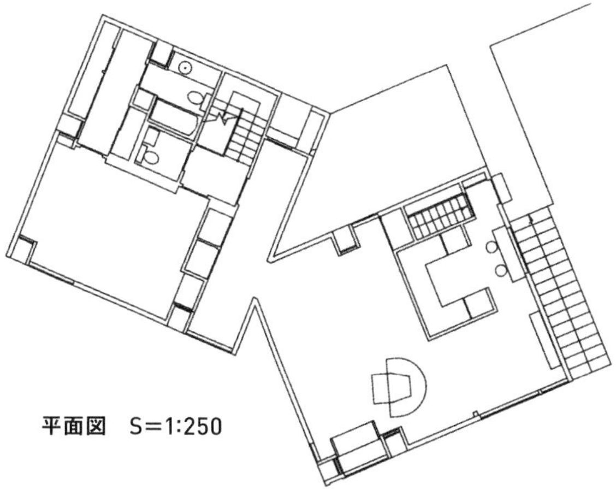

平面図　S=1:250

1 平面図を傾ける。

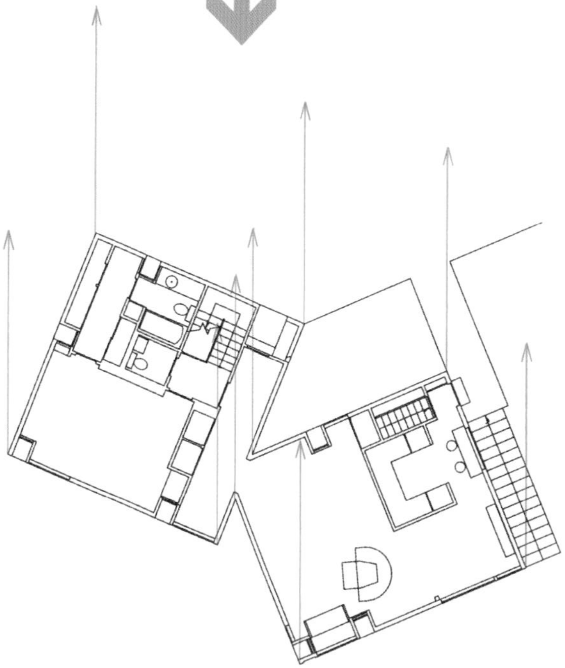

2 外枠の角から補助線を立ち上げる。

Axonometric

4 アクソノメトリック図の作図プロセス②

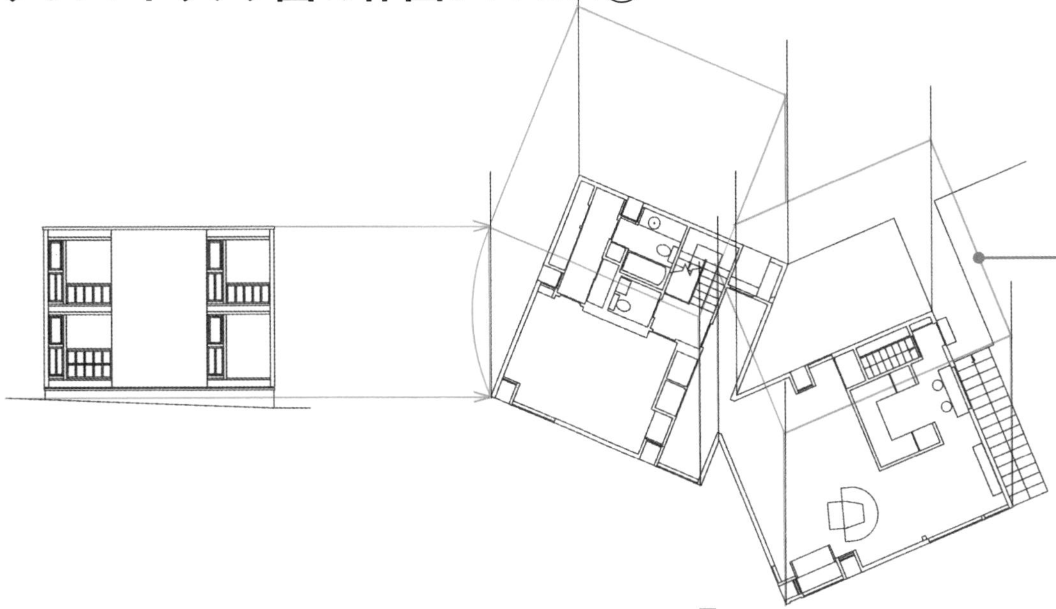

3 立面図から高さの寸法を取り、補助線にマークする。

フィッシャー邸は屋根が平らなので、床から屋根までの距離はどの角からも均等であり、屋根の形状は平面と同じになる。

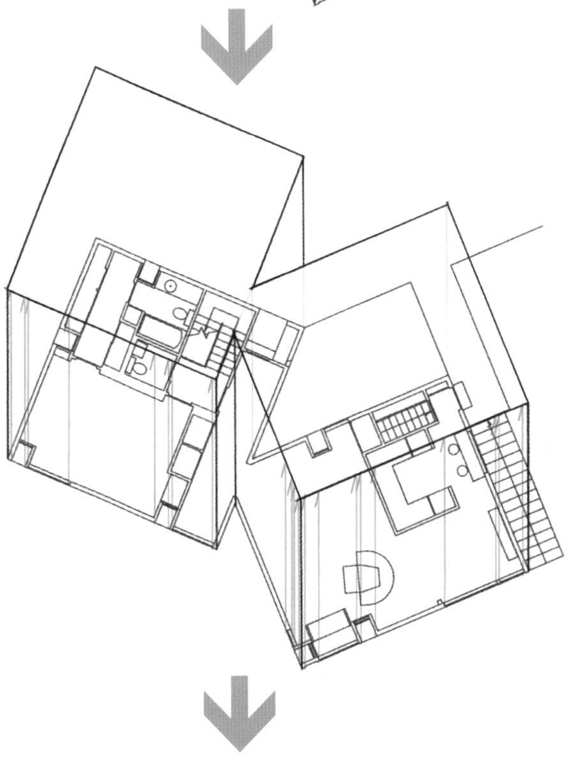

4 平面図から建物の外観にかかわるポイントを補助線で引き上げる。

東面の外観の様子

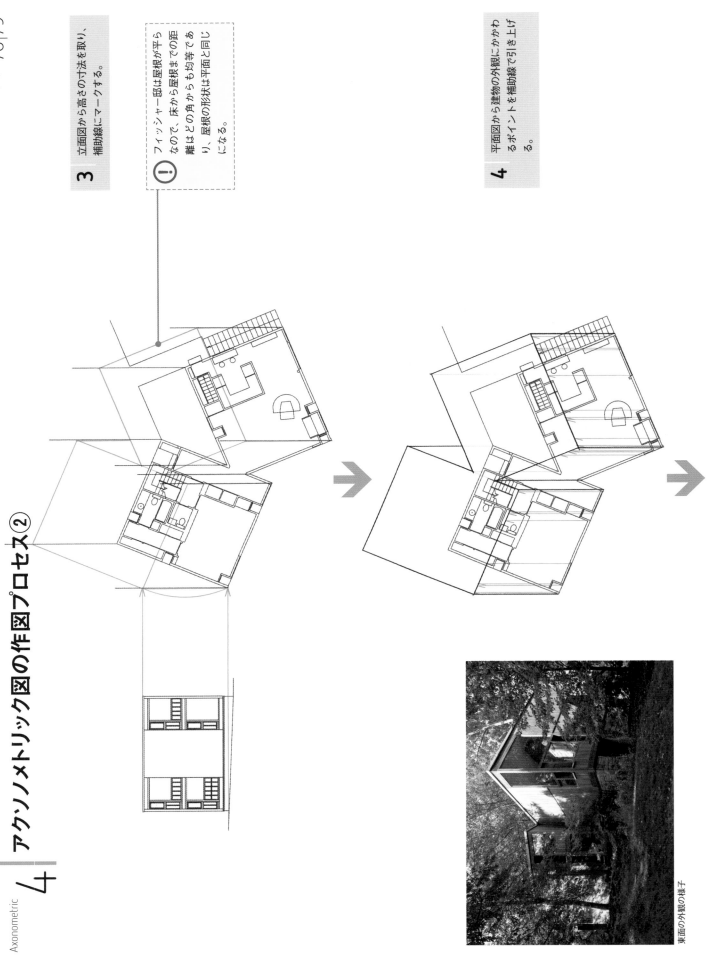

5 立面図から高さの寸法を取り、4で描いた補助線との交点を参考に、窓の凹凸を描く。

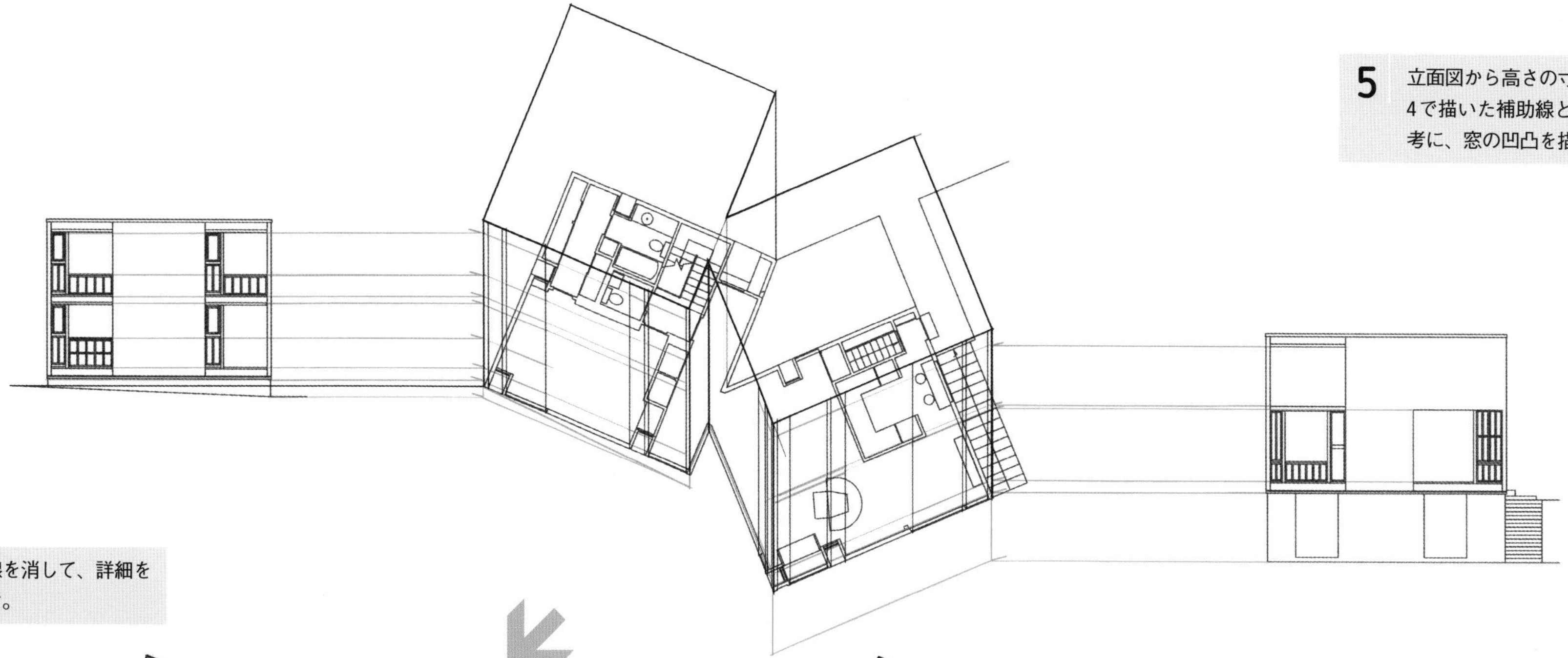

6 不要な線を消して、詳細を描き込む。

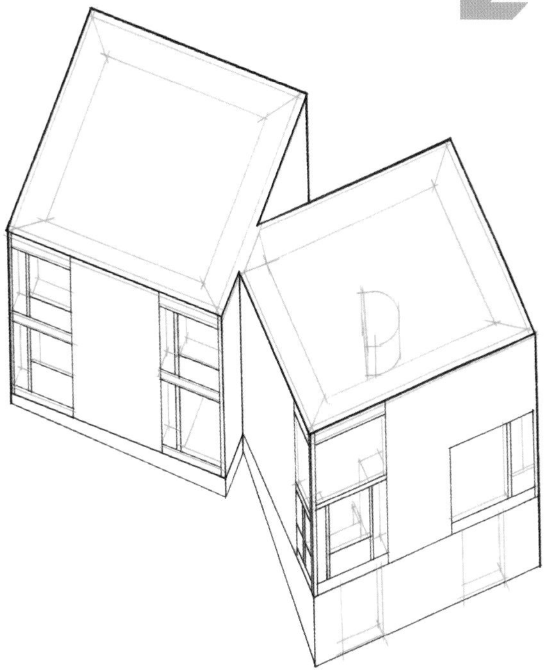

7 タイトルや縮尺を入れて、完成。

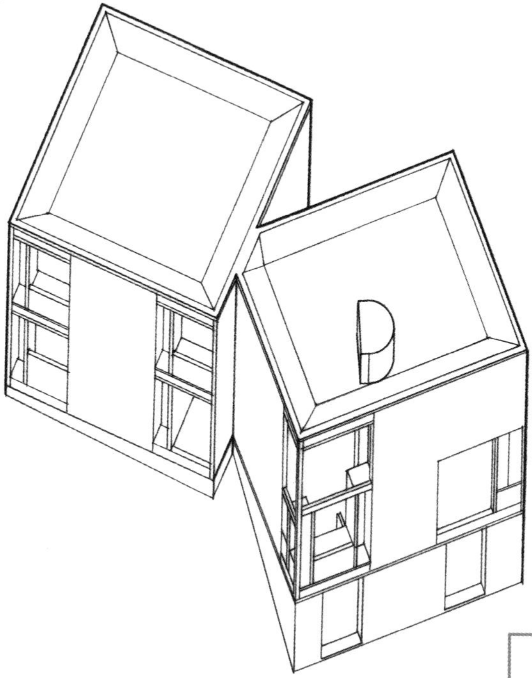

アクソノメトリック図　S=1:250

アクソノメトリックはパースがかからないので、縮尺を入れると分かりやすくなる。

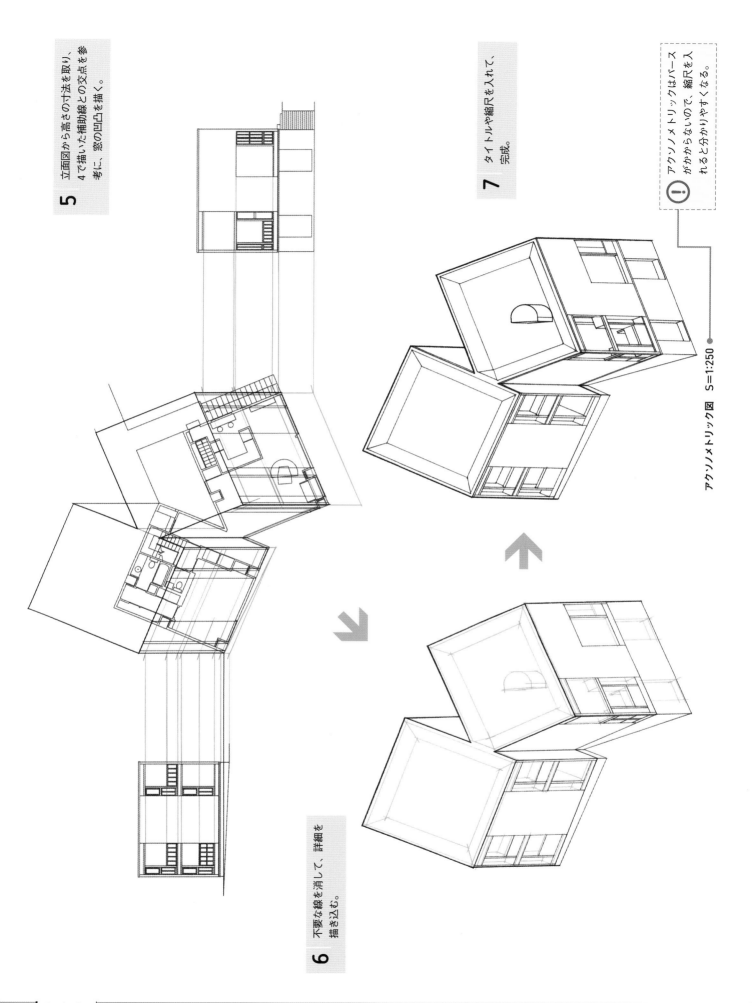

Axonometric 5

描き方のコツ①——階段を描く

アクソノメトリックで一番難しいものの1つは階段の描き方です。多くの線が重なり合ってしまうので、何が手前に見えているのかを考えながら描きましょう。

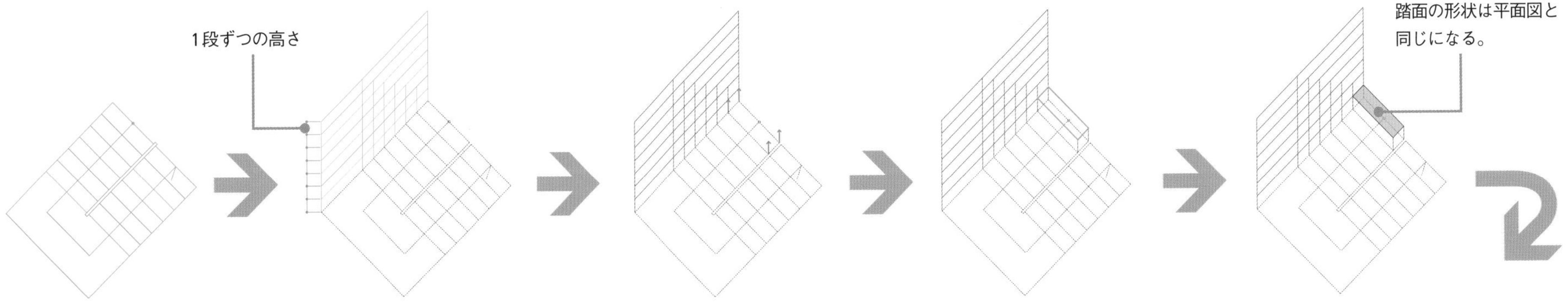

1 平面図を傾ける。

2 図面に対して垂直に1段ずつの高さを測って補助線で印しておく。

3 立ち上げの補助線を引く。

4 2の1段目の高さで線を結ぶ。

5 1段目完成。

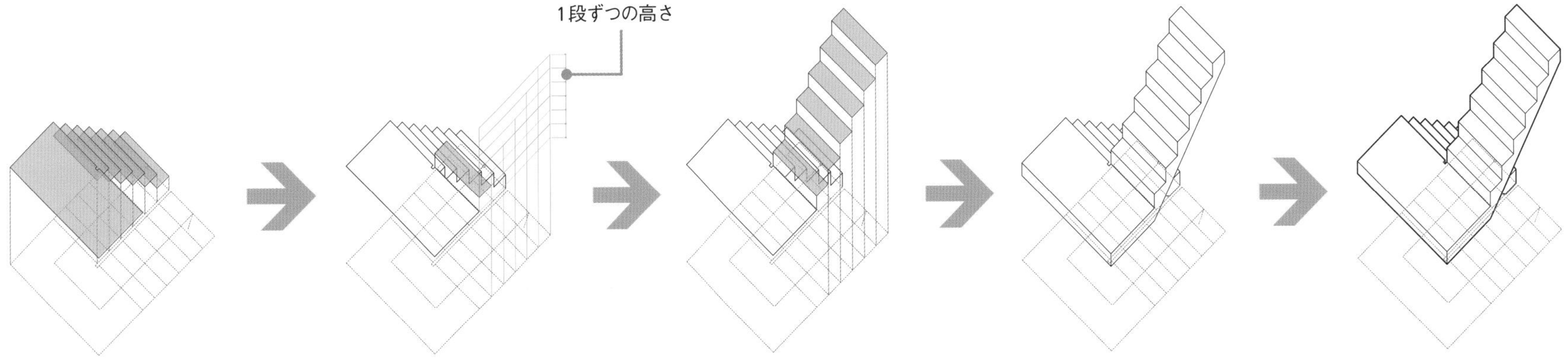

6 ほかの段も同様に描き進める。

7 2と同様に補助線で高さを印して1段ずつ描く。

8 すべての段を描き終える。

9 階段と踊り場に厚みを与える。

10 不要な線を消して線の太さを調整し、完成。

Axonometric

6 描き方のコツ②——線の太さの調整

立体的な図の表現では、より三次元らしさを出すために、見ている方向からある面に隣接する部分に何もない時、その境界線は太く描き、面と面が接している境界線は細めに描きます。

線の太さで立体感を出す方法はほかの立体図（透視図など）でも同様に使えます。

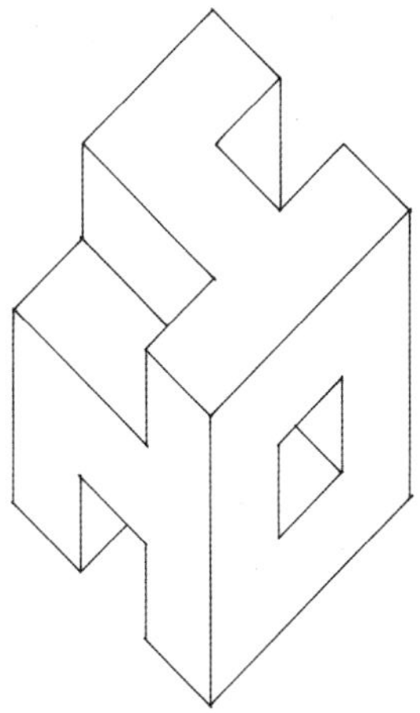

線の太さが均一でメリハリがない図

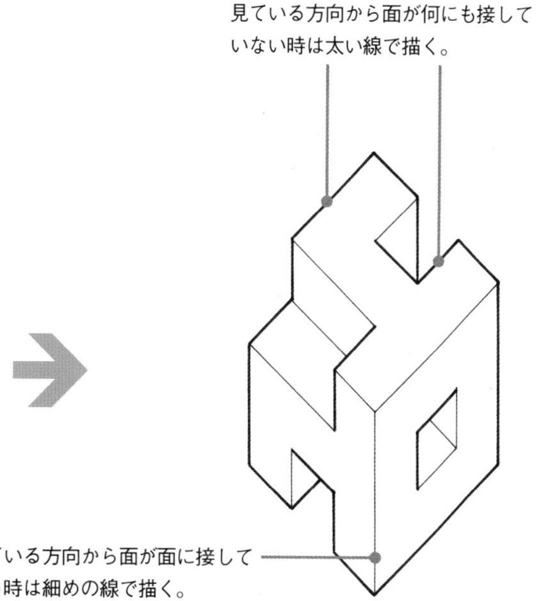
見ている方向から面が何にも接していない時は太い線で描く。
見ている方向から面が面に接している時は細めの線で描く。

線の太さで立体が強調された図

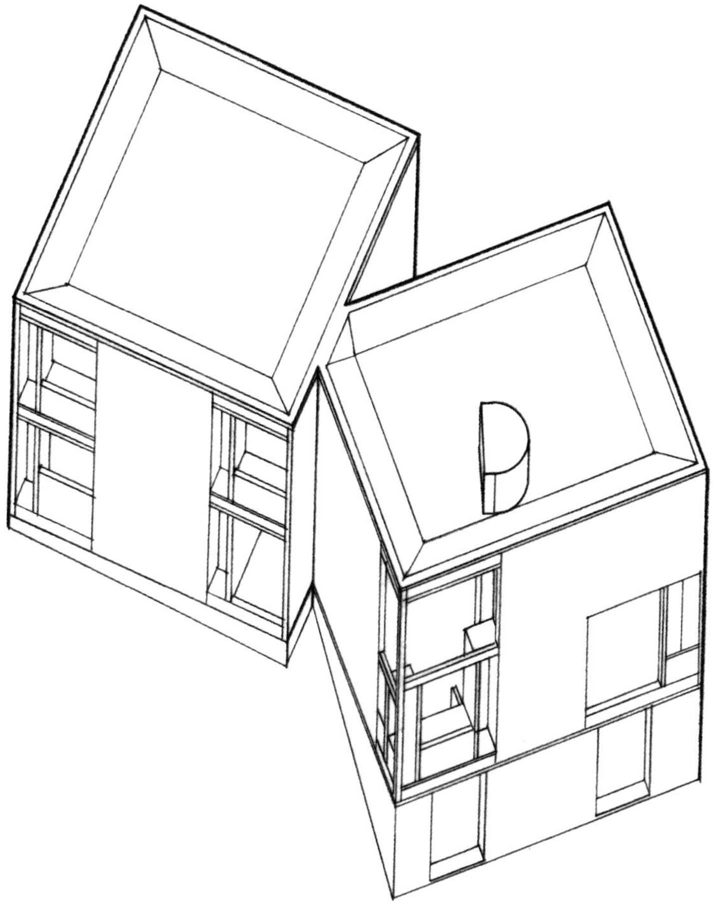

立体を強調した線の使い方

Axonometric

7 アクソノメトリックで分解図を描く

アクソノメトリックは説明的な図を描くのにとても便利です。物がどのように組み合わさっているかを表現する分解図を、アクソノメトリック図で描いてみましょう。

右のアクソノメトリック図のように、屋根を外して建物内外の関係を表した図を描くこともできる。

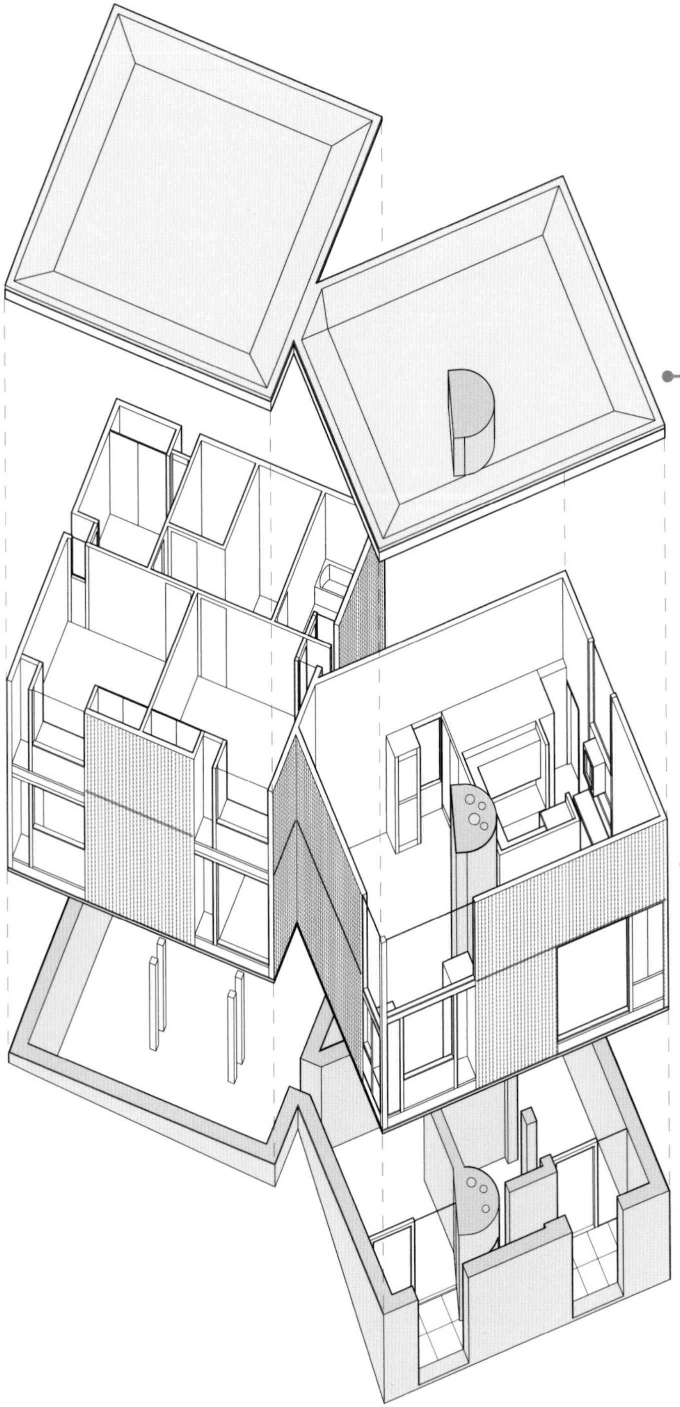
フラットルーフが1層と2層の空間を同じように覆っている。
木造のキューブ（箱）
石造基礎部分

Axonometric

8 アクソノメトリックで敷地状況を表す

アクソノメトリックで建物と敷地の状況などを表すこともできます。（添景の描き方は61ページ参照、色の付け方は110ページ参照）

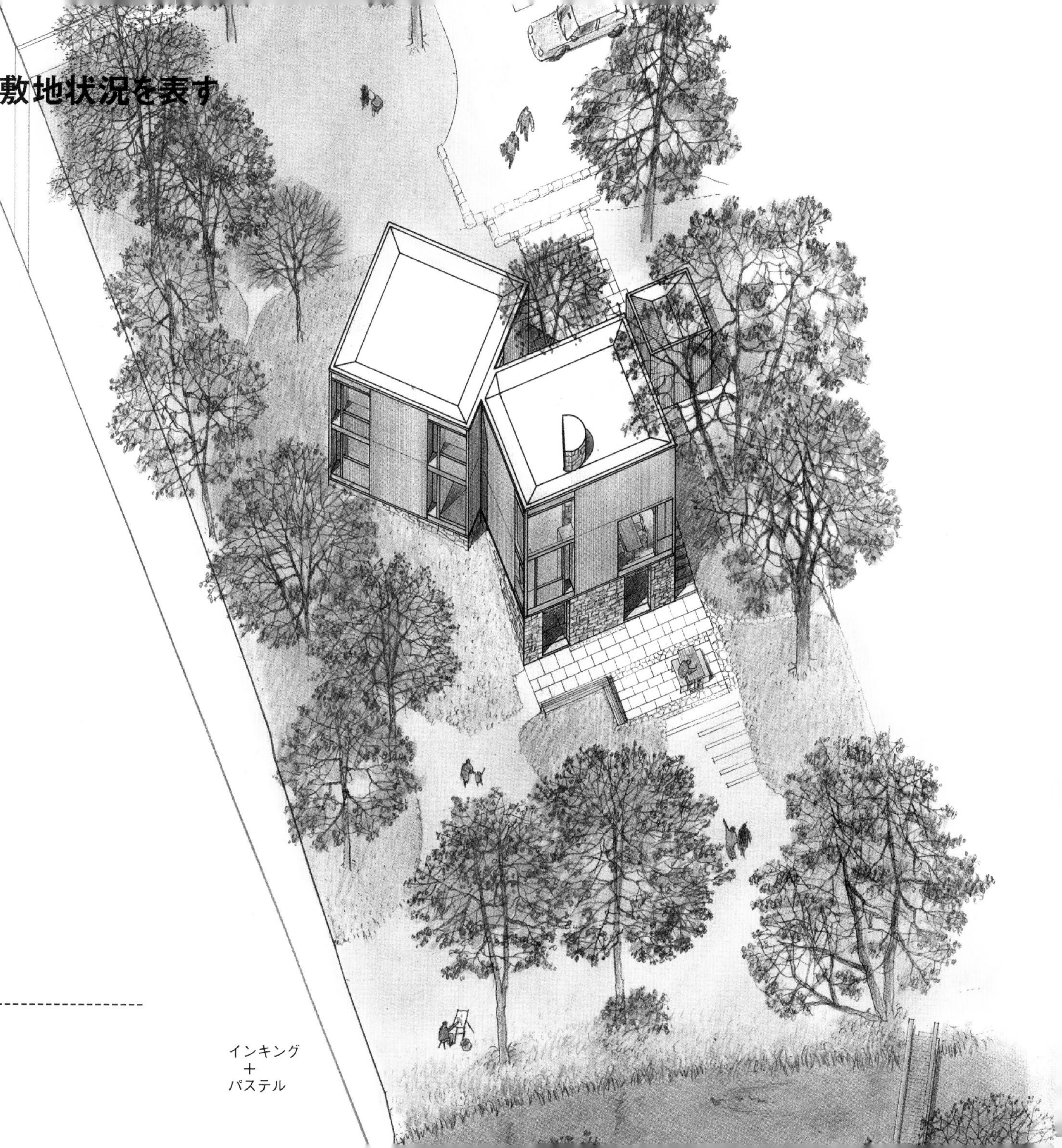

インキング
＋
パステル

分解図：
部分が分解された状態を描くことで、通常見えない部分を表現したり、物がどう組み合わさっているかを表したりする図。

Perspective Drawing 1

透視図(PERSPECTIVE DRAWING)とは

透視図（パース）は、三次元の物が人の目に映るように二次元で描き表す図法です。基本図やアクソノメトリックは実長を測れる図面ですが、透視図ではある一部しか寸法は測れません。その代わり、物を人の目に映っているように立体的な図が描けるので、基本図やアクソノメトリックより直感的に理解しやすく、図面の見方を知らない人にも分かりやすい表現です。

室内空間の一点透視図

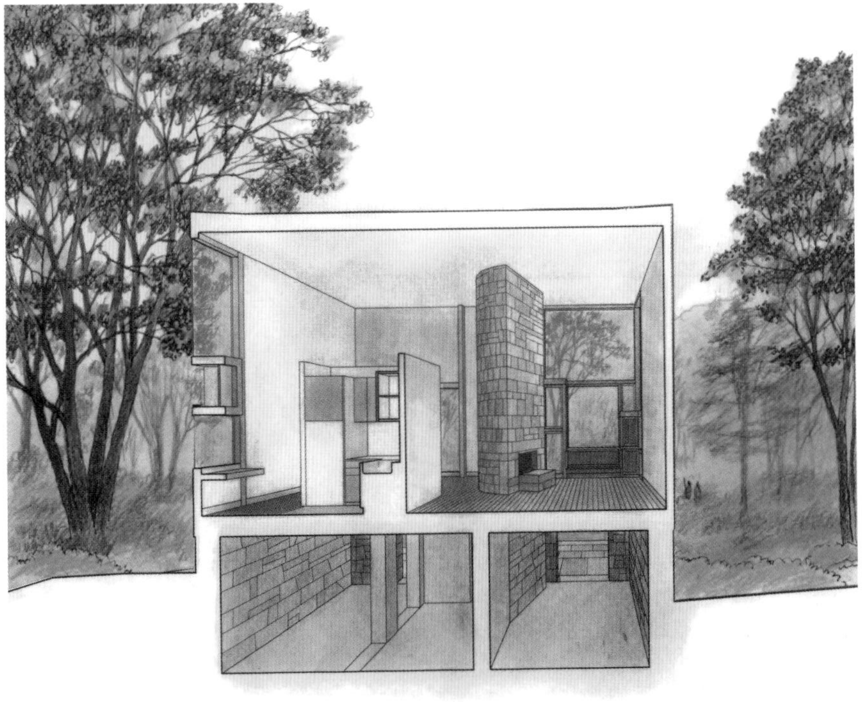

断面パース

外観の二点透視図

フィッシャー邸　外観透視図

Perspective drawing 2

何を見せるか——視点の選び方

透視図は物が人の目に映るように描き表す図法なので、まず何を見せたいかを考えることが重要です。視点（SP）の選び方によって、見える物や見え方が変わってくるので、まずは何をどう見せたいかを考えながら、視点を決めましょう。

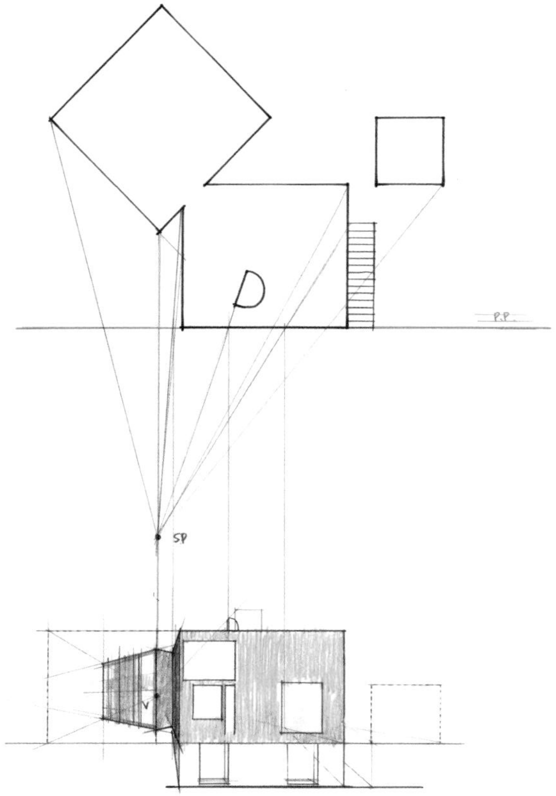

SPを左に寄せると左にある物が多く見える。

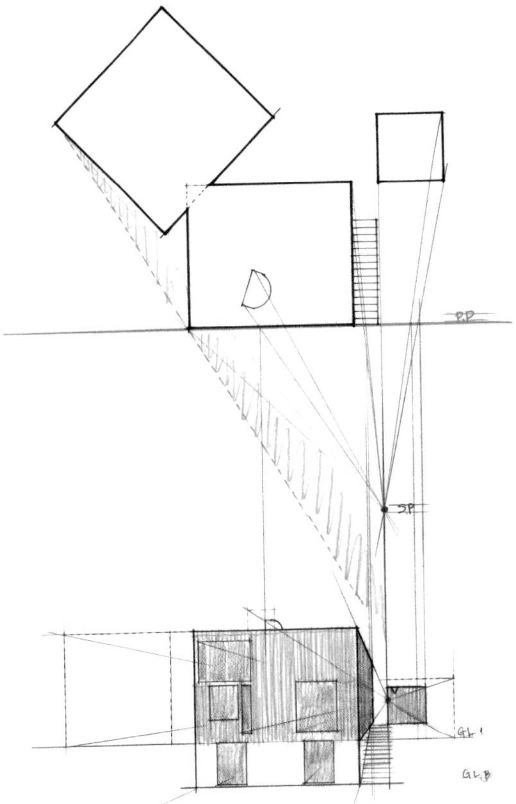

SPを右に寄せると右にある物が多く見え、スリーピング・キューブは隠れてしまう。

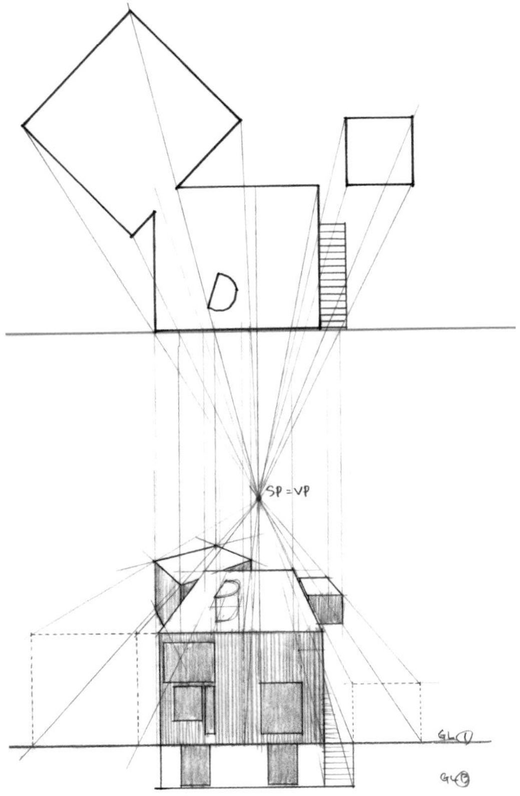

SPの高さを目の高さよりずっと上部に設定すると、建物の屋根が見える、見下ろしたような図面になる。（SPとVPは同じ位置）

視点：
Standing Point、SPと略される。建物を見ている目の位置。

One-Point Perspective

1 まずはひとつの焦点で——一点透視図

透視図（パース）にはいくつかの種類がありますが、まずは一番簡単な一点透視図を見てみましょう。一点透視図とは、建物に対して真正面に立って見た時の状態で、その場合奥行き方向の線が一点に集まります。

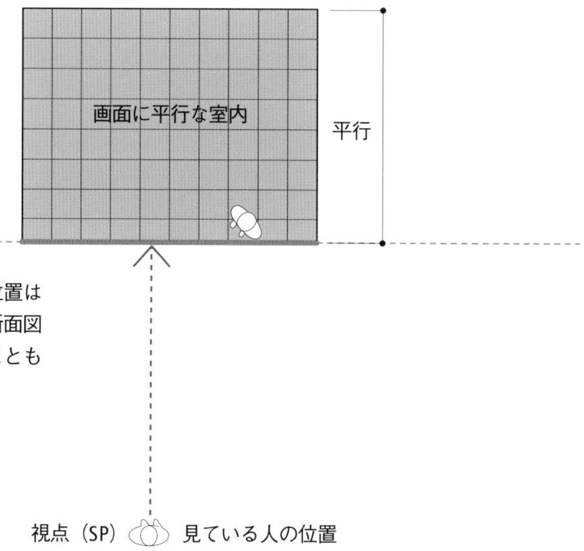

投影面（PP）：
建物に平行であれば位置は任意です。立面図や断面図の切断面に設定することもできる。

画面（投影面）に対して垂直な線はすべて1つの焦点（VP）に集まる。

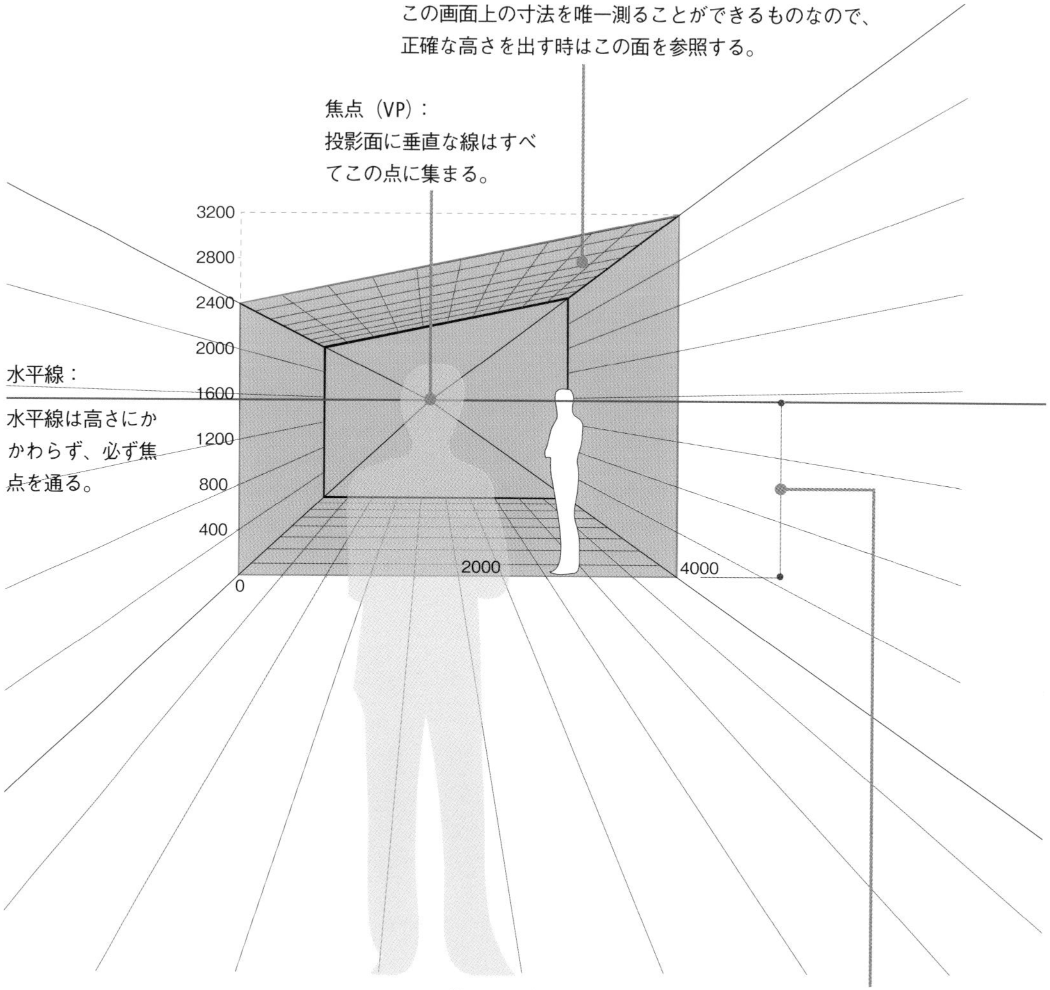

画面投影面（PP）：
建物の立面、または断面が投影された面。
この画面上の寸法を唯一測ることができるものなので、正確な高さを出す時はこの面を参照する。

焦点（VP）：
投影面に垂直な線はすべてこの点に集まる。

水平線：
水平線は高さにかかわらず、必ず焦点を通る。

見ている人の目の高さ：
※焦点は目の高さ（1.2〜1.5mくらい）に設定することが多いが、見せたい物によって、異なる高さにすることもできる。

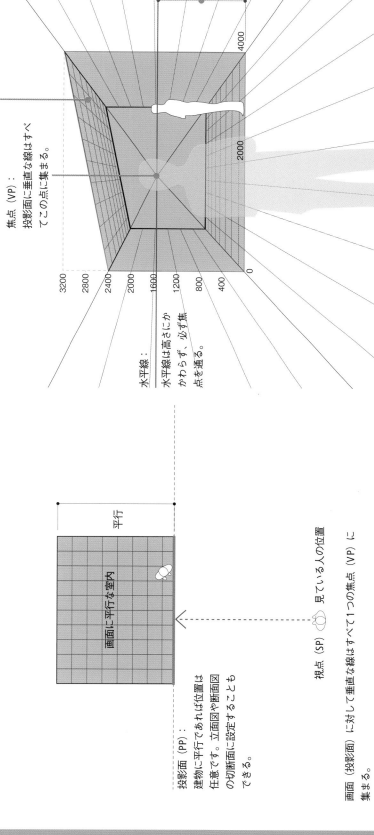

One-Point Perspective 2

一点透視図の作図プロセス①

フィッシャー邸の寝室の断面インテリア・パース（一点透視図）を描いてみましょう。

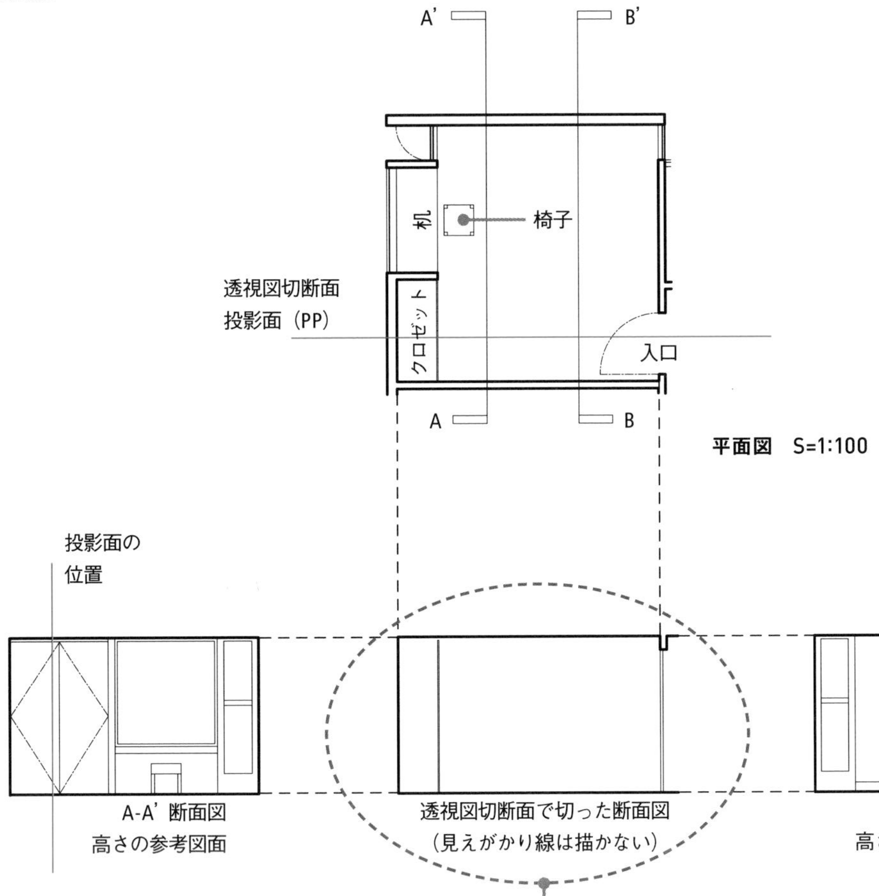

ここにパースを描く。

1 平面図、断面図など必要な図面を用意する。

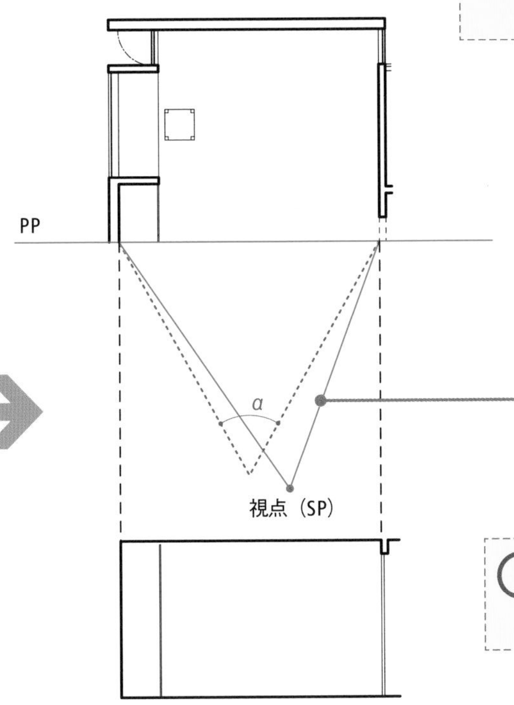

角度αを60°以下に設定すると人間の目に近い構図になる。

視点を右に寄せると左のほうが強調されたパースになる。

2 平面図上に視点（SP）を決める。

投影面：

Picture Plane、PPと略される。物の画像を描くために、対象物を投影していると仮定する面。

焦点：

消失点ともいう。Vanishing Point、VPと略される。ある角度をもつすべての平行線が無限遠で収束する点をいう。焦点は複数あっても必ず地平線上にある。

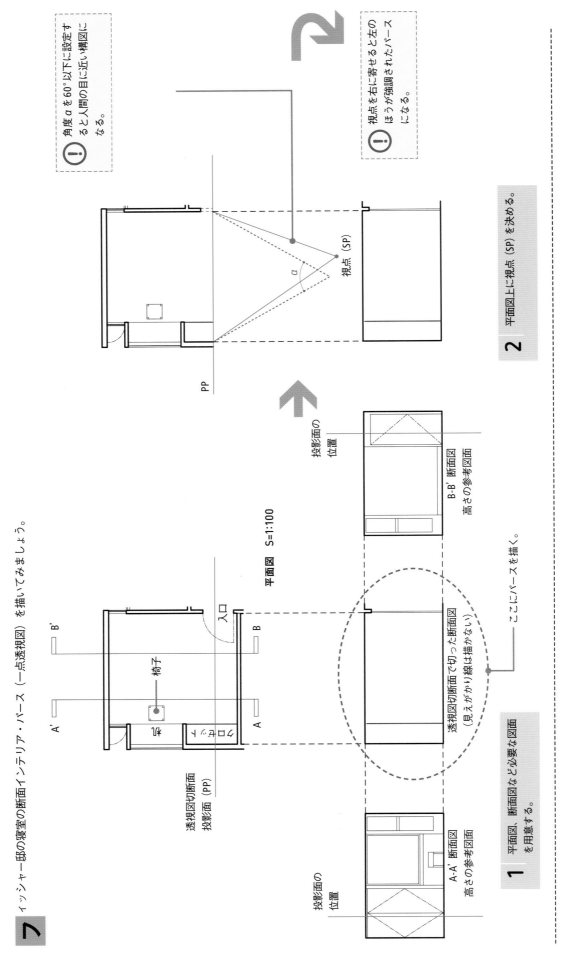

One-Point Perspective 3

一点透視図の作図プロセス②

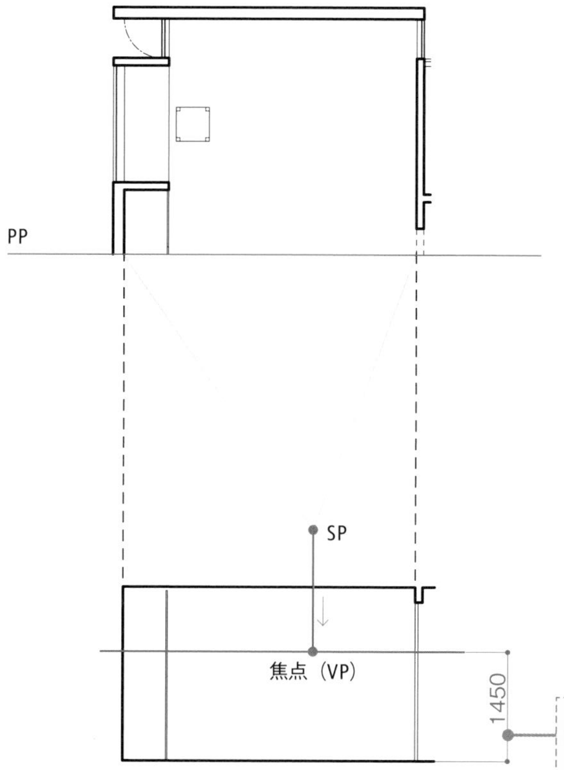

焦点の高さが高ければ床面を強調したパースになり、低ければ、天井面が大きく描かれたパースになる。

3 断面図に焦点（VP）を描き入れる。VPの位置はSPからの垂線と見る人の目の高さ（水平線）の交点になる。

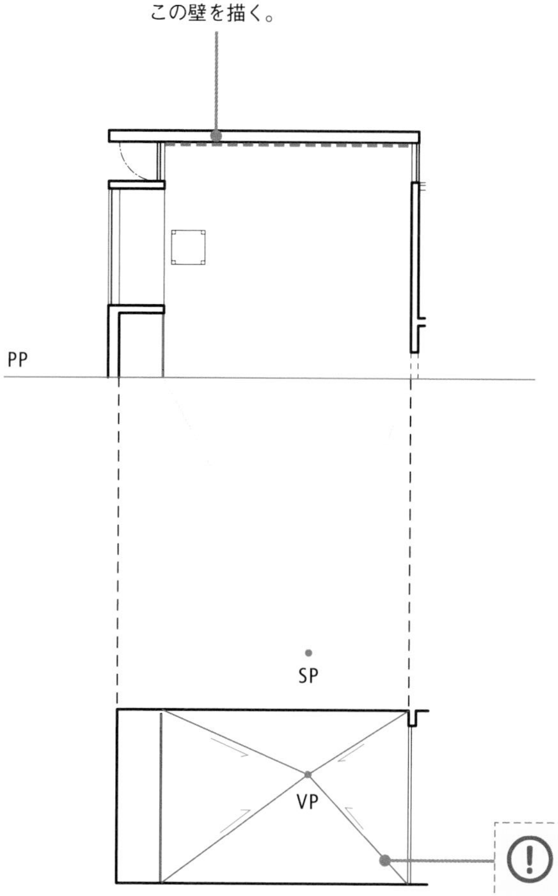

このような各点とVPを結ぶ線をパースラインと呼ぶ。

4 空間全体の輪郭をつかむため、正面当りの壁を先に描く。断面図の4隅から焦点に向かって補助線を引く。

このパースではクローゼットの扉を壁と仮定している。

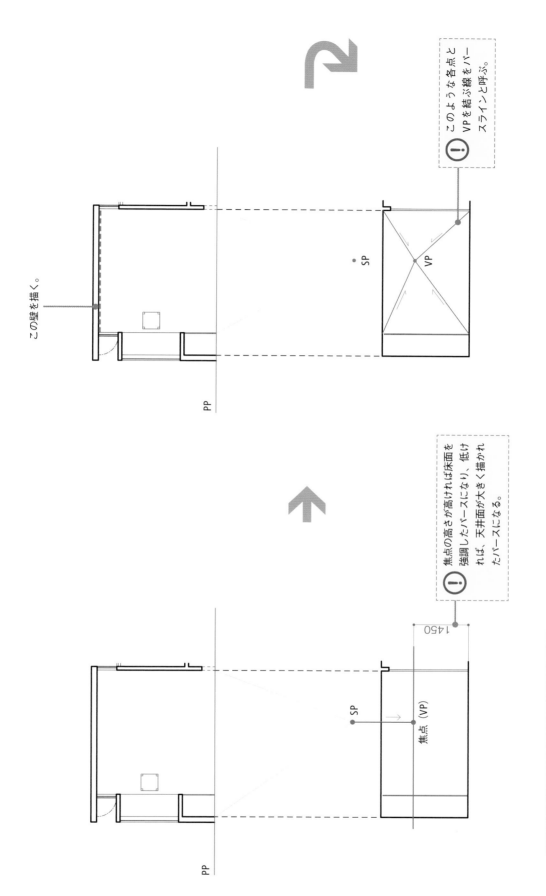

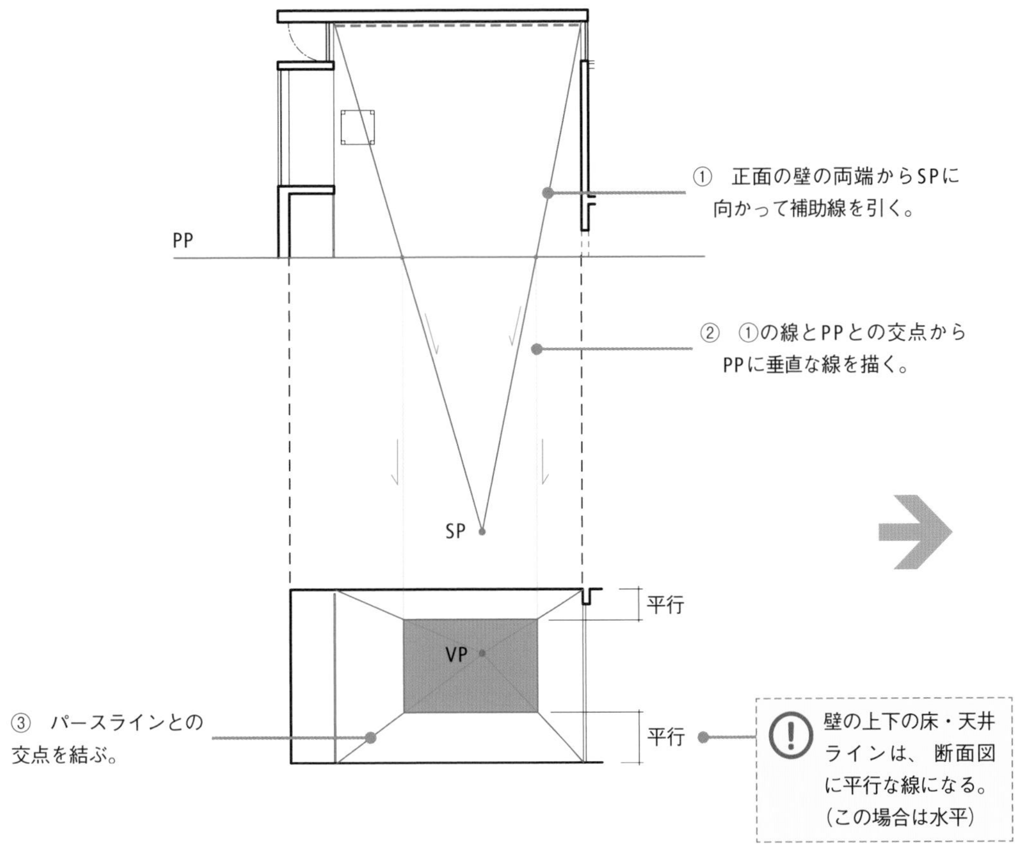
PP
① 正面の壁の両端からSPに
向かって補助線を引く。
② ①の線とPPとの交点から
PPに垂直な線を描く。
SP
VP
平行
平行
③ パースラインとの
交点を結ぶ。
壁の上下の床・天井
ラインは、断面図
に平行な線になる。
(この場合は水平)

5 正面の壁の両端からSPに向かって補助線を引き、その線とPPとの交点からPPに垂直な線を描く。4のパースラインとの交点を結んだ線がパース上の壁の両端になる。

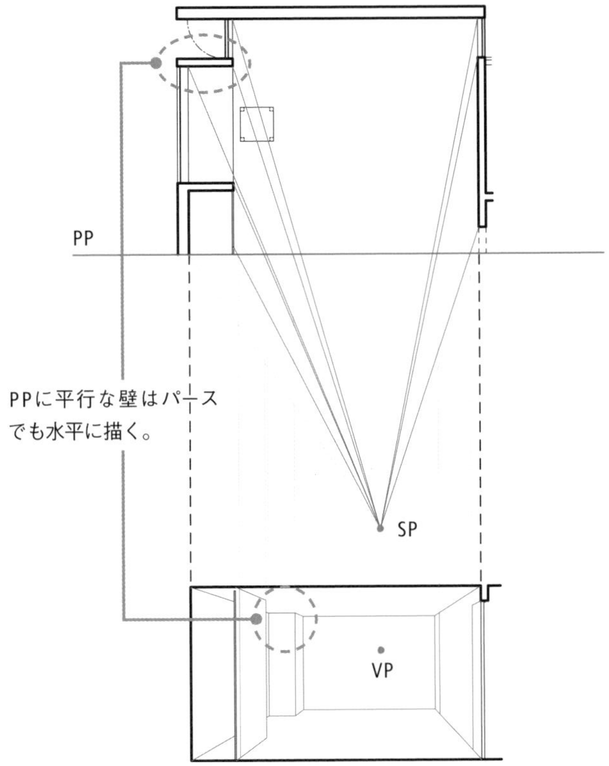
PP
PPに平行な壁はパース
でも水平に描く。
SP
VP

6 平面図上のほかの重要なポイントも同様に使って、壁の形状を描いていく。

パースライン：
対象物の各点と焦点（VP）を結んだ線。

One-Point Perspective 4

一点透視図の作図プロセス③

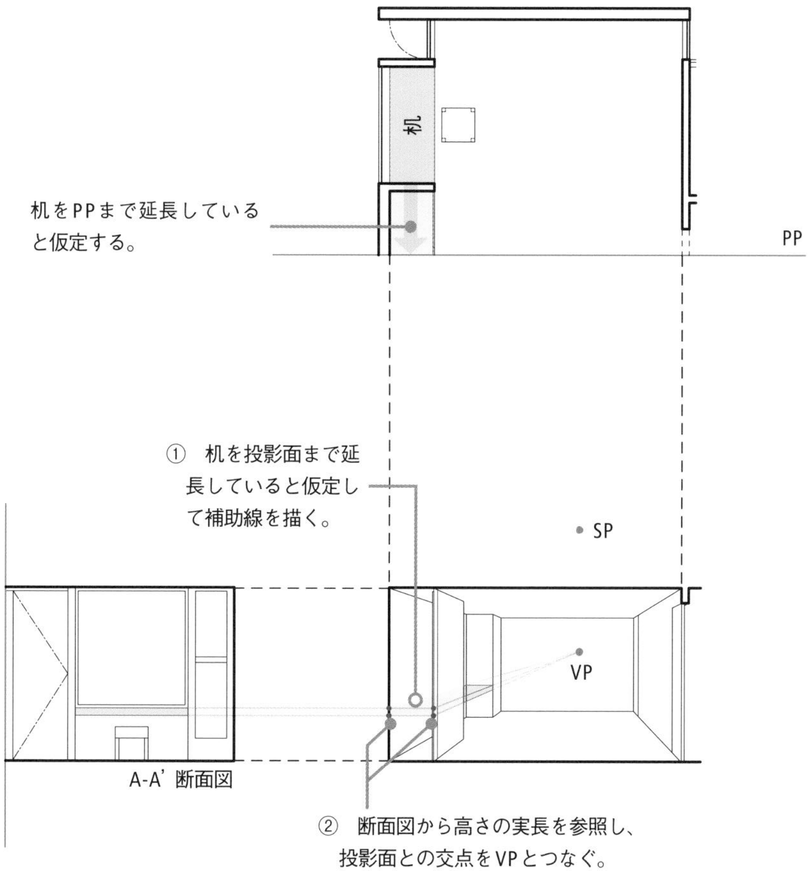
机をPPまで延長していると仮定する。
机
PP
① 机を投影面まで延長していると仮定して補助線を描く。
SP
VP
A-A' 断面図
② 断面図から高さの実長を参照し、投影面との交点をVPとつなぐ。

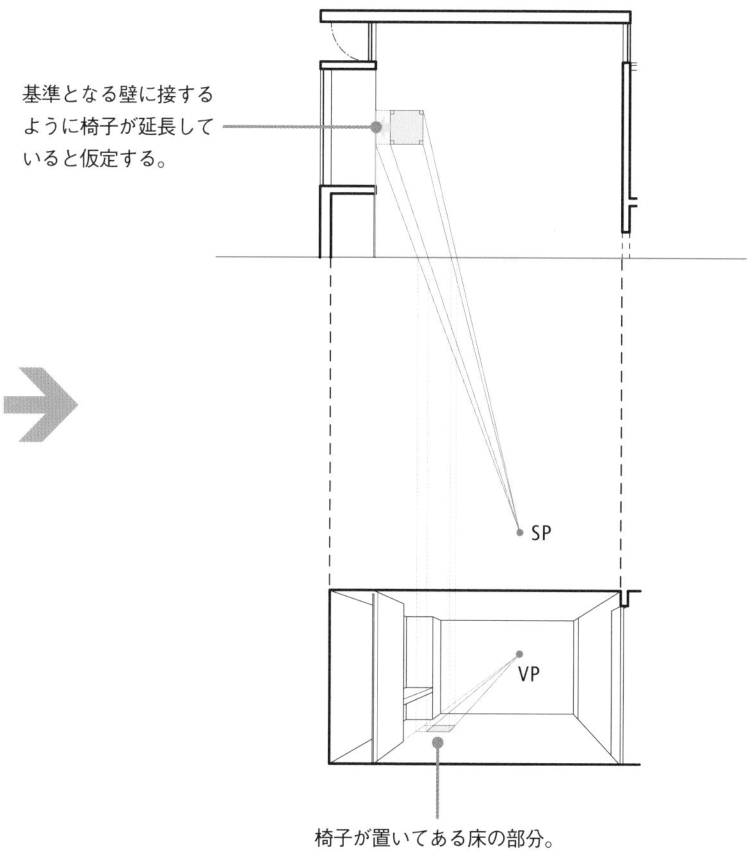
基準となる壁に接するように椅子が延長していると仮定する。
SP
VP
椅子が置いてある床の部分。

7 机を描く。机は高さの実長を測れる投影面（PP）に接していないが、作図上机がPPまで延びていると仮定して、A-A' 断面図の高さを参照する。

8 次に、基準となる壁面から離れている椅子を描く。この時も、便宜上椅子が壁面（この場合は机の端）に接していると仮定する。

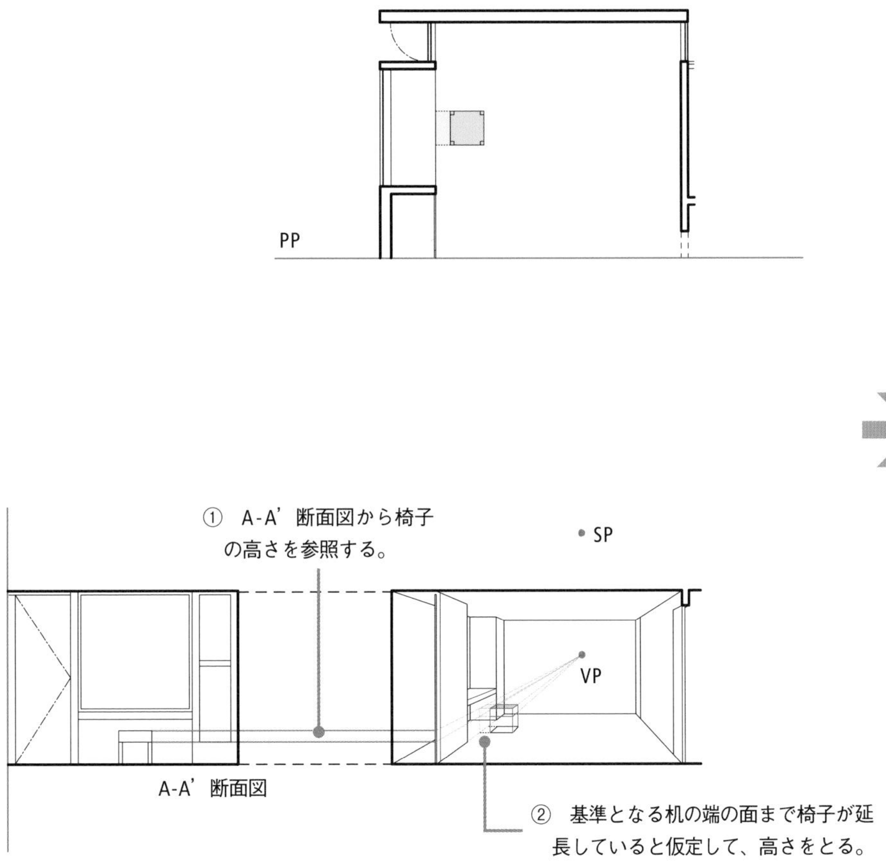
PP
① A-A’断面図から椅子
の高さを参照する。
SP
VP
A-A’断面図
② 基準となる机の端の面まで椅子が延
長していると仮定して、高さをとる。

9 7と同様に基準となる投影面に椅子が延びていると仮定して、椅子の高さを決める。

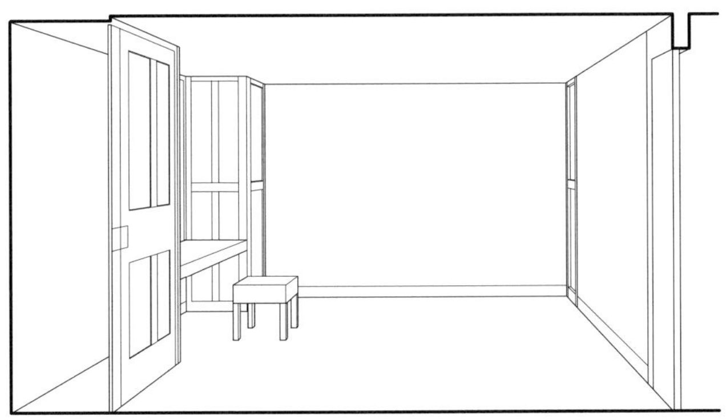

10 必要な線を強調して、完成。

One-Point Perspective 5

一点透視図の作図プロセス④

作図したパースに添景を描いて部屋の雰囲気を出していきましょう。

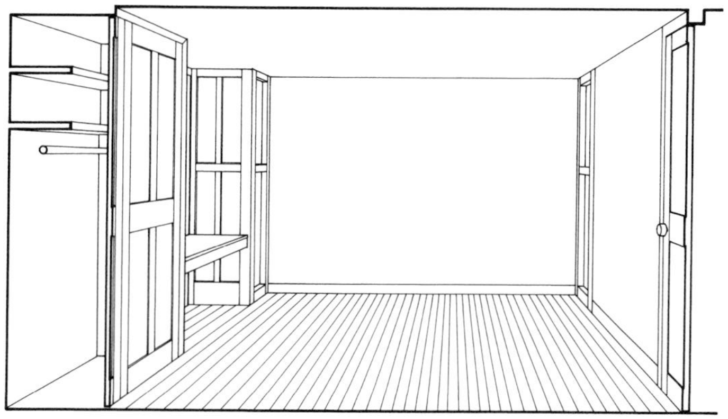

フィッシャー邸2階寝室の透視図
注意点：透視図にはスケールがないので、縮尺は入れない。

家具の添景を足すと部屋の雰囲気がでる

One-Point Perspective 6

一点透視図（断面パース）の作図プロセス

フィッシャー邸の魅力的なリビング・キューブの室内空間を一点透視図で描く。

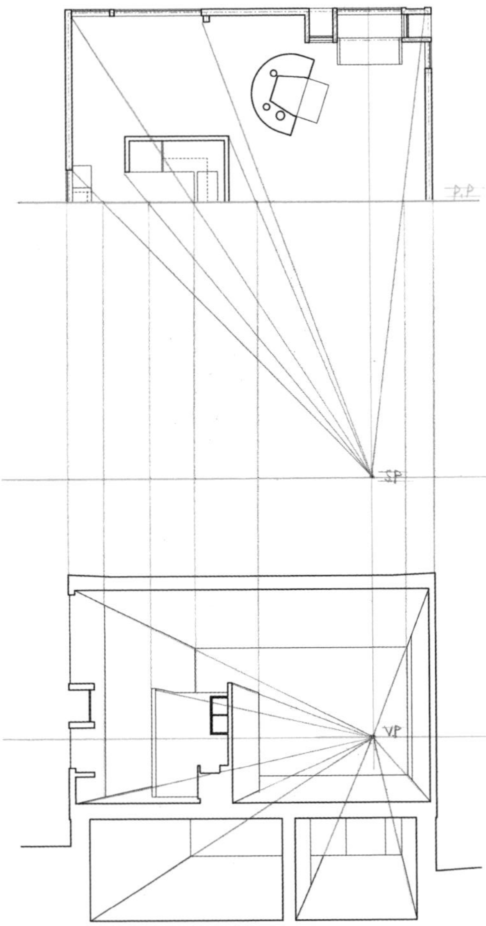

1 平面図に視点（SP）、断面図に焦点（VP）を設定し、断面図から空間全体の輪郭を起こす。

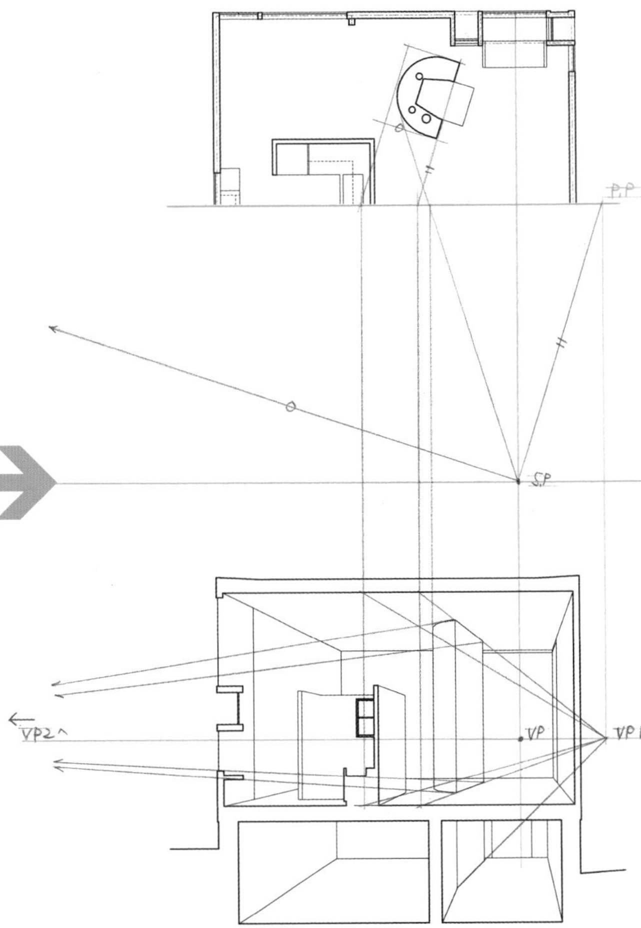

2 暖炉の煙突部分は角度が振れているので、次の項目で説明する2点透視図の描き方で起こす。

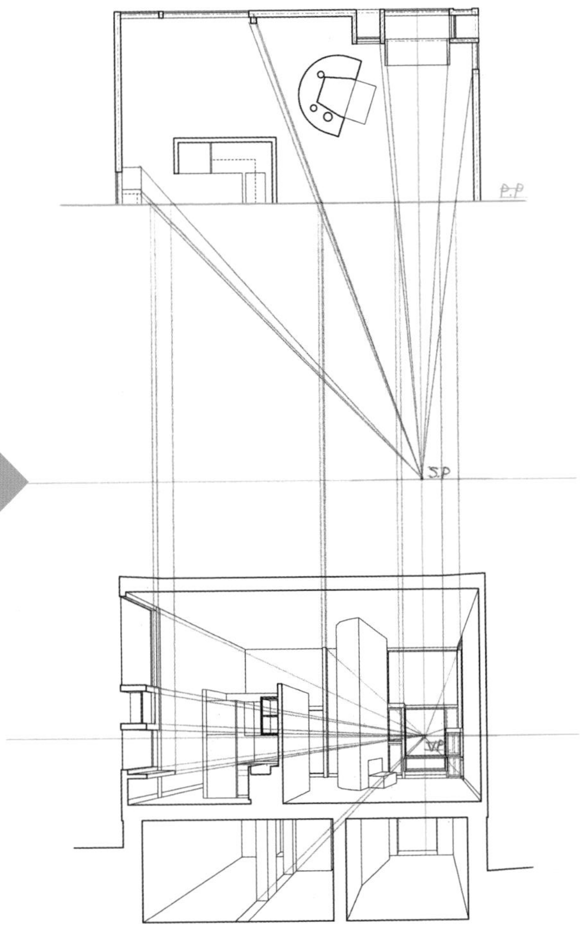

3 窓廻りの細かいデザインの部分を丁寧に起こし、樹木などの周辺環境を描きこんで完成。

躯体の情報と内部の雰囲気が同時にわかる

Two-Point Perspective

1 ふたつの焦点で描く——二点透視図

二点透視図は建物を斜めに見た時の透視図です。画面に対して建物の立面が傾いていると、同時に建物の二面を見ることができます。

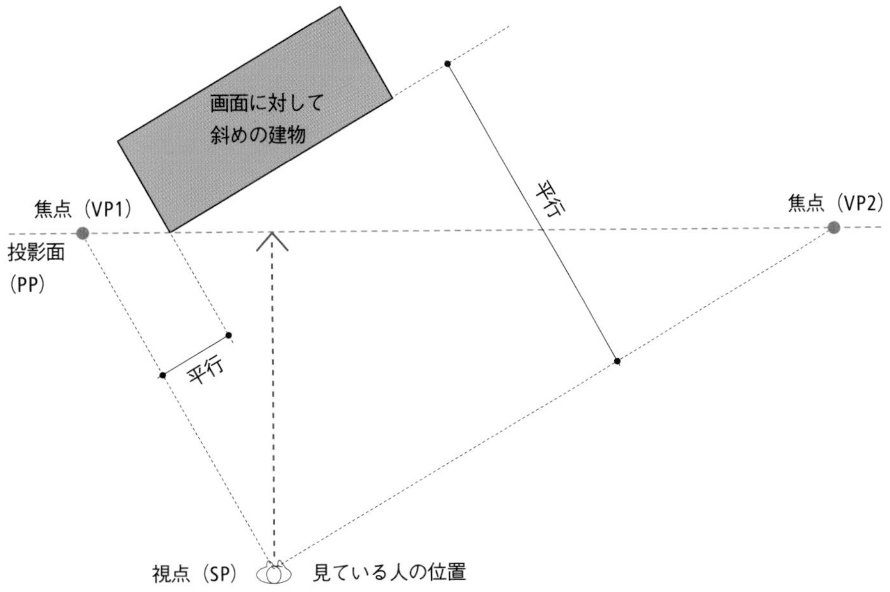
画面に対して
斜めの建物
平行
焦点（VP1）
焦点（VP2）
投影面
（PP）
平行
視点（SP）
見ている人の位置

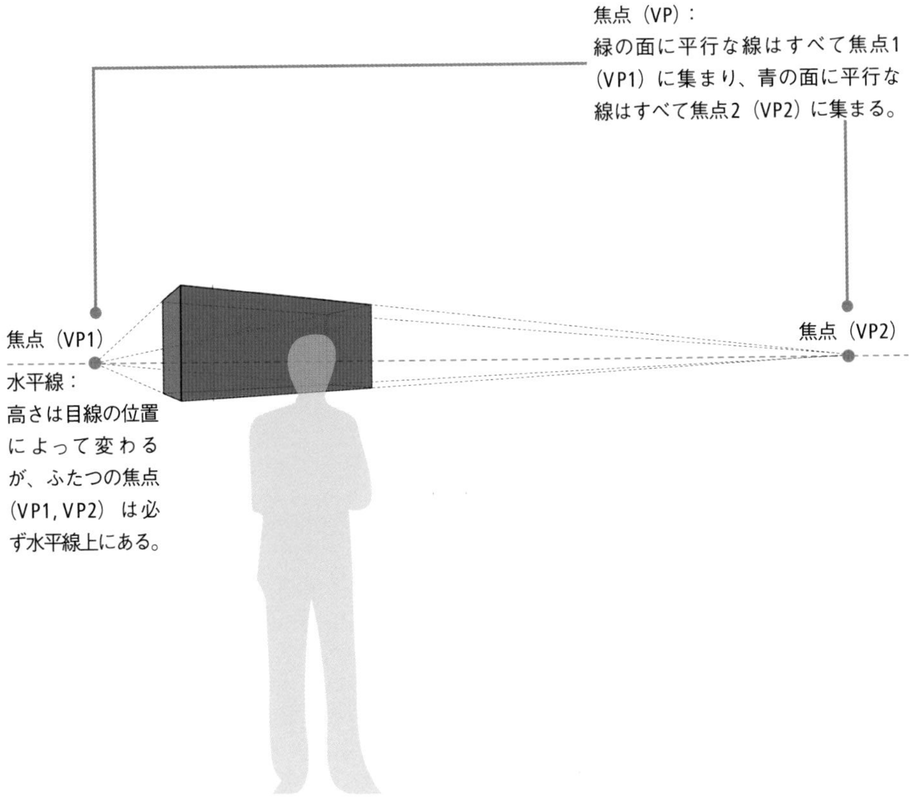
焦点（VP）：
緑の面に平行な線はすべて焦点1（VP1）に集まり、青の面に平行な線はすべて焦点2（VP2）に集まる。
焦点（VP1）
焦点（VP2）
水平線：
高さは目線の位置によって変わるが、ふたつの焦点（VP1, VP2）は必ず水平線上にある。

LOUIS KAHN

ルイス・カーン

ルイス・カーン（1901-1974）は20世紀を代表するアメリカの建築家です。カーンは遅咲きの建築家で、設計した建物の数もそれほど多くありませんが、右の写真に挙げた作品以外に、ソーク研究所（1965年）やキンベル美術館（1972年）など、アメリカ各地やインド、バングラディッシュに優れた作品を残しています。

カーンは設計する際、どのような大きさの建物であっても、まずその建物やそれを構成する部屋はどのような空間であるべきかということを原点に立ち返って考えた人でした。住宅であれば「家族のきずなを深め、心からくつろぎ安心できる場」として、国会議事堂であれば「人々が集まって民主的に議論をする場」として、ふさわしい空間はどのようなものなのかを追求したのです。その部屋の形態を考えるときは、たいてい最も基本的な正方形から始めたといいます。そしてその基本形にそれぞれの用途に合った光を取り入れるスタディを繰り返して、設計を進めていきました。

カーンはイェール大学やペンシルバニア大学で教鞭をとる教育者でもありました。また、彼の詩的な文章は非常に示唆に富んでいます。カーンの独特な建築の考え方は、今も多くの人に影響を与え続けています。

カーンのその他の代表作：

リチャードメディカル研究棟（1959—65）
ペンシルバニア大学にある医学研究所

ダッカ国会議事堂（1962—74）
バングラデシュの首都に建つ国会議事堂

正投影図:
対象物を形成するすべての点を、任意の面（投影面という）に、そこからの奥行きとは関わりなく平行に投影した図。

切断面:
内部を見せるために建物を切断した切り口。平面図や断面図で最も濃く表される部分。

見えがかり:
ある角度から見える部分。断面では切断面の奥に見え、切断面より薄い線で描く。

Two-Point Perspective 2

二点透視図の作図プロセス①

フィッシャー邸の外観パース（二点透視図）を描いてみましょう。

作図の前に、建物をどの角度で描きたいかをスケッチして考えておくと、視点の位置や高さを決める参考になります。

1 平面図上に視点（SP）を決める。描きたい物の大半が60度の角度に入るような位置に設定する。

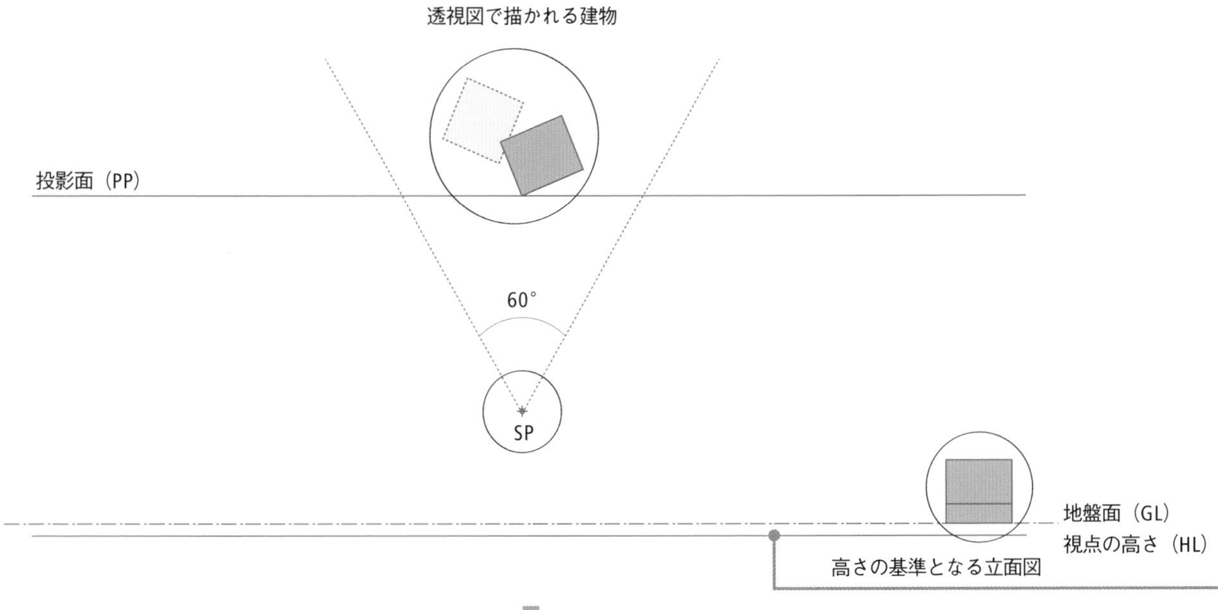

① 今回は建物をGLより下がった位置から見ている想定なので、HLがGLよりも低い位置に描かれている。

2 焦点（VP）を描き入れる。

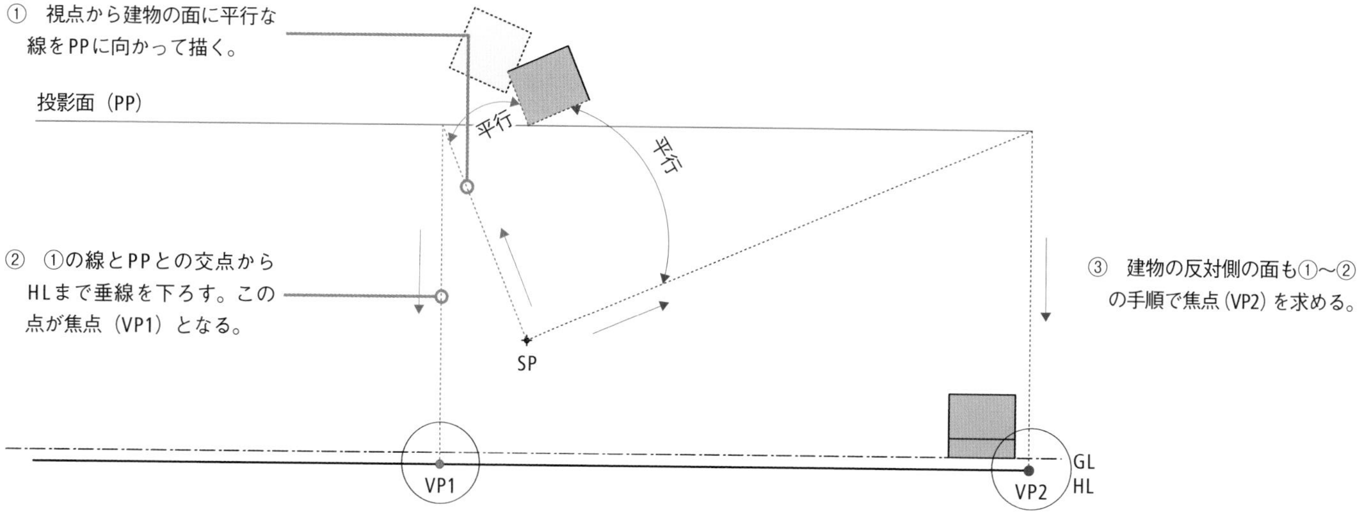

3 透視図で描かれる建物のPPに接している部分が高さの実長となるので、立面図から補助線を引いて高さの情報を印す。

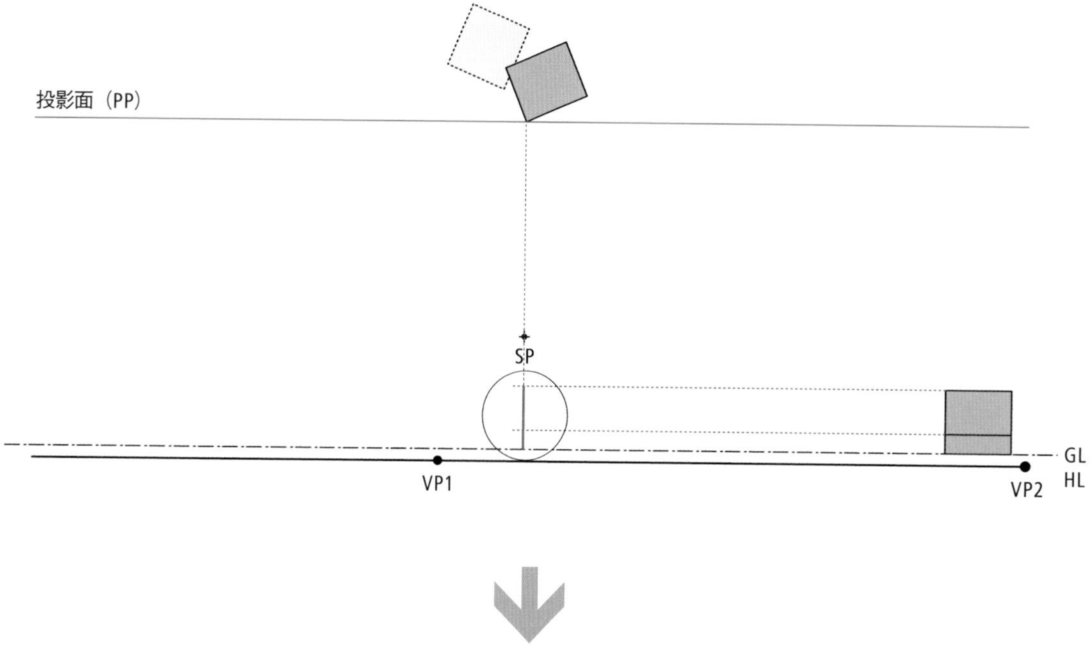

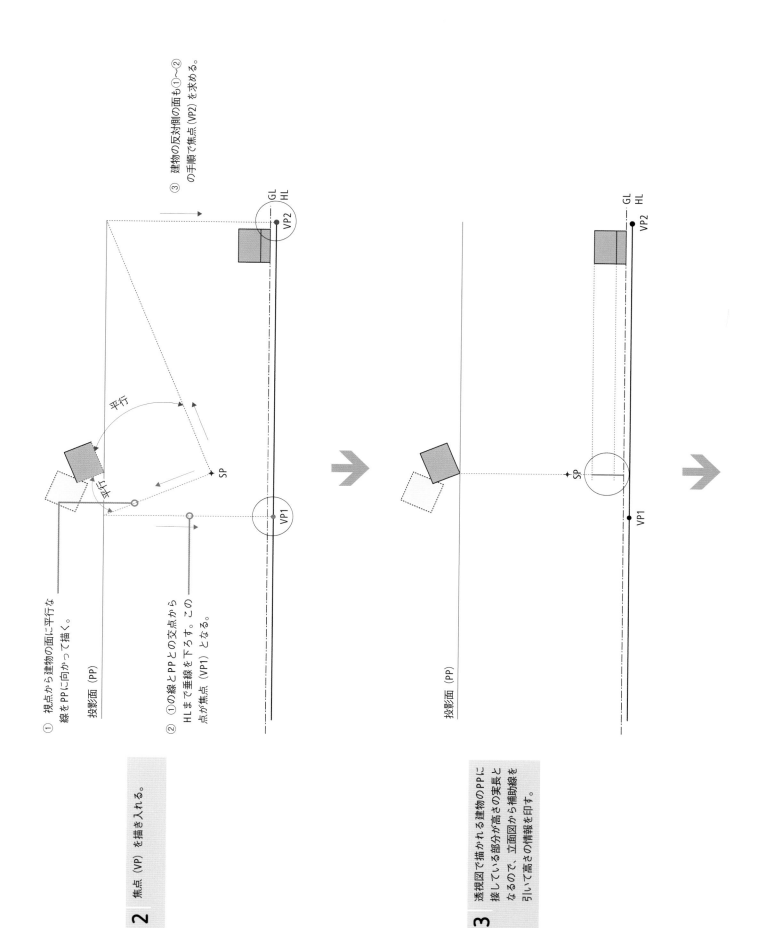

二点透視図の作図プロセス②

4 3で測った建物の高さからVP1とVP2に向かって補助線（パースライン）を引く。

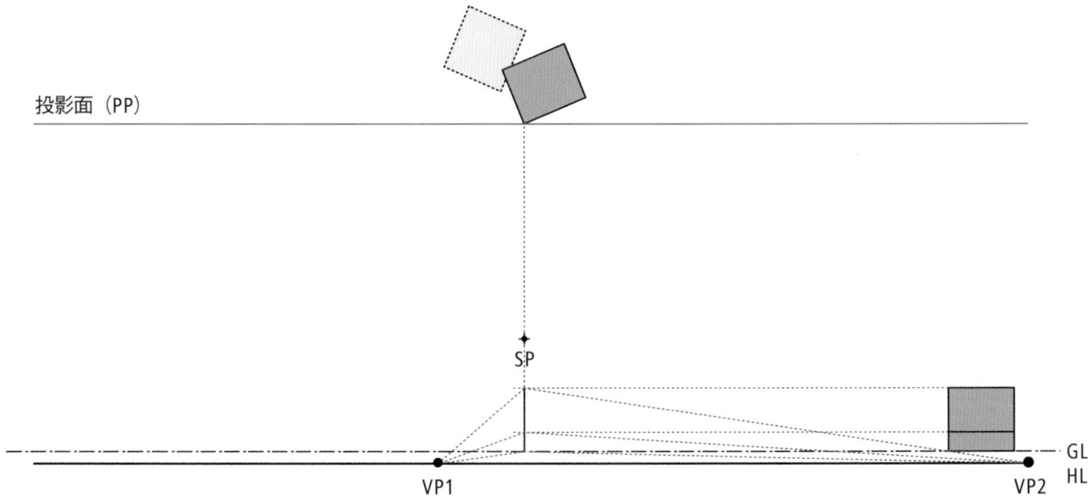

5 SPから建物の角の点へ補助線を引き、その線とPPとの交点からパースラインまでPPに垂直な線を引く。
これで、手前の建物の外形は完成。

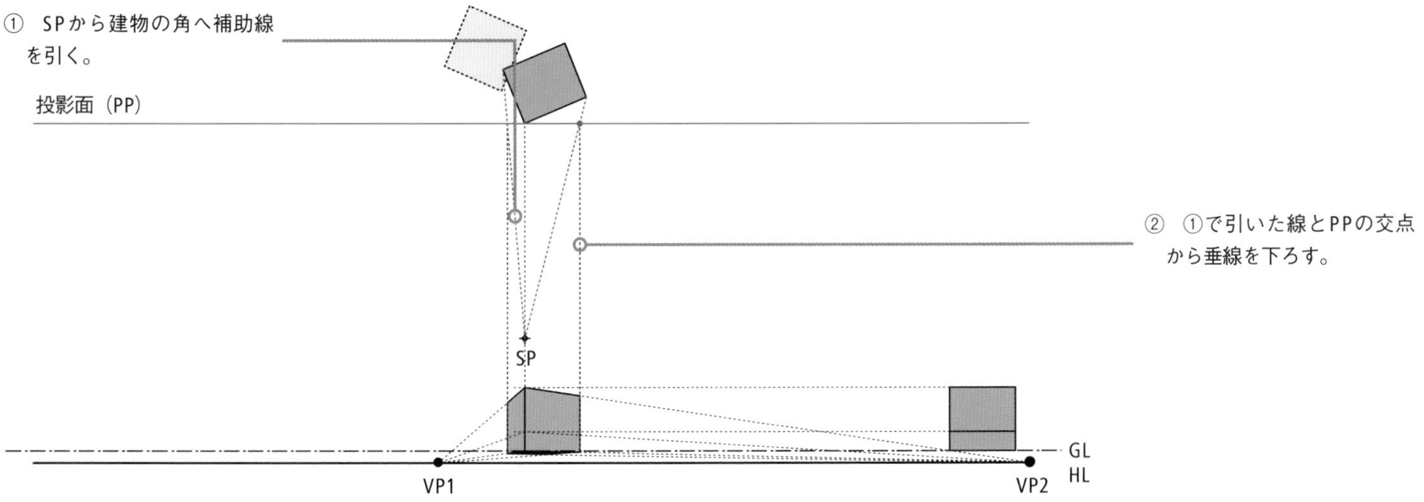

6 PPに接していない建物を描く時は、2の手順で焦点（VP3、VP4）を求めた後、建物がPPに接するように延長していると仮定する。

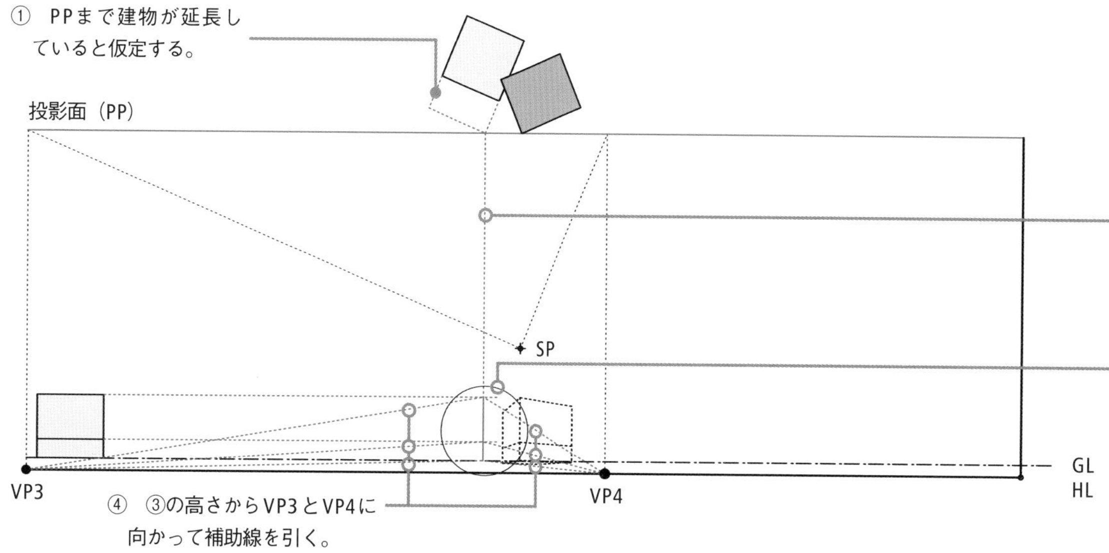
② PPに接している点から補助線を垂直に引く。
③ 高さの実長を立面図から補助線を引いて印す。

7 5のように、SPから建物の角の点へ補助線を引き、この線とPPとの交点からパースラインまでPPに垂直な線を引く。
　これで、PPに接していない建物の外形も完成する。

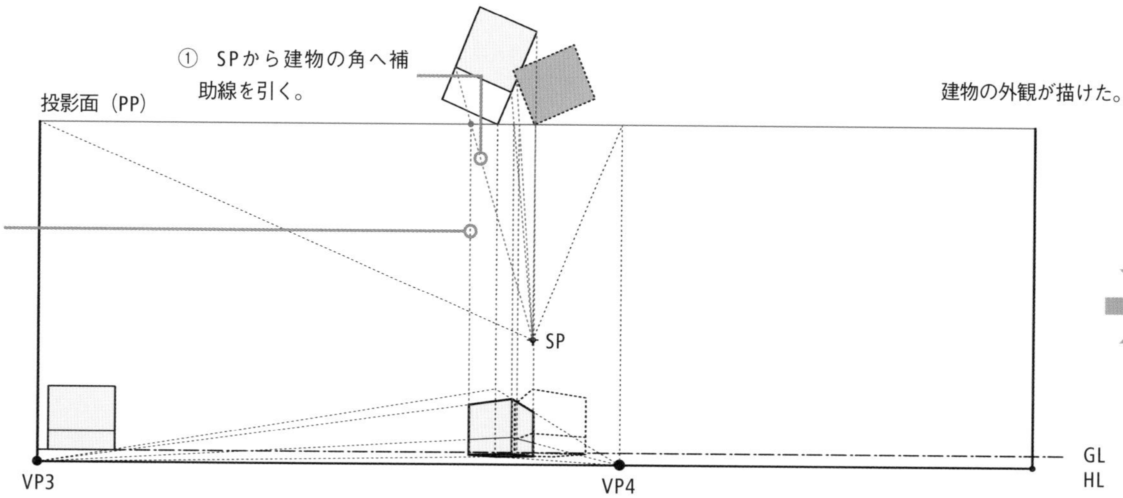
② ①の線とPPの交点から垂線を下ろす。

8 補助線を消して完成。

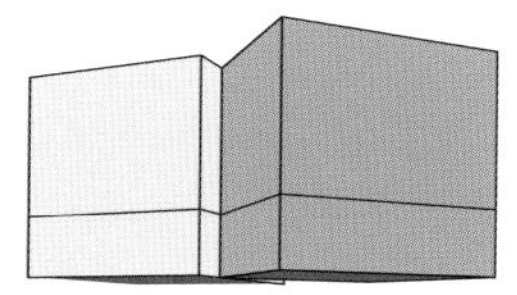

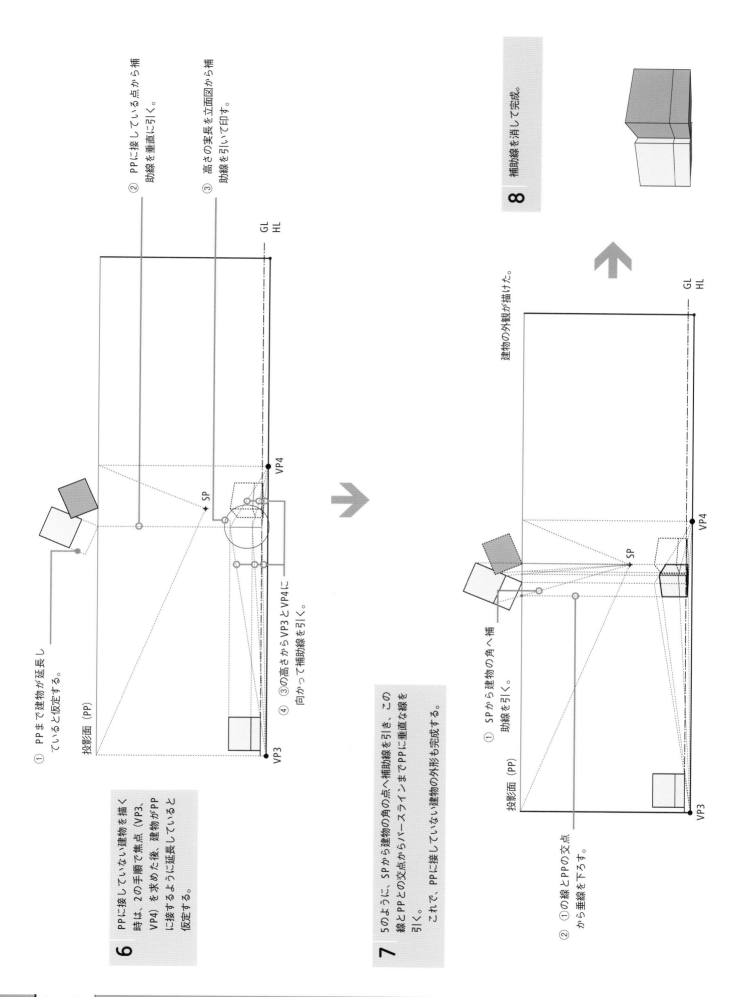

Two-Point Perspective 4

二点透視図の作図プロセス③

前のページの手順で起こした立体図に詳細を加えていきます。窓や添景なども焦点を使って描き入れます。

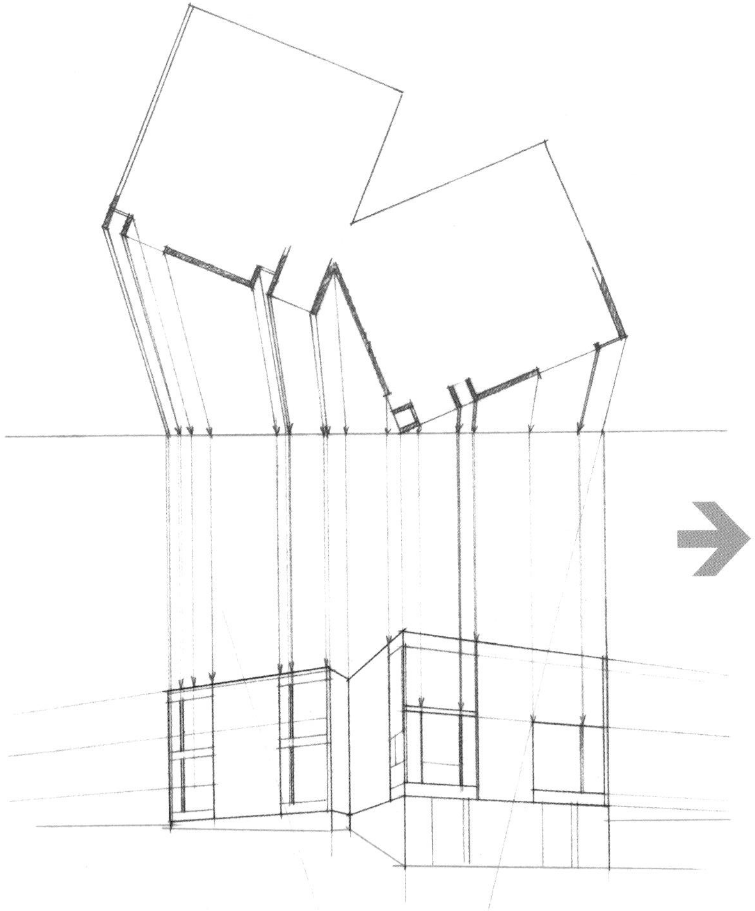

くぼんでいる窓も焦点を使って奥まった表現で描く。

添景も焦点を参考に奥に行くに従って高さを小さくすると遠近感が出る。

フィッシャー邸　外観透視図

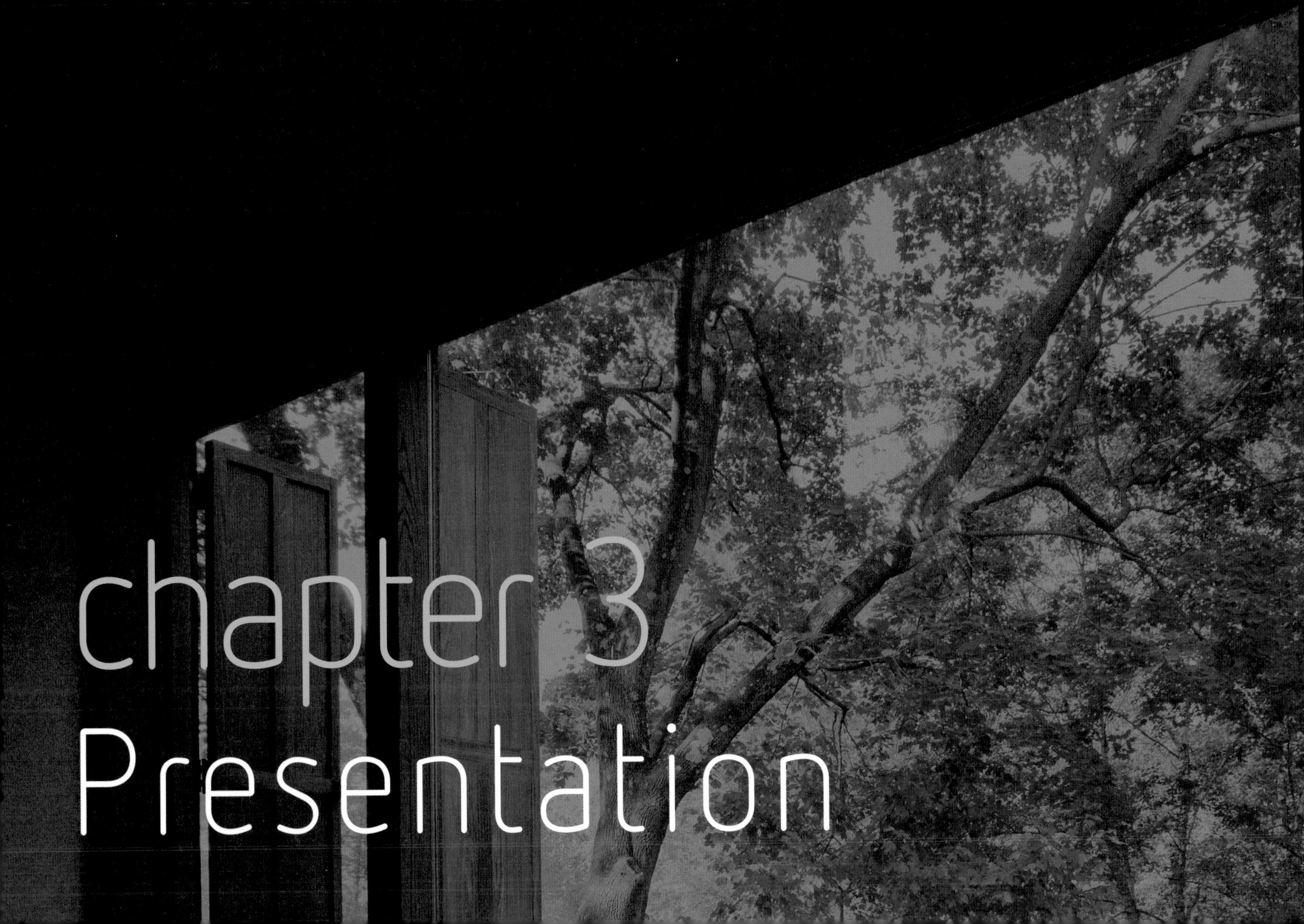

chapter 3
Presentation

フィッシャー邸の世界を表現する
プレゼンテーション、模型

図面は考えを伝える手段なので、相手に内容を伝わりやすくする必要があります。基本図やパース、ダイアグラムや模型といった素材を組み合わせて編集し、文章を加えたり、着彩などをほどこして全体としてアイデアを発表するプレゼンテーション図面の描き方を学びましょう。

Presentation 1

伝えたいことを編集する

プレゼンテーション図面を作成するにあたって、まず重要なことは、自分の伝えたい考えをまとめることです。文章を書く時と同じように、まず主題（テーマ）を決めて、アウトラインを書いてみましょう。

そして、そのテーマを表現するには、どのような図面が必要かを考えます。建物の全体像を伝える基本図は重要なので、色などを効果的に使ってテーマに沿った部分を強調する方法もあります。また、影の表現やアクソノメトリック、パースなどを使って、見る人に伝わりやすい図面を考えてみましょう。

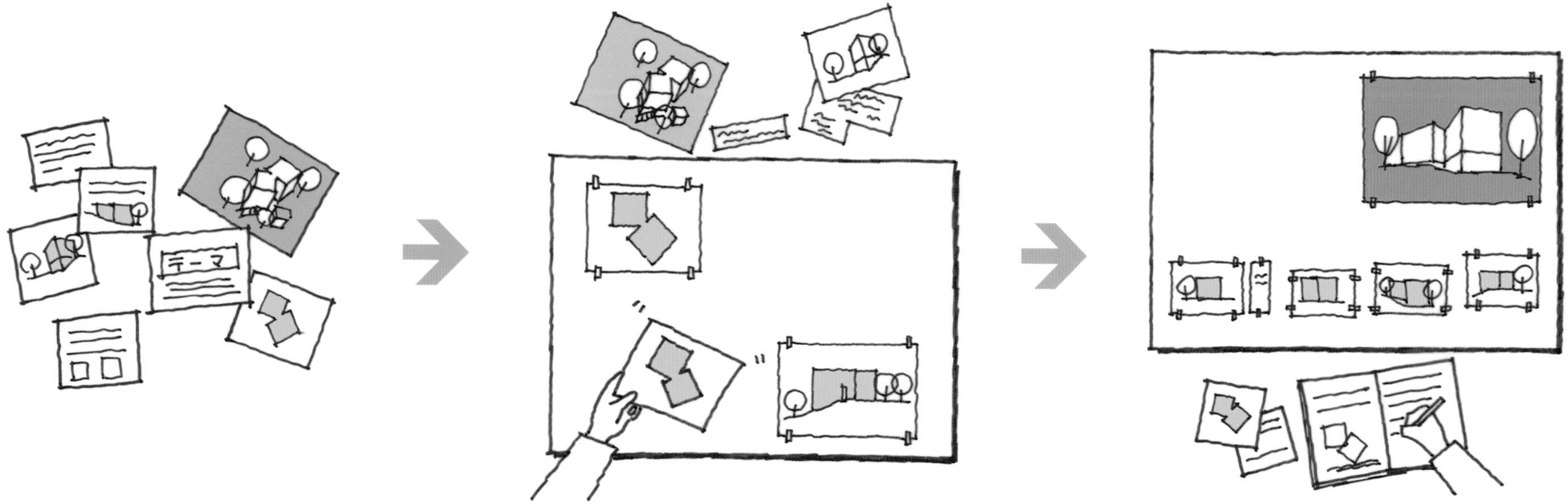

1 テーマを決めて、アウトラインを書き出す。

図面や写真などを見ながら、建物の一番重要と思われる特徴を考える。

2 テーマを表現するために必要な図面や模型写真を検討する。

それぞれの図面の特徴を利用する。
影→奥行き、凹凸を表現
アクソノメトリック→ダイアグラムや分解図など
パース→空間の表現など

3 テーマを一言で伝えるタイトルや説明文を書く。

2と3の作業は並行して行うと、考えがまとまってくる。説明文は簡潔に要点をまとめること。

Presentation 2

レイアウトで印象は変わる

プレゼンテーション図面のテーマと使う素材（図面、模型写真、文章）が決まったら、図面にレイアウトしてみましょう。学校の課題やコンペの提出物としては、A1やA2の大きさの紙が良く使われます。図面のスケールやテキストの文字の大きさを調整して、一番伝えたいことがはっきり目立つように工夫しましょう。

ケント紙の場合は一回り大きいサイズで売っていることがあるので、サイズを確認し、大きい場合は正しいサイズに裁断する。

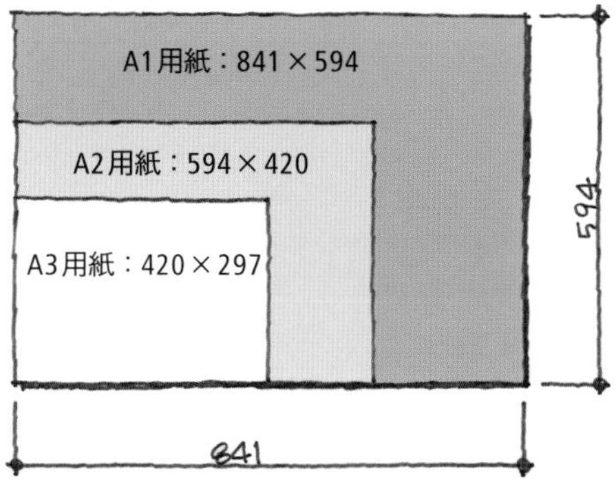

1 用紙の大きさと縦横の使い方を確認する。

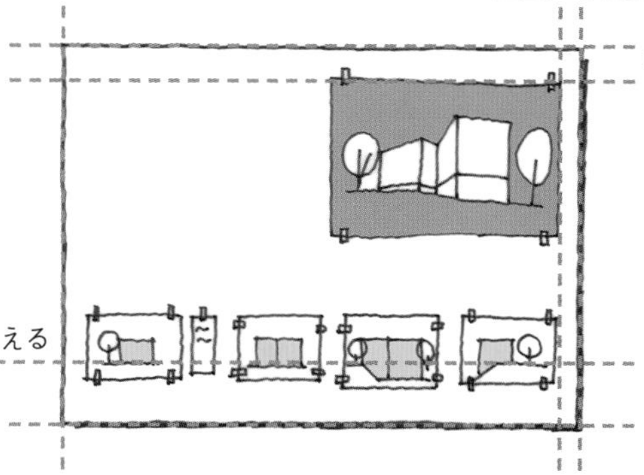

平面図を縦に並べる場合は、上階を上に、下階を下に配置する。断面図や立面図はGLが平行になるように横に並べると分かりやすい。

2 Presentation 1で選択した図面をコピー機の拡大・縮小機能を使って最適な縮尺を検討しながら実際の用紙の上に仮にレイアウトしてみる。図面は紙に対してまっすぐにそろえて配置する。

一般に用紙を見る時は左から右へ、上から下へという順番で見るということを念頭におくと良い。

3 見やすい位置にタイトルを配置し、説明文を入れる。図面タイトルや縮尺も忘れずに記入する。

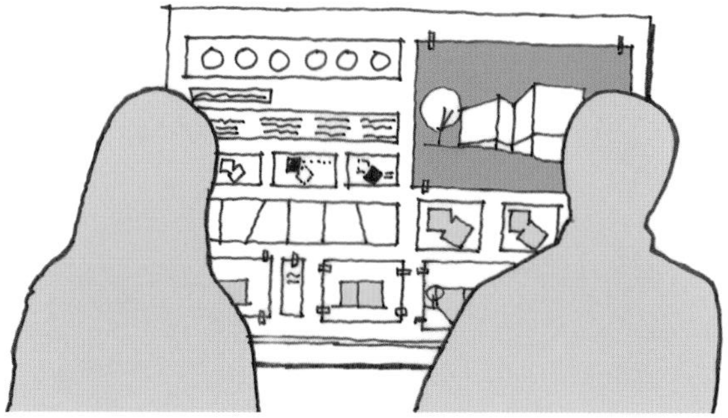

客観的に検討するため、周りの人に見てもらって、テーマが伝わるか確認するのも1つの手である。

4 ほかの人が見て分かりやすいプレゼンテーション図面になっているか、見る人の視点に立って確認する。

アウトライン：
伝えたい内容の大筋、あらすじ。

レイアウト：
用紙に図面や文字を意図的に配置すること。

ケント紙：
図画、製図などに使われる上質紙。紙質は硬く、表面はなめらかで、さまざまな大きさのものが販売されている。

フォント：
書体のこと。ゴシック、明朝などの種類がある。

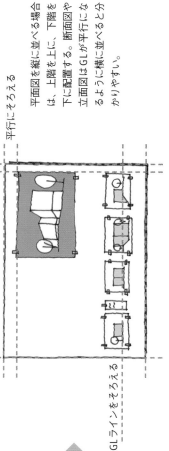

Presentation 3

影を付ける

基 本図面は投影法で描くので、実際に人間が物を見る時と異なり、手前にある物も、奥にある物もそのままの大きさで表現されて、奥行きが分かりにくいことがあります。そこで、奥行きを表現したい時は、影を使います。

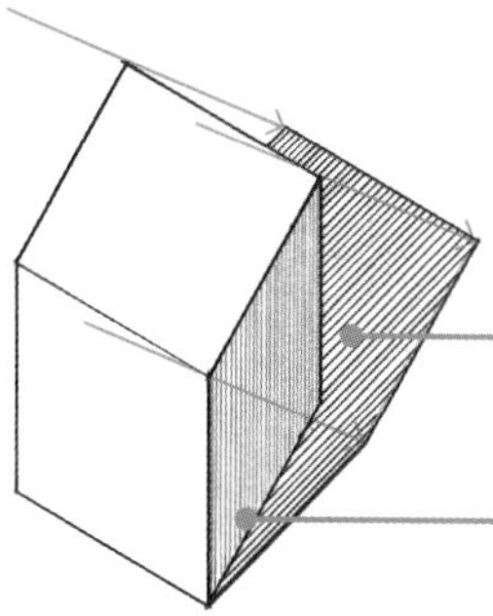

物体に光を当てた時には、影と陰ができる。

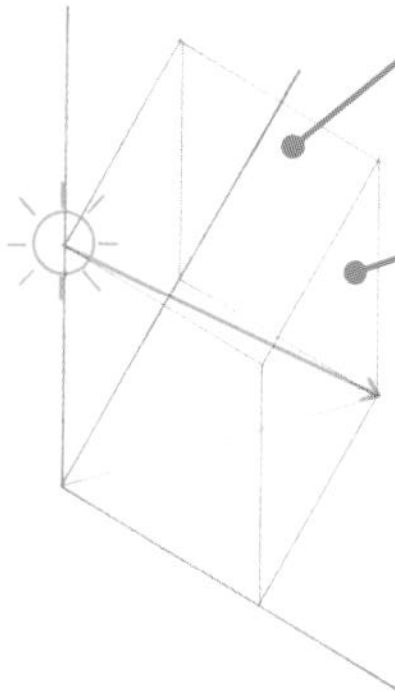

作図上、光は物体の斜め45度の角度から射していると仮定する。

45度の光の方向とは…

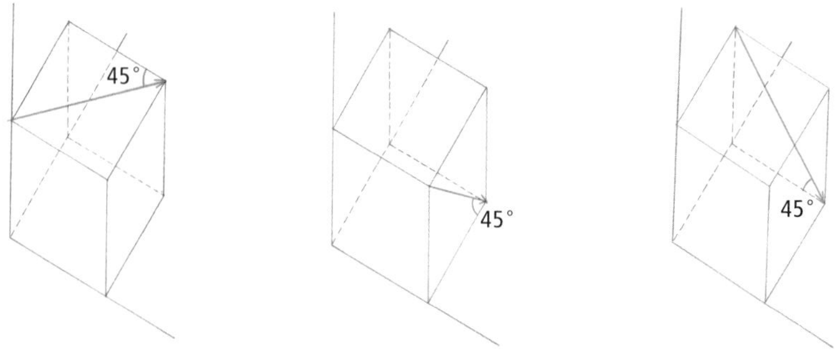

真上から見た光の方向

側面Aから見た光の方向

側面Bから見た光の方向

影を描く手順

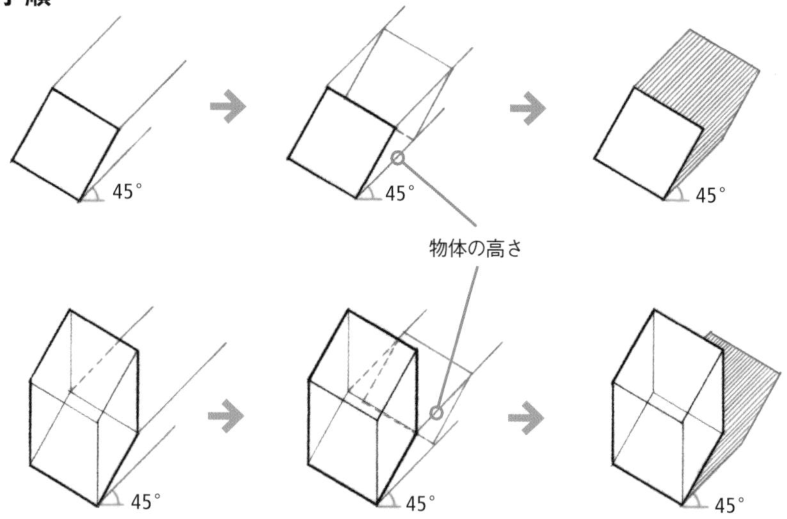

平面図・屋根伏図などの場合

アクソノメトリック図の場合

1 物体から45度の補助線を引く。

2 立体の高さを補助線に印す。

3 ２で描いた影の建物を除いた範囲を薄く塗りつぶしたり、ハッチングしたりする。

45度の光の角度で建物の配置が異なる場合の影のでき方

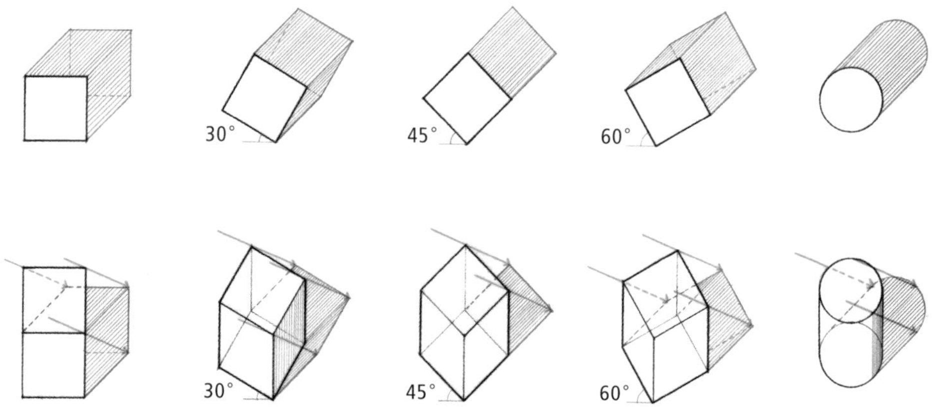

円柱の場合

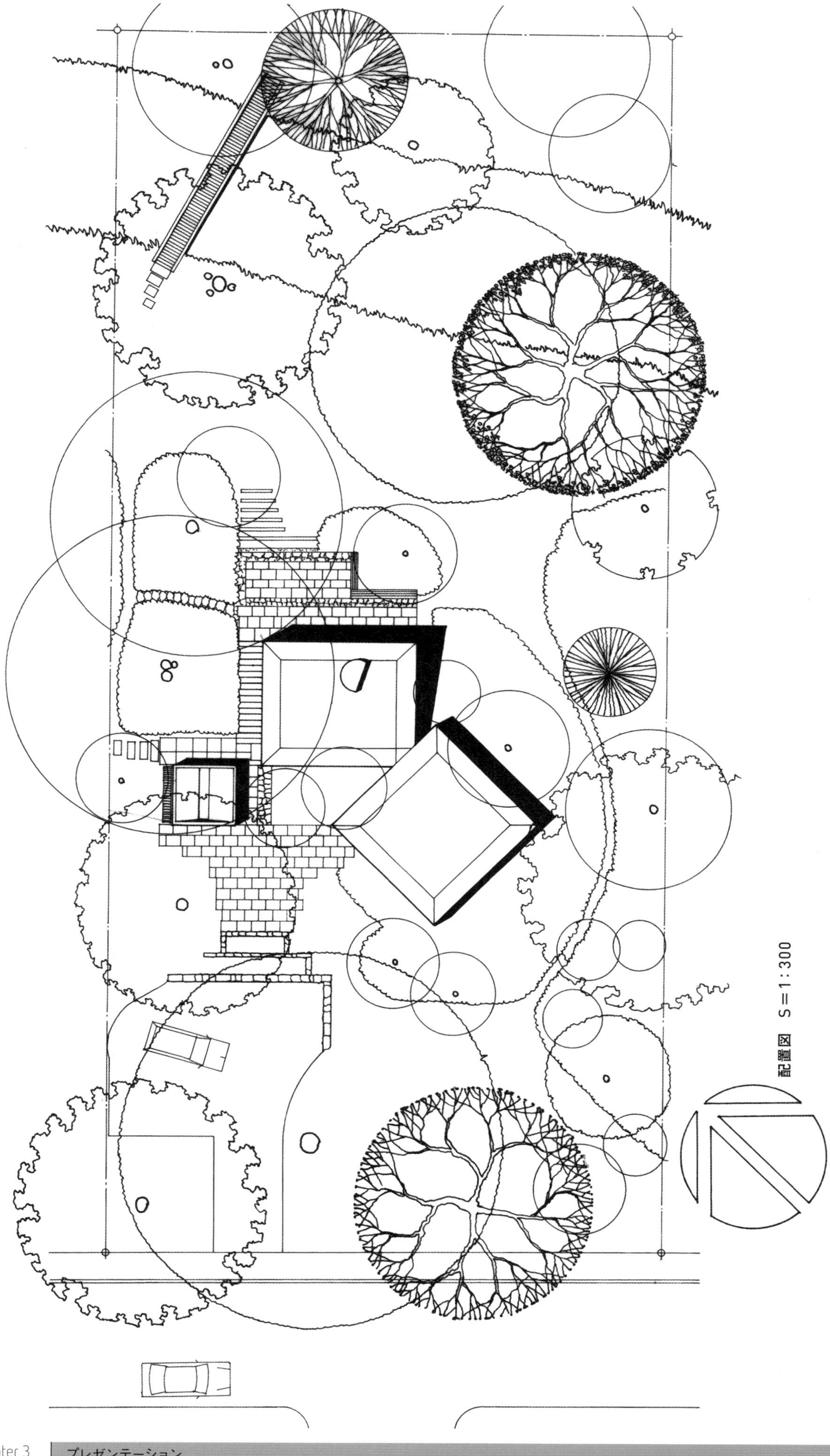

配置図　S＝1：300

建物に影を付けた配置図。立体の高さや地面の傾斜が表現できる。

Presentation 4

色を付ける①

着彩の方法はさまざまあります。いろいろな方法を試して、表現したい図面に合った色の付け方を見付けましょう。

色鉛筆は線で塗る

色鉛筆は手軽な着彩の方法ですが、きれいに仕上げるには一方向に線を描くように塗るのがコツです。フリーハンドでも良いのですが、定規を使って平行な線を引いていくと、誰でもきれいに塗ることができます。

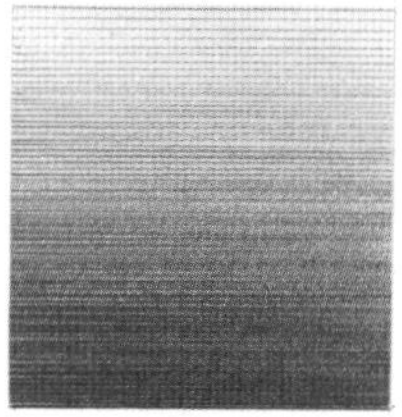
1色を平行定規を使って塗ったもの

2色を平行定規を使って塗ったもの

2色を縦と横の線で塗ったもの

線を足していくことで色の濃さを出していく。

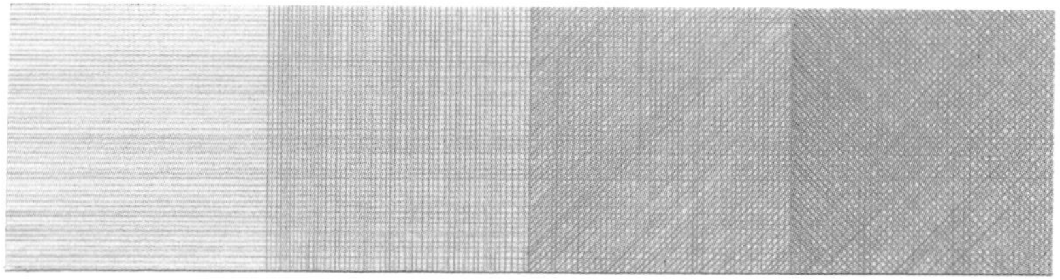
平行な線　平行＋垂直な線　平行＋垂直＋斜線　平行＋垂直＋クロスハッチ

パステルはやわらかに

パステルを使うと、色鉛筆とは違ったやわらかな印象の色使いができます。パステルは下図のように異なる色を細かい線で塗っていくか、または削った物をコットンなどで紙にすりこんでいく方法もあります。

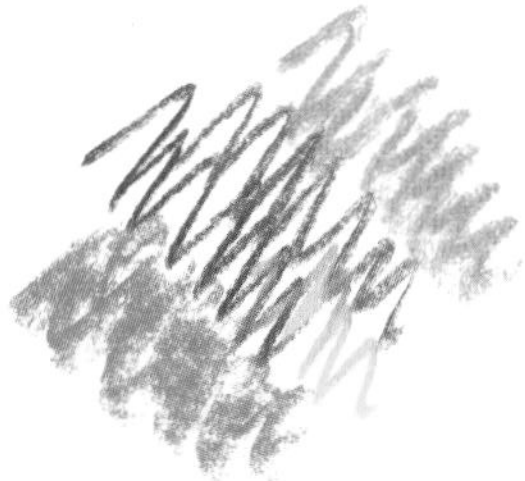
パステルの線で塗ったもの

色を重ねて中間色をつくる。

パステルの粉をコットンなどで紙にすりこんだもの

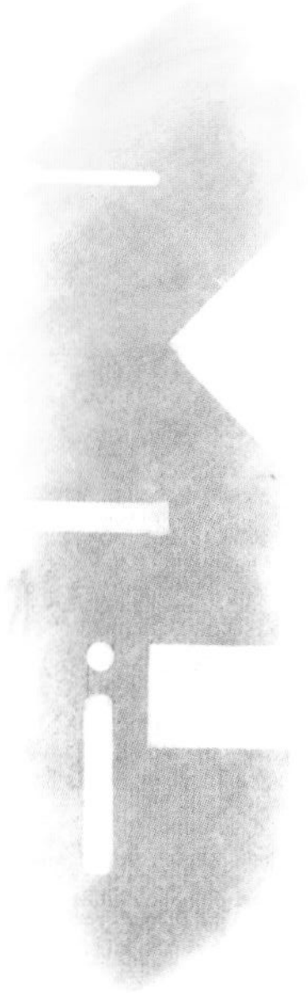
塗り残したい部分はマスキングテープなどでマスキングしたり、字消し板を使い消しゴムで消す。

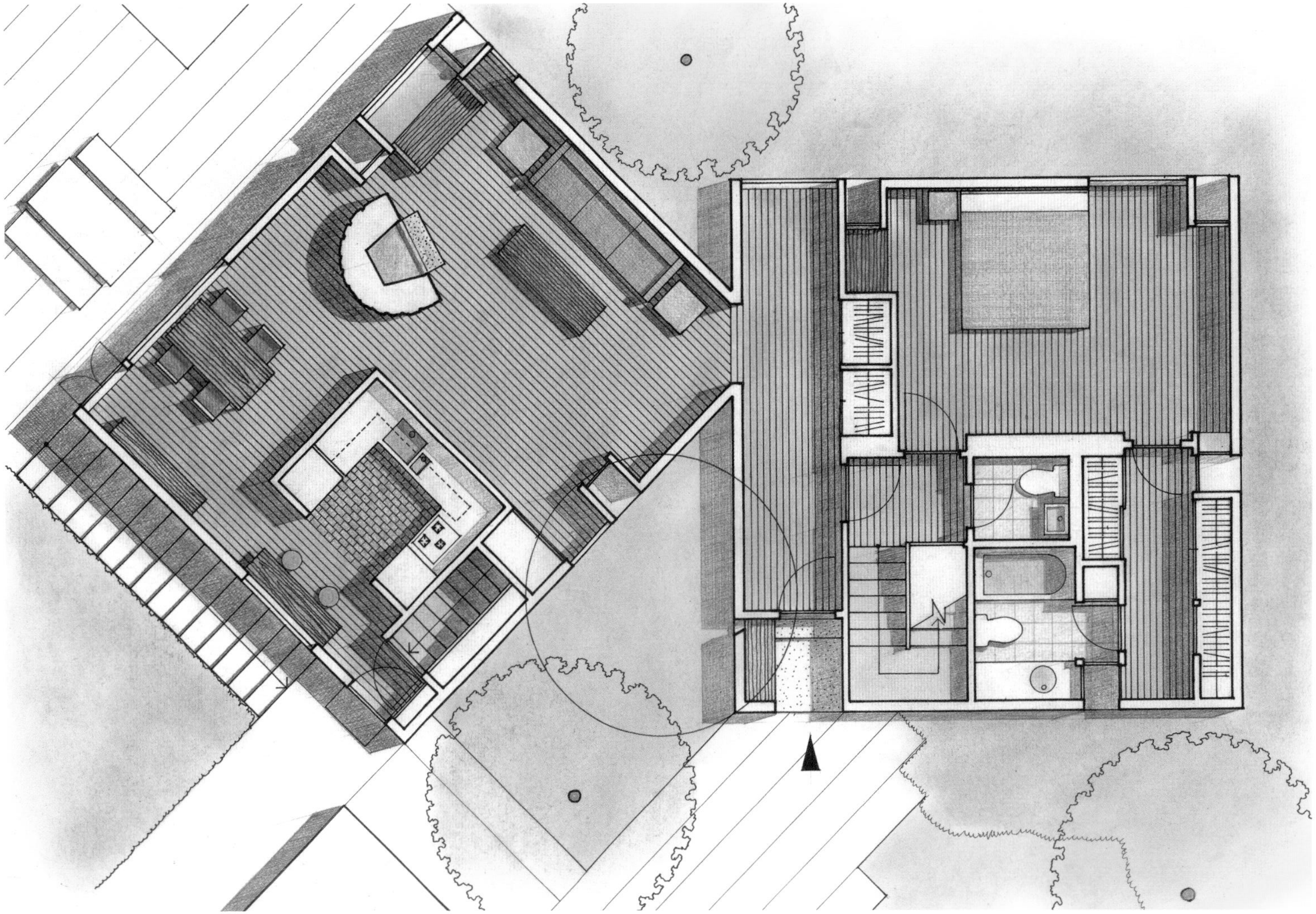

1階平面図　S＝1：100
パステル着彩

フリーハンド：
定規やコンパスなどを使わず手で図を描くこと。

クロスハッチ：
ある面を一定間隔の互いに垂直な斜線で埋めること。ハッチングより濃い表現になる。

パステル：
乾燥した顔料を粉末状にし粘着剤で固めた画材。ぼかしなどの微妙な表現ができる。

マスキング：
ある部分に色が付かないようにするために覆うこと。マスキングテープという粘着力の弱いテープを使うときれいに仕上がる。

presentation 5

色を付ける②

1　準備する用具類

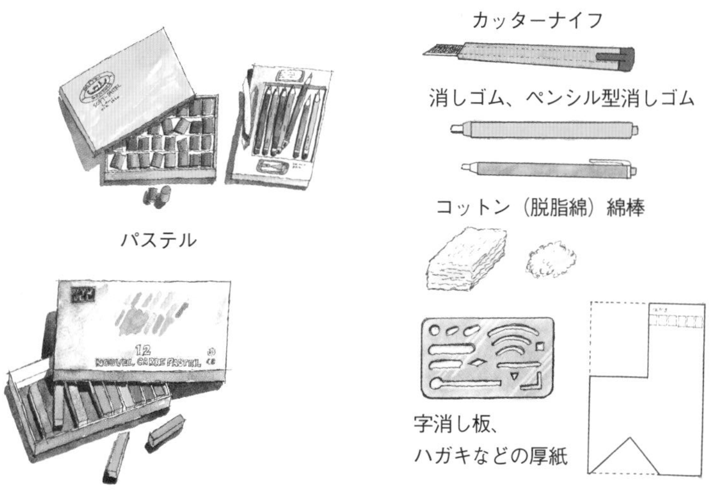

2　色の検討

コピーにどのような色にするか
試し塗りをする

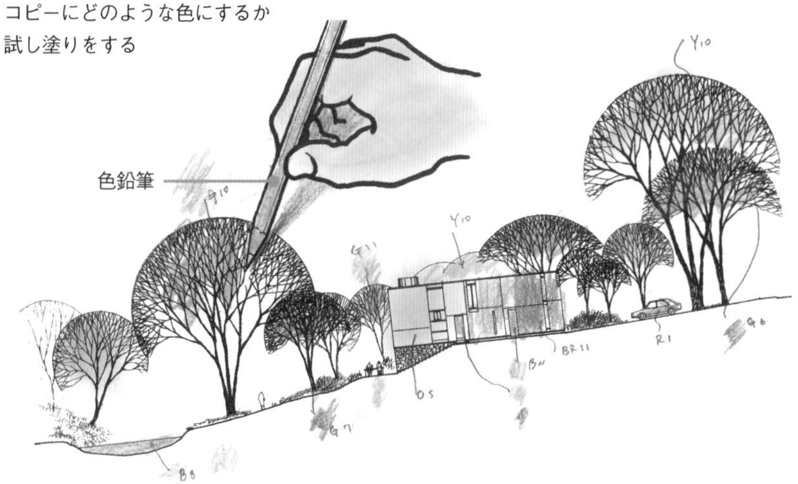

3　パステルを粉末にする

パステルをカッターナイフで削り粉末にする

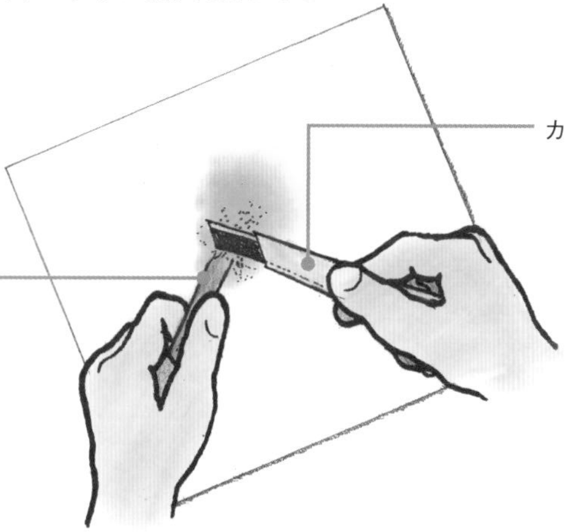

4　パステルを塗る

パステルの粉をカット綿に付け、塗る

5　余分な部分を消す

塗った部分がはみ出た部分は、字消し板などを使って消す。

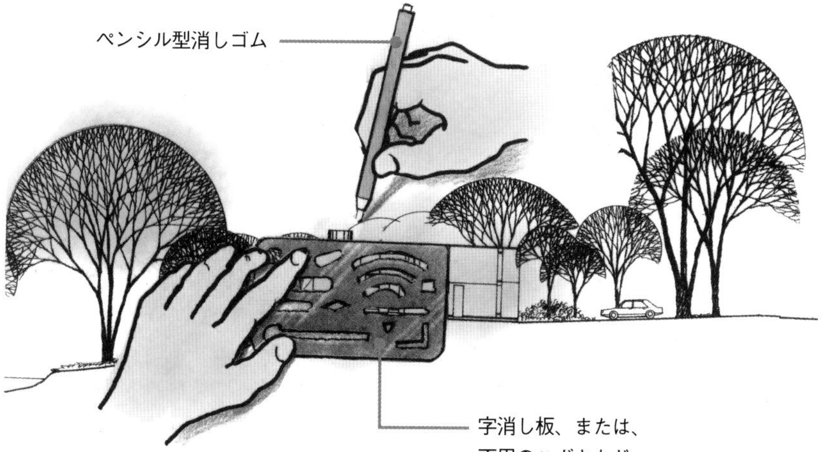

6　細かい部分の塗り方

◎色鉛筆で着彩する方法→鉛筆を先鋭にして丁寧に塗る
◎パステルで着彩する方法→原画のコピーに塗る部分をカッターで切り抜く

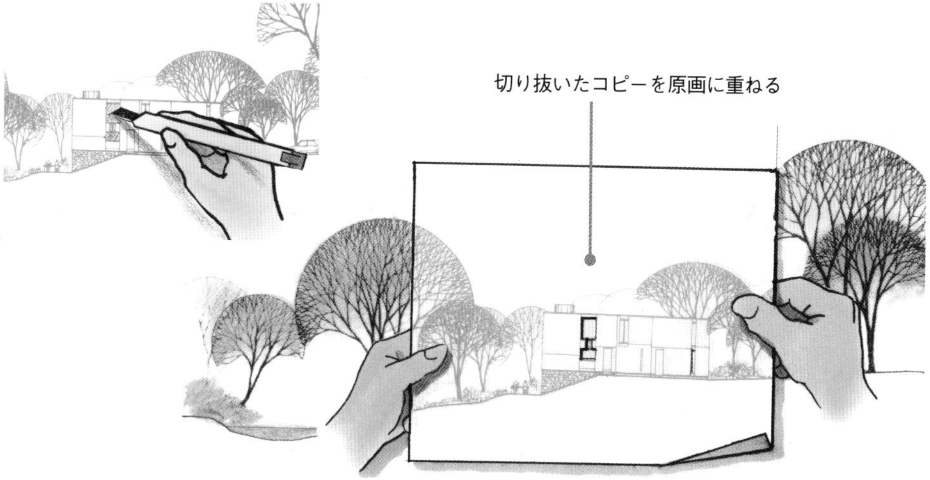

7　カット綿にパステルを付け細かい部分を塗る

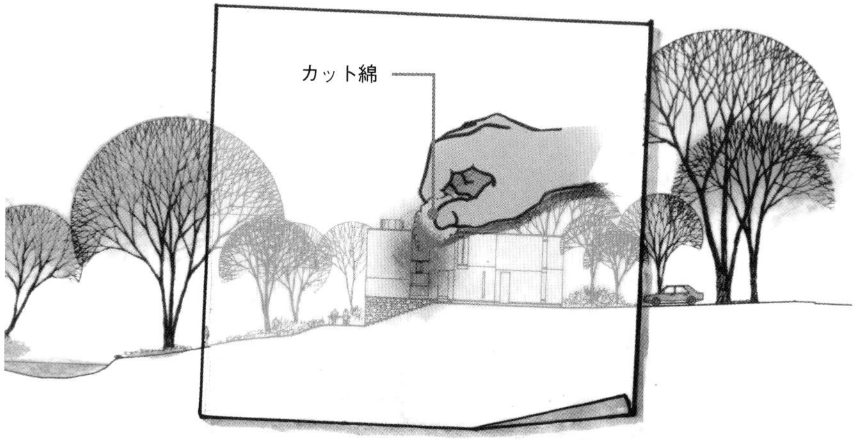

カット綿の代わりに綿棒でも良い

8　添景なども同じ方法で塗り完成

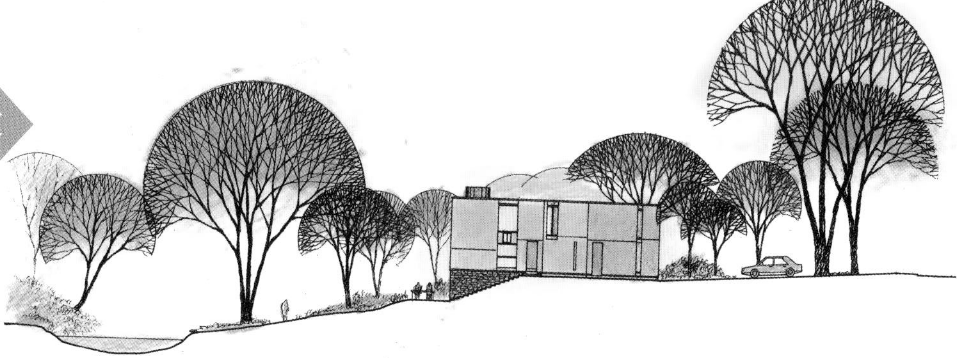

presentation 6

色や影を効果的に使う①

下の図面はそれぞれ完成した図面ですが、同じ図面でも表現の方法によって強調される物が異なります。伝えたいことにふさわしい表現方法を選びましょう。

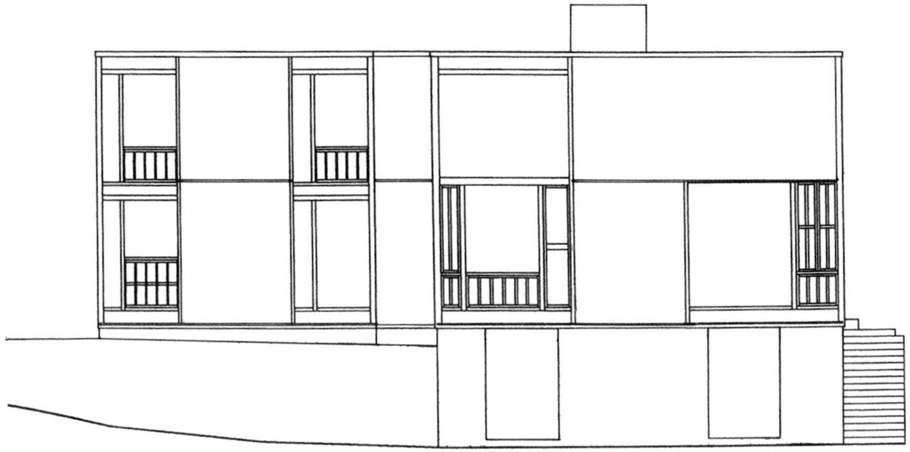

北東立面図（形態のみ）　S＝1：150

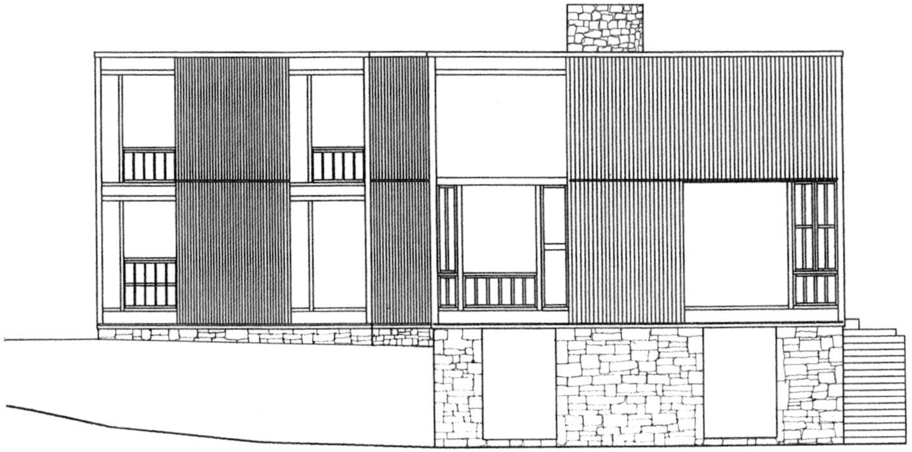

北東立面図（テクスチャ）　S＝1：150

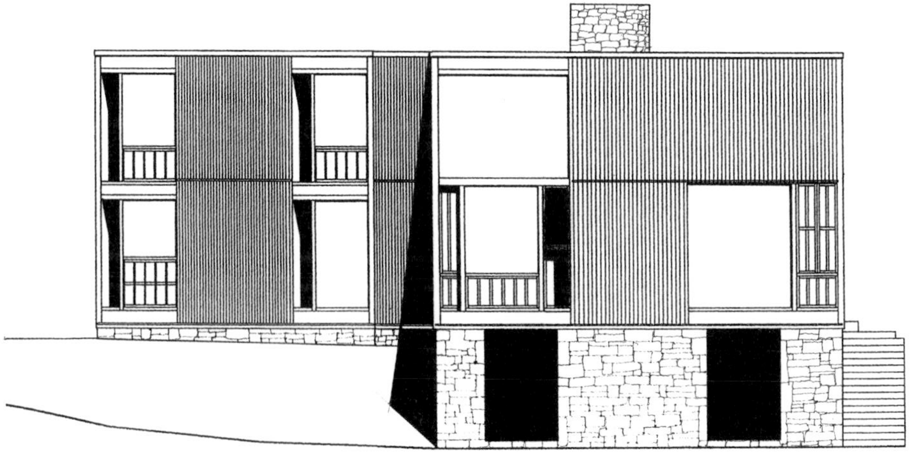

北東立面図（テクスチャ＋影）　S＝1：150

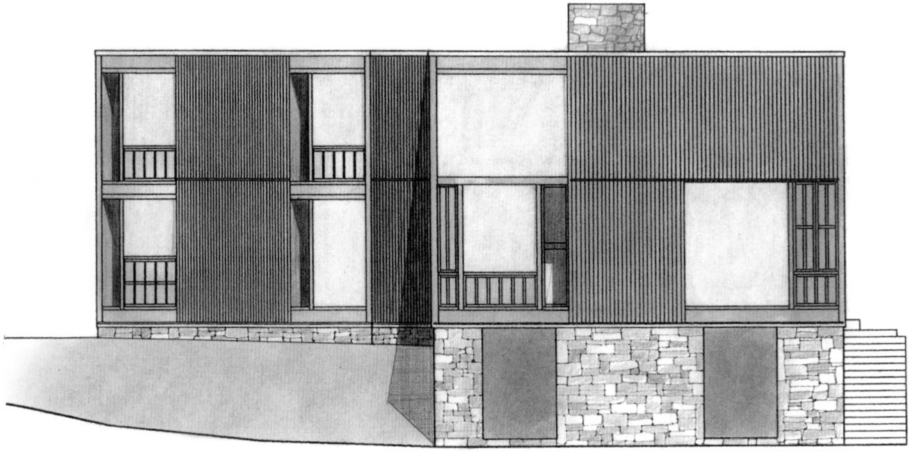

北東立面図（テクスチャ＋影＋着彩）　S＝1：150

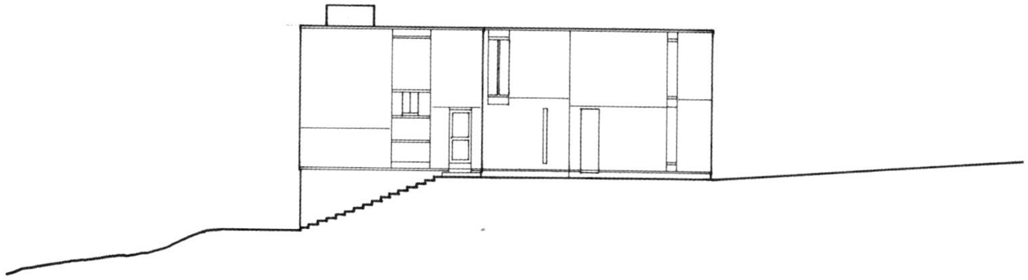

北西立面図（形態のみ） S＝1：300

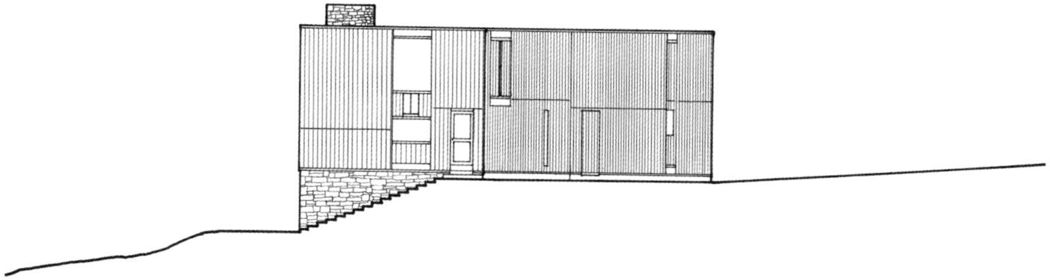

北西立面図（テクスチャ） S＝1：300

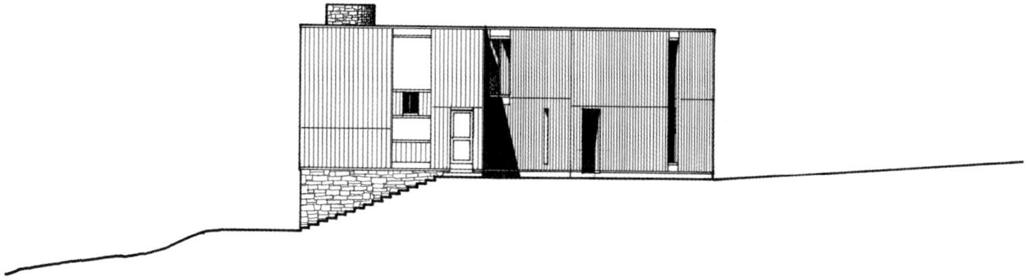

北西立面図（テクスチャ＋影） S＝1：300

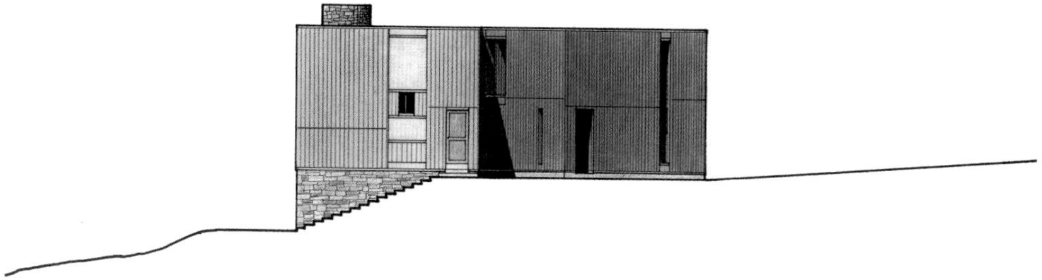

北西立面図（テクスチャ＋影＋着彩） S＝1：300

presentation 7

色や影を効果的に使う②

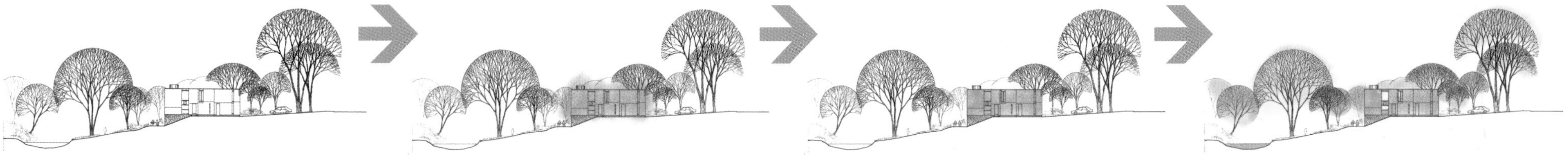

北西立面図　S＝1：300

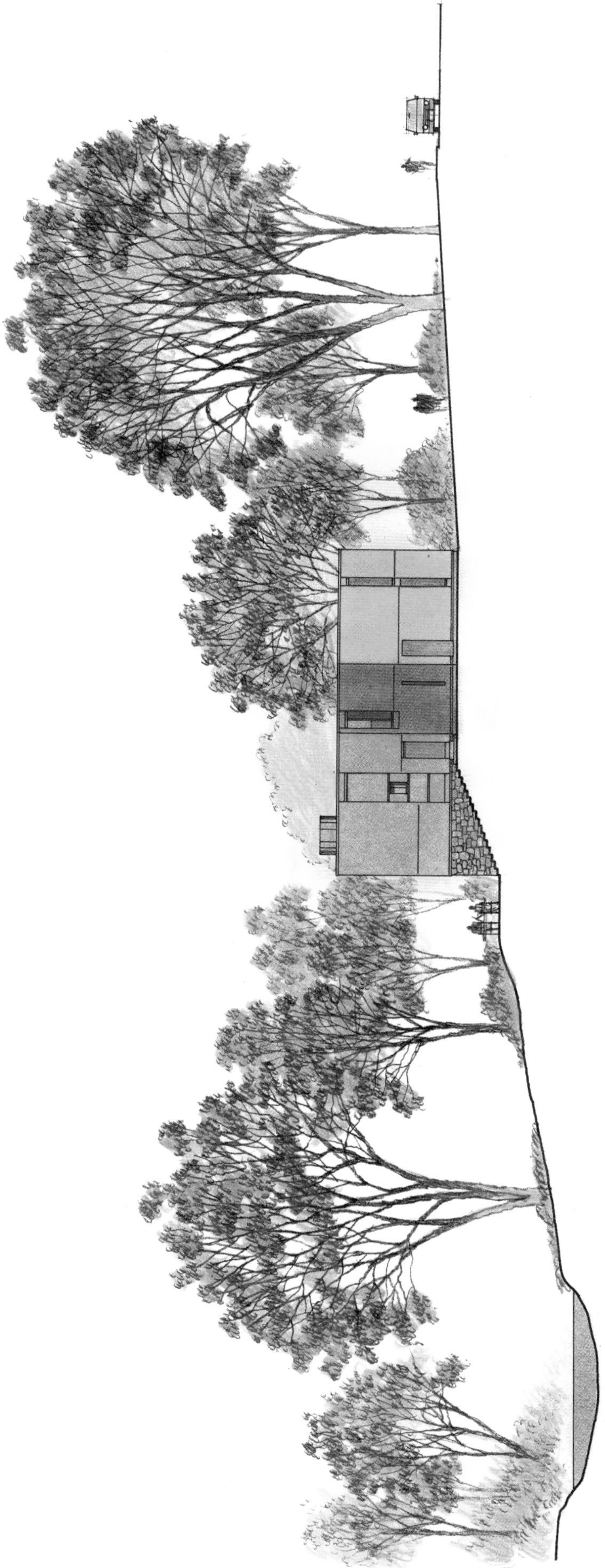

北西立面図　S＝1：300

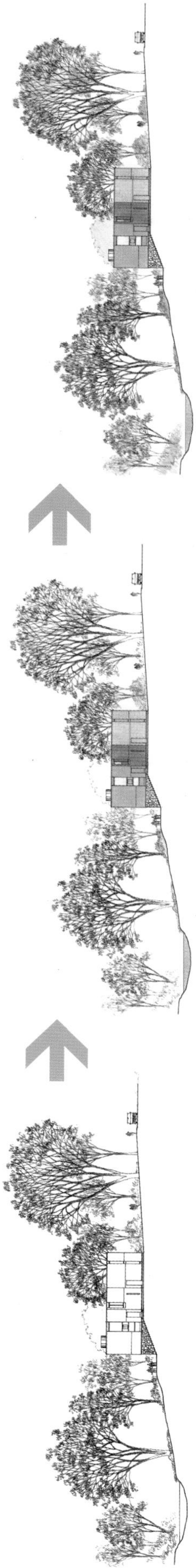

色や影を効果的に使う③

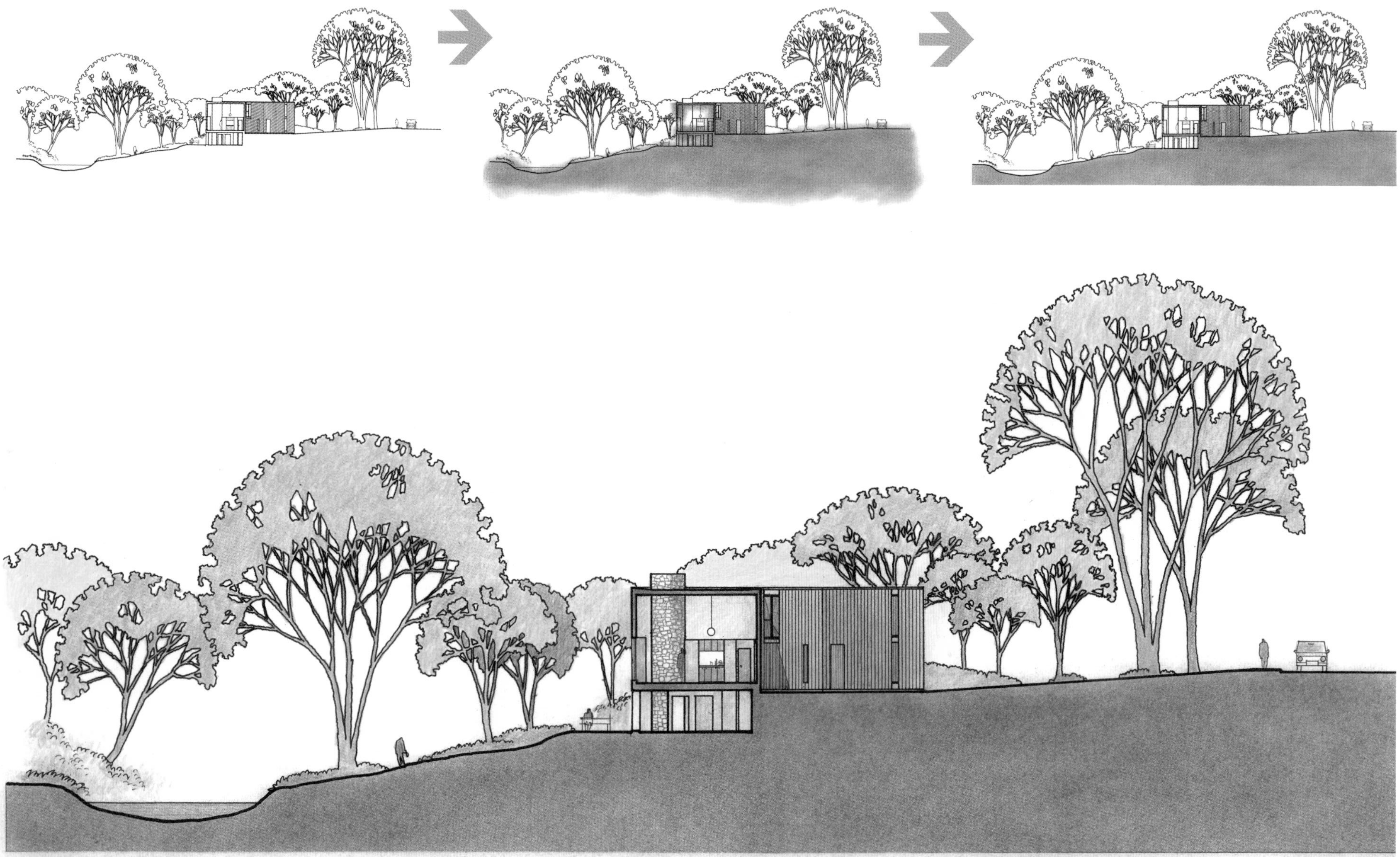

北西断面図　S＝1：300

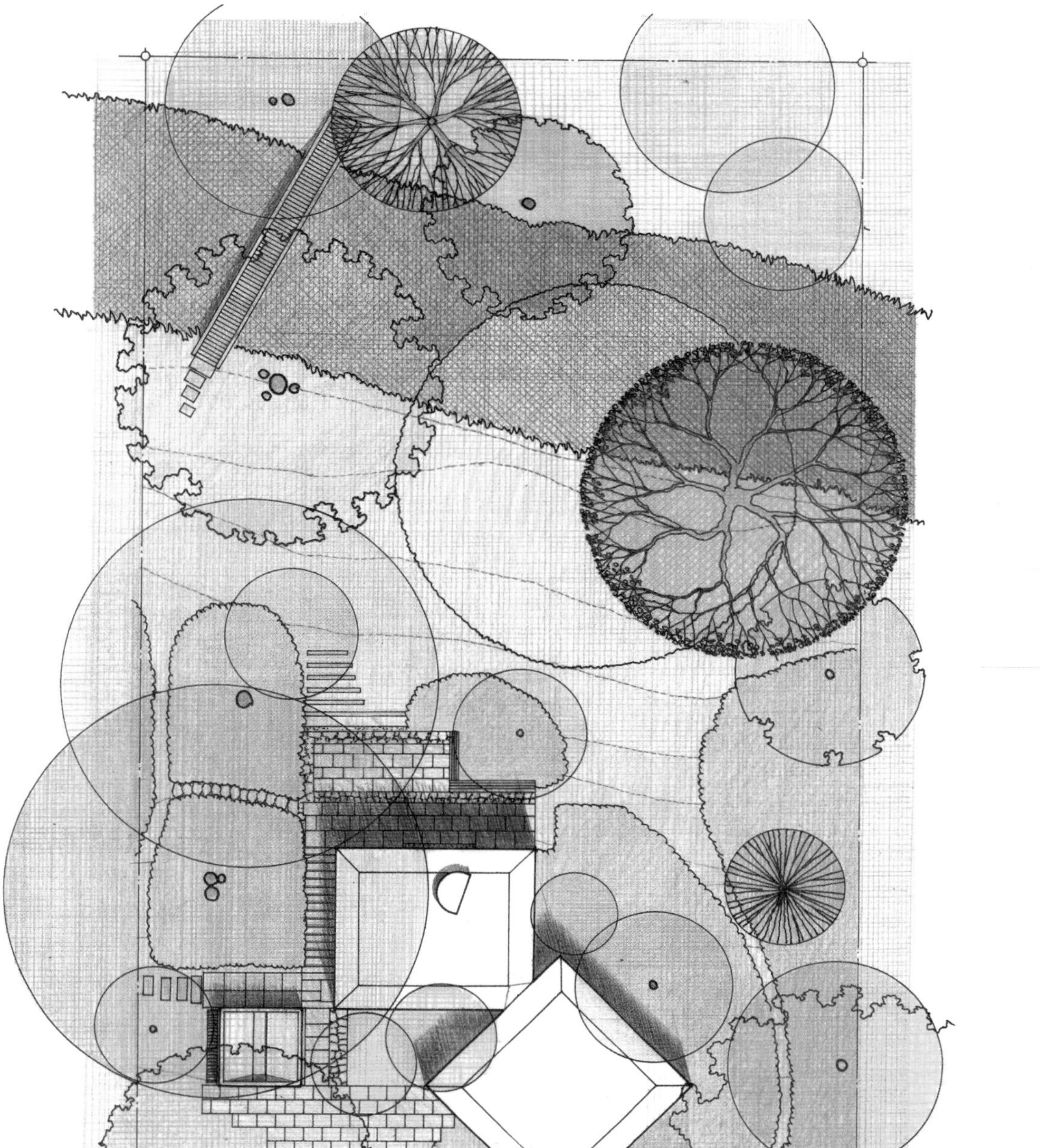

配置図　S＝1：300

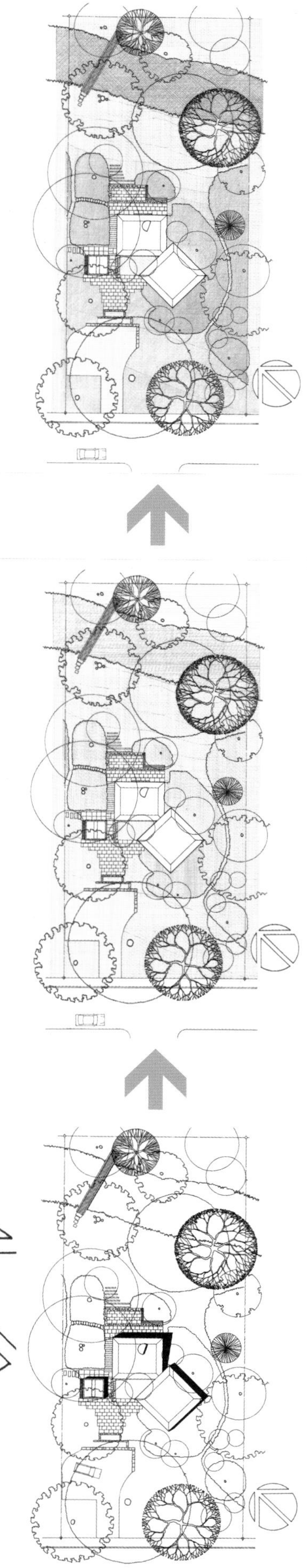

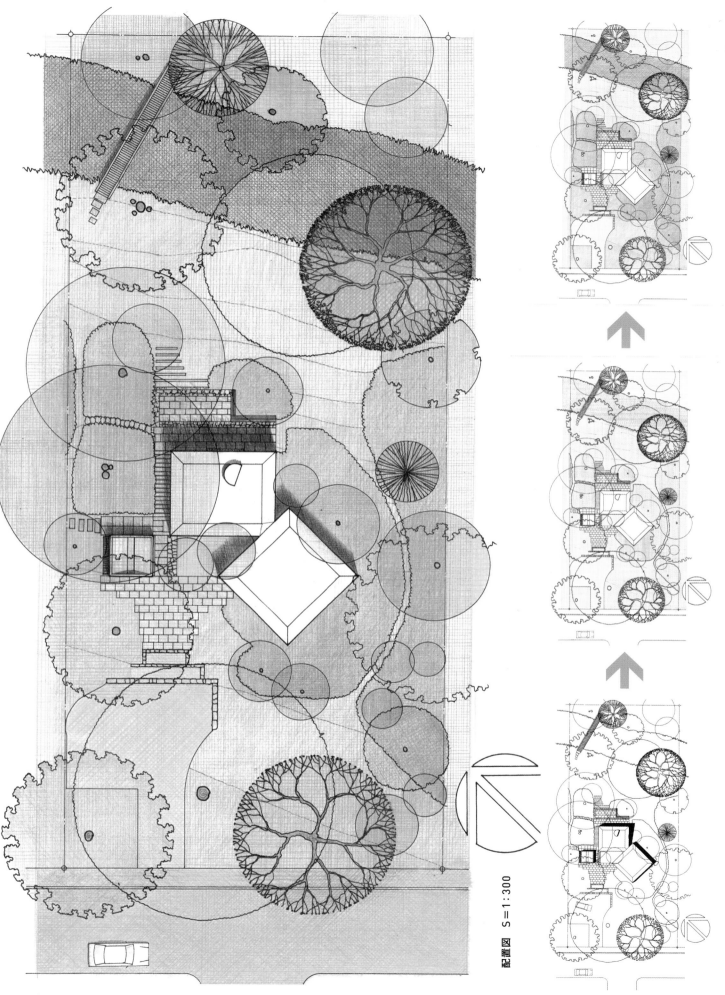

presentation 9

プレゼンテーション図面を描く

さまざまな表現を使って、相手に伝わるプレゼンテーション図面を描いてみましょう。

説明文
文字の大きさやフォントはあまりいろいろなものを使わないで、重要な箇所だけにメリハリをつける。文字が小さすぎて読みづらくならないように注意する。

ダイアグラム
コンセプトを分かりやすい図で説明する。

平面図
縦に並べる場合は、下階を下に上階を上に順番に並べる。図面の位置をそろえて等間隔に配置する。

タイトル
一言で最も重要なコンセプトを伝えるものにする。
一番目立つ所にレイアウトする。

勝負図面
自分の伝えたいことを、純粋に伝えるために、最も適している図を、一番大きくレイアウトする。

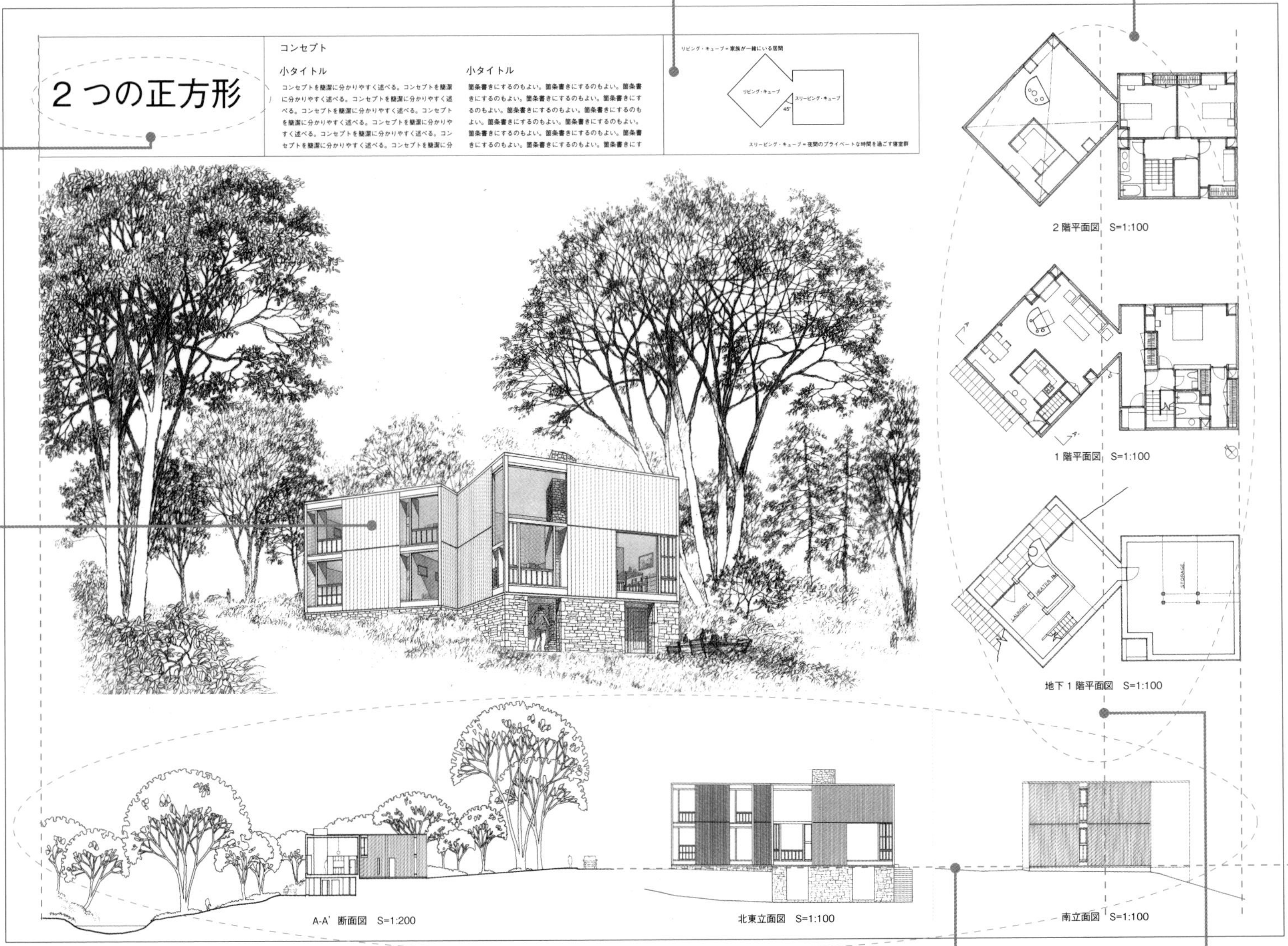

断面図や立面図を同じ縮尺で横に並べて配置する時は、GLラインをそろえる。

見やすくするために図面の位置をそろえる。

あらかじめ必要な図面が決められていない場合は、一枚の図面を大きく使って伝えたいことを表現するやり方もあります。この本で学んだ図法を使って魅力的な図面を描いてみましょう。

FISHER HOUSE
“What slice of the sun does enter your room?”
「どのような太陽の光のかけらがあなたの部屋に入ってきますか？」
— Louis I. Kahn

1 模型でイメージを伝える

プレゼンテーションにおいて、模型は建築のイメージを伝えるのに大変役立ちます。また製図を始める前に、自身が建築の構成を把握するためにつくることも有益です。

ここではカッターの使い方や、角部を納める「1枚残し」加工（124ページ参照）など模型の基本的なつくり方を解説しています。模型を早く、美しくつくる手法をトレーニングすることも意識しながら、手を動かしてみましょう。

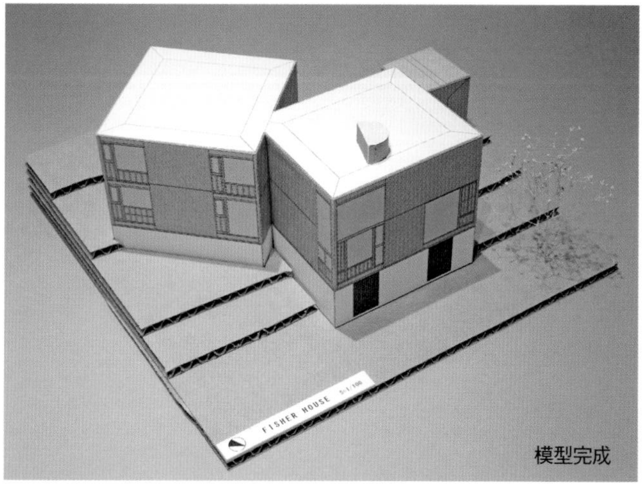

模型完成

製作時間の目安：3時間（敷地＋建物）。
※この模型は縮尺＝1/100の大きさで、おおよその外観イメージを伝えるため、開口部の入り込んだ部分や倉庫の屋根（谷）など細かな部分はあえて省略している

厚さのある材料の断面を垂直に切るコツ

材料に対して垂直・真上から見た姿勢で切ることが理想。

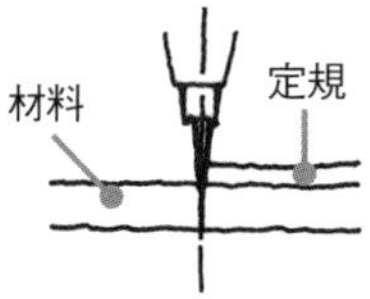

カッターナイフを垂直に立ててでまっすぐに切る。

模型材料

スチレンボード（厚さ3㎜）
A3サイズ1枚

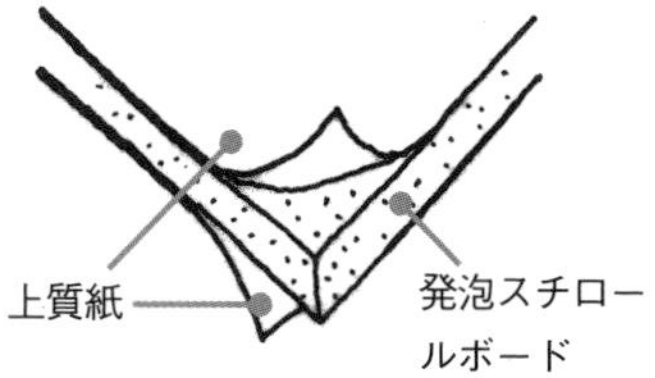

建物は発泡スチロールボードを上質紙で挟んだスチレンボードでつくる。今回は3㎜厚を使う。

板状段ボール（厚さ5㎜）
A3サイズ3枚分

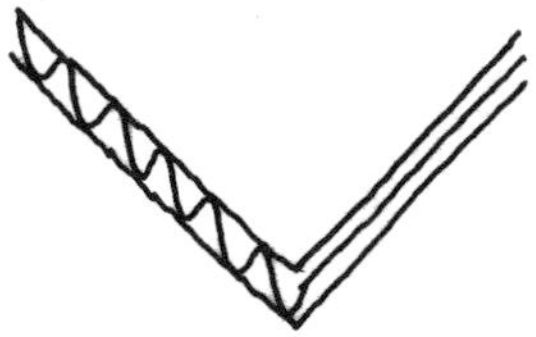

敷地は5㎜厚の段ボールにマスキングテープで仮止めしたものを切り出す。

ドライフラワー
（カスミソウ）
少々

カスミソウの束から見栄えの良い枝ぶりのものを選ぶ。

模型製作の道具

カッターナイフ（30°の刃に付け替える）

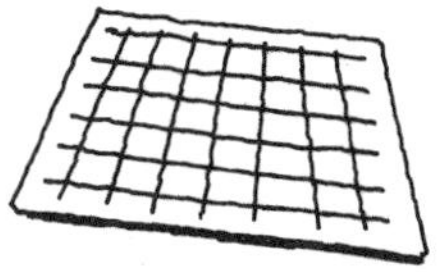

カッターマット

スコヤー（直角を切り出せる定規）

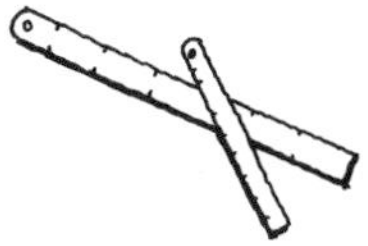

金属製定規

接着剤

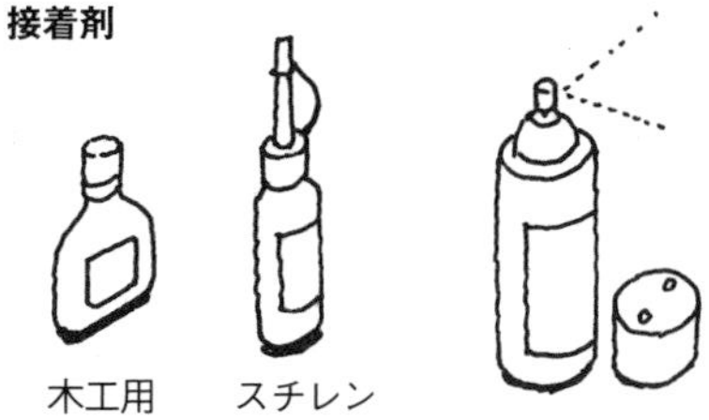

木工用ボンド　スチレンボンド　スプレーのり

つまようじ（ボンドを部材に塗るときに使用）

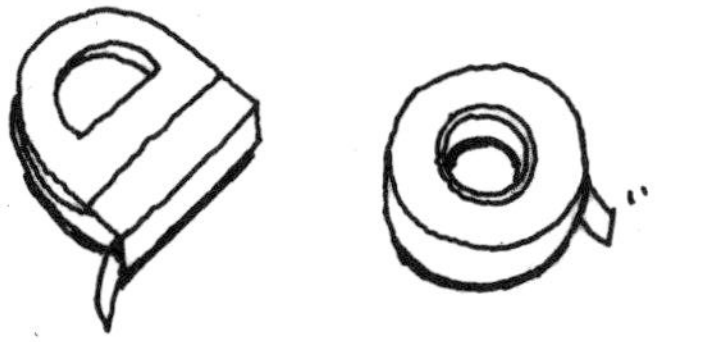

両面テープ　マスキングテープ

1 敷地の部材を用意する。

高低差のある敷地模型は、等高線（コンターライン）に合わせて作成した型紙ごとに材料を切り出してつくります。今回は厚さ5㎜の板段ボールを使用します。1/100の縮尺なので1枚で約500㎜の高さになります。（型紙は128〜131ページにあります）

板段ボールに敷地の型紙をマスキングテープで貼り、部材を切り出す

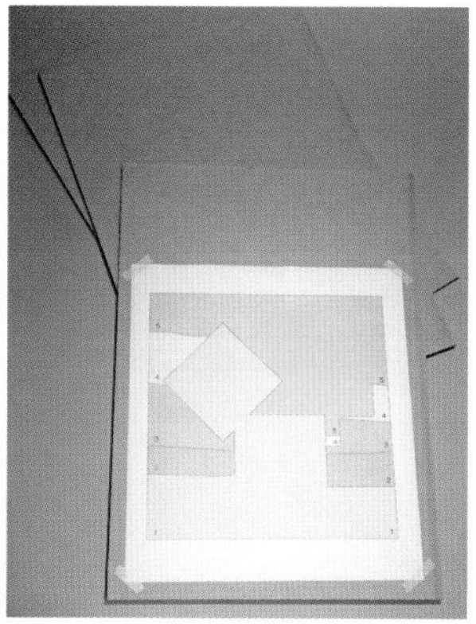

1の型紙（右の図参照）の部材を切り出す

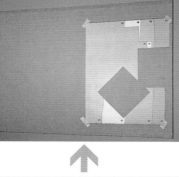

2の型紙の部材を切り出す。3、4、5の敷地の型紙も同様

1〜5の部材がそろったら、順番に貼り付ける

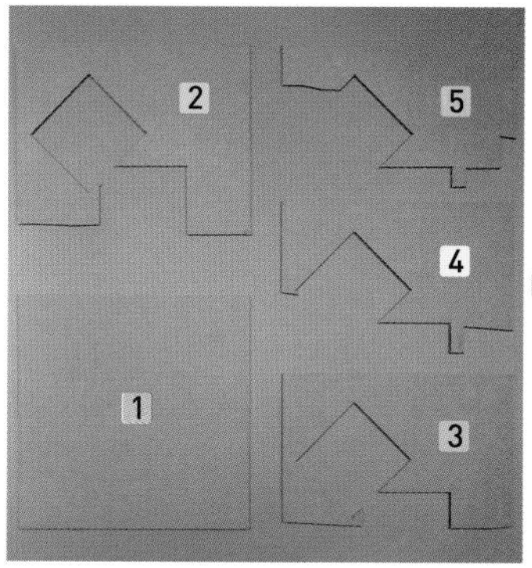

5枚分全ての部材

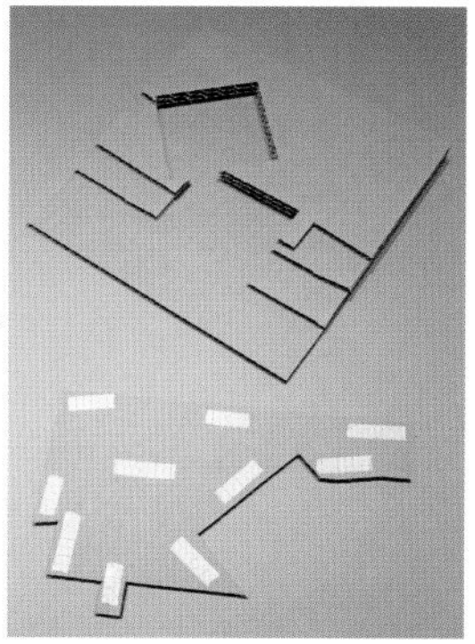

部材の裏に両面テープを使い貼り付ける。1〜5の順に重ねると、敷地模型が完成

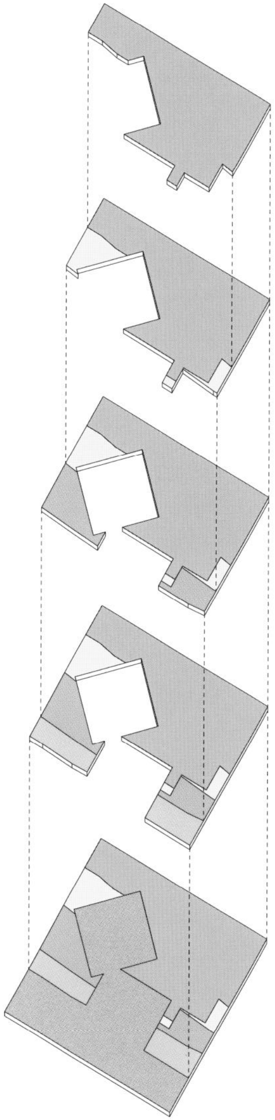

2 建物の部材を用意する。

型紙をスチレンボードにスプレーのりでてしっかりと貼り付ける

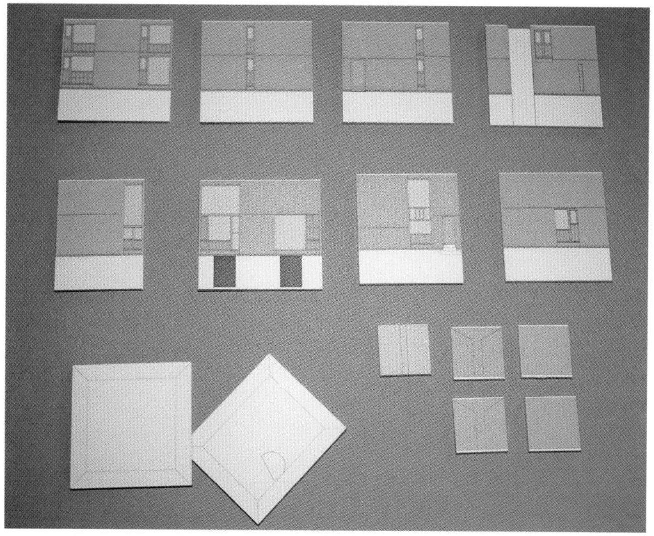

型紙を貼ったスチレンボードから部材を切り出す

2 一枚残しの加工をする

一枚残しとは、模型の角を美しくみせるための部材の加工法のことです。スチレンボードは、上質紙＋発砲スチロールボード＋上質紙の3層でできています。その部材の片側の上質紙を1枚残して発砲スチロールボードと反対側の上質紙を切り取ります。

複数の部材を合わせるときに、角が美しく仕上がる

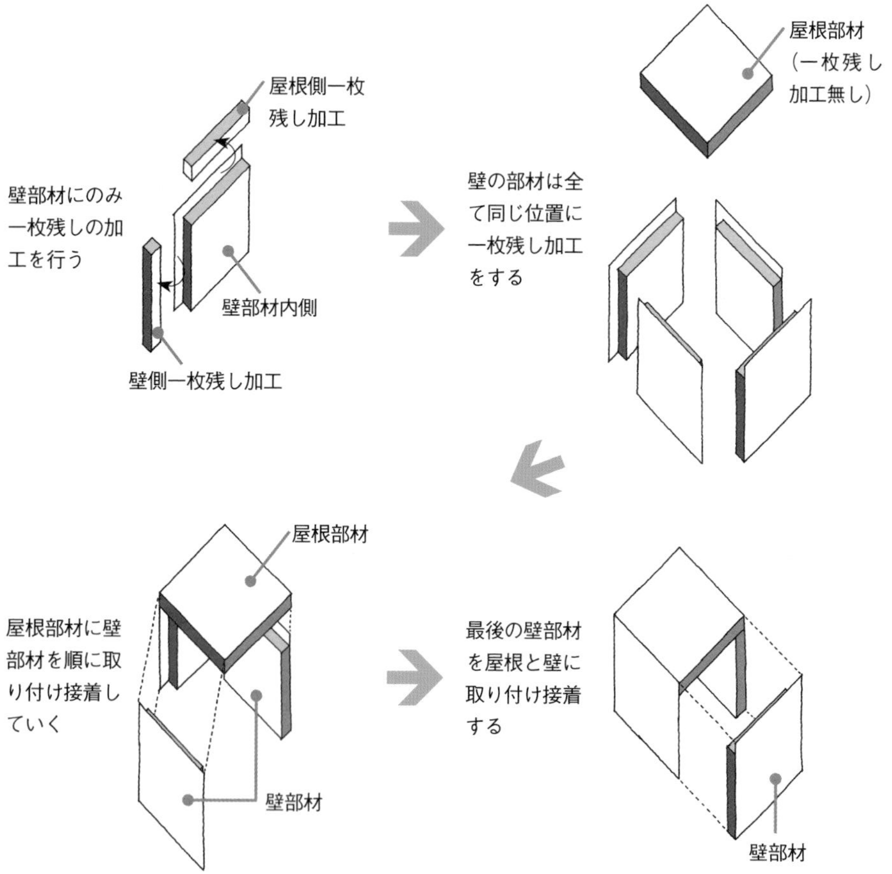

「一枚残し」加工の手順

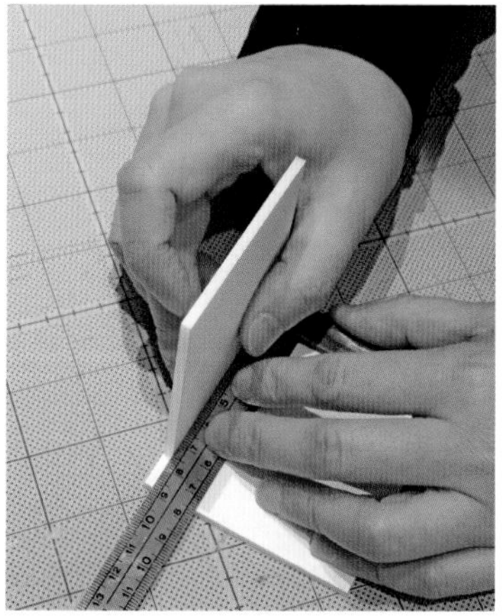
❶壁厚と同じ部材と定規を使い、一枚残しの加工に必要な寸法を出す

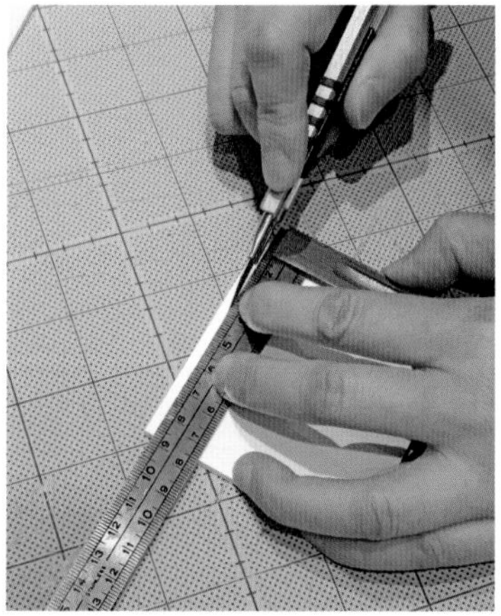
❷下面の上質紙を切り離さないように慎重に、垂直のカットラインを入れる

❸水平方向にカットラインを入れ、発砲スチロールボードと上面の上質紙をざっくりと切り取る

❹残っている発泡スチロールボードをカッターや金属定規を使い、上質紙を痛めないようにやさしく丁寧にこそぎ取り、下面の上質紙が1枚残った状態にする

Architectural model 3

模型を組み立てる①

1 スリーピング・キューブを組立てる。

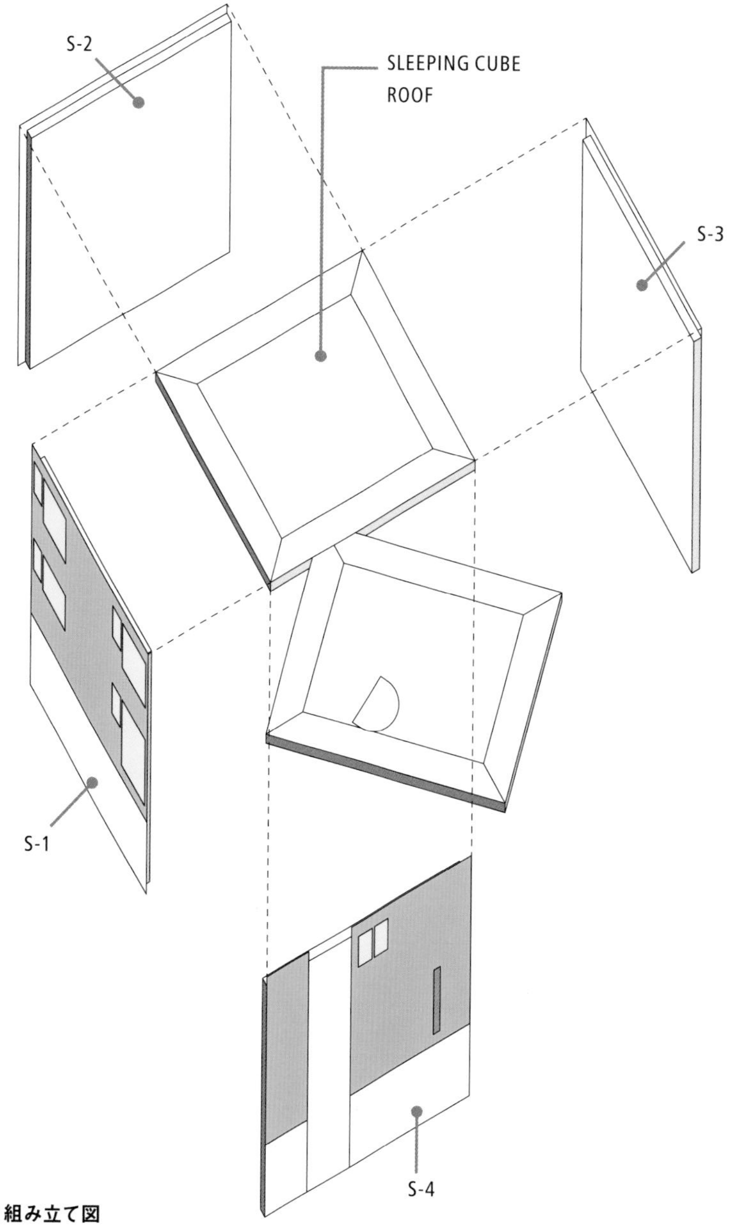

組み立て図

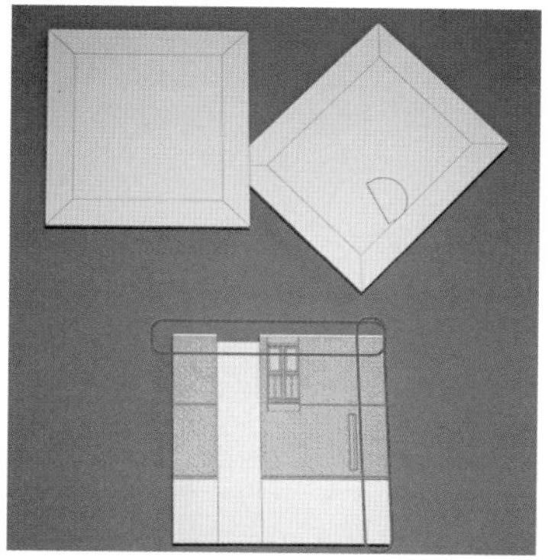

壁部材S-4の屋根側と壁が組み合う部分を一枚残しの加工をしてから、まず屋根に接着する

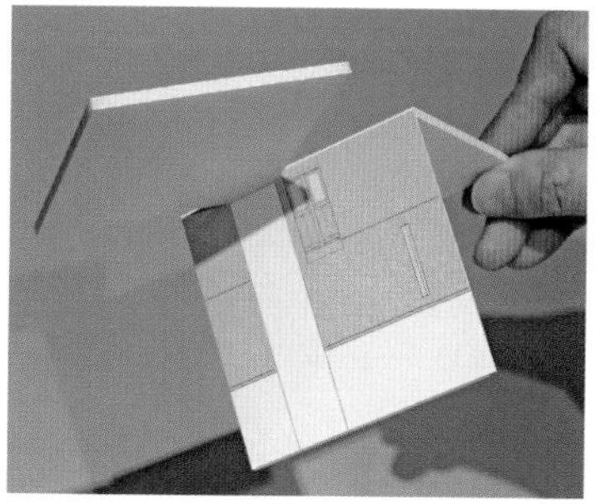

壁部材S-4と屋根部材が接着された状態。残りの壁部材（S-1〜S-3）を順に取り付ける

全ての壁部材を屋根に取り付けて、スリーピング・キューブ部分完成

模型を組み立てる②

2 リビング・キューブを組立てる。

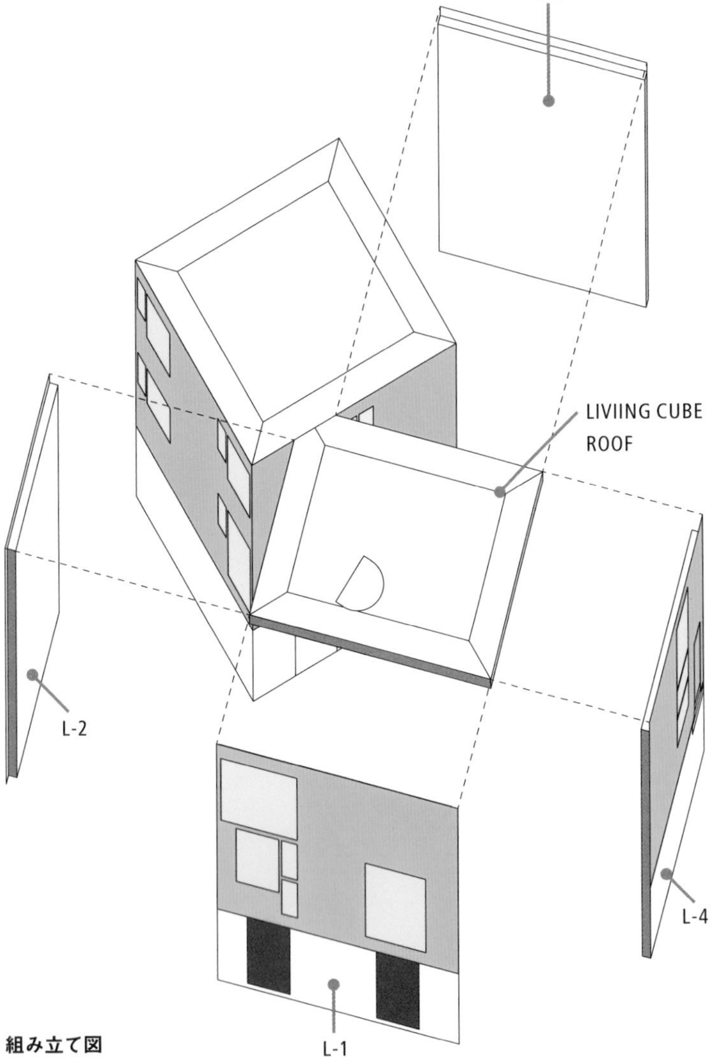

組み立て図

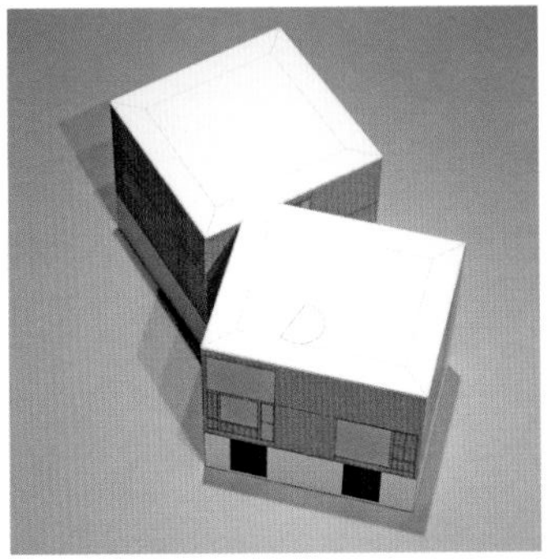

全ての壁部材（L-1〜L-4）を屋根に取り付けて、建物本体完成

3 煙突をつくる。

敷地の型紙に煙突の型紙があるのでそのまま外形線を切り抜く

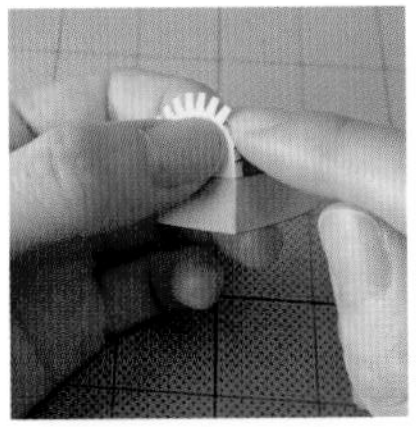

型紙を写真のように折線とのりしろを折る

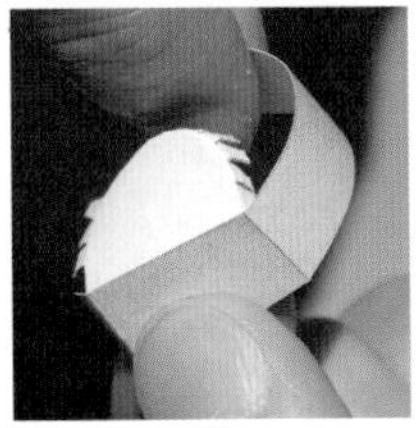

煙突の立ち上がりに曲面のくせをつけてから接着する

煙突部分完成

4 倉庫をつくる。

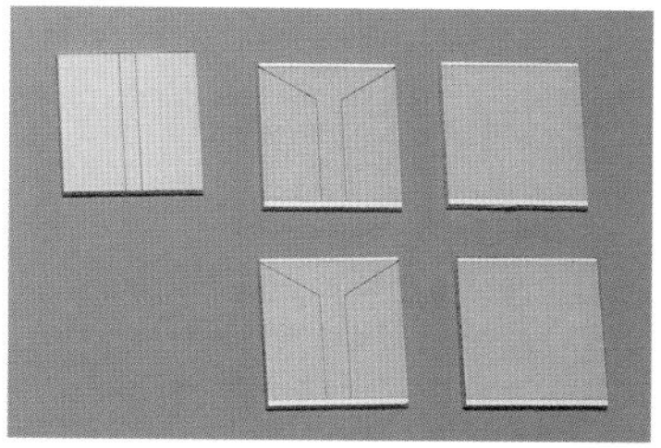

2つのキューブと同様に、切り出している壁部材を一枚残しの加工をして接着する

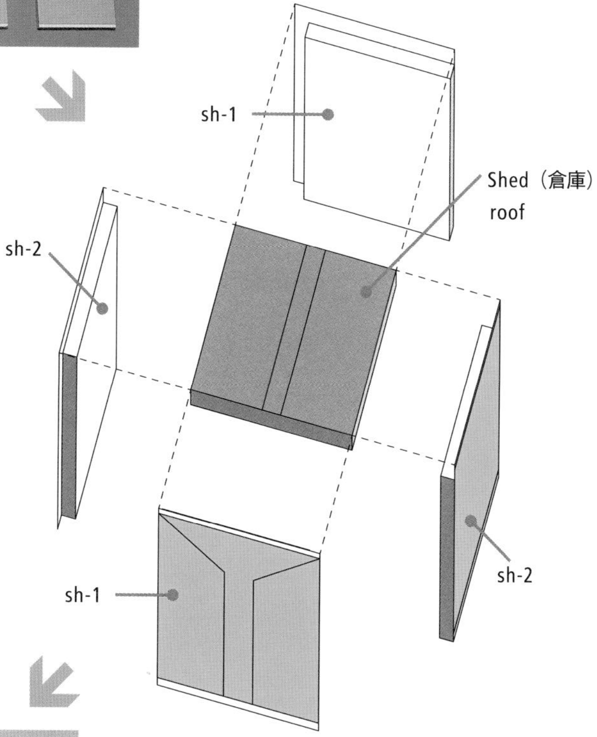

倉庫の組み立て図

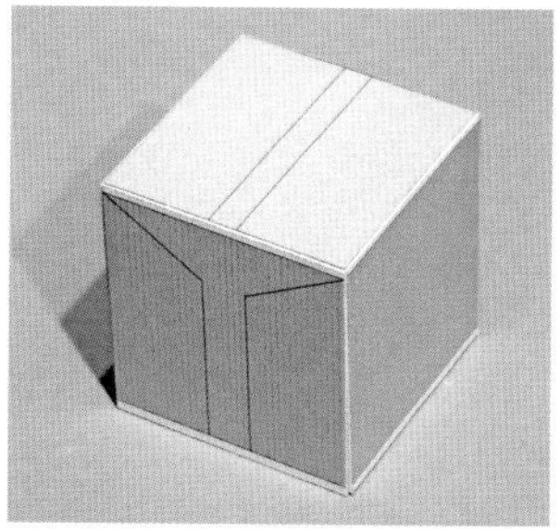

倉庫部分
完成

5 全体を組み立てる。

リビング・キューブに煙突を付け、住宅の建物と倉庫を敷地に取付け、ドライフラワー（カスミソウ）、タイトル・方位をつけて完成

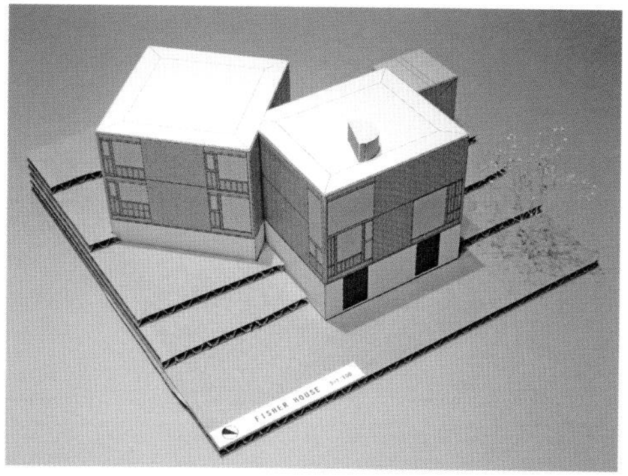

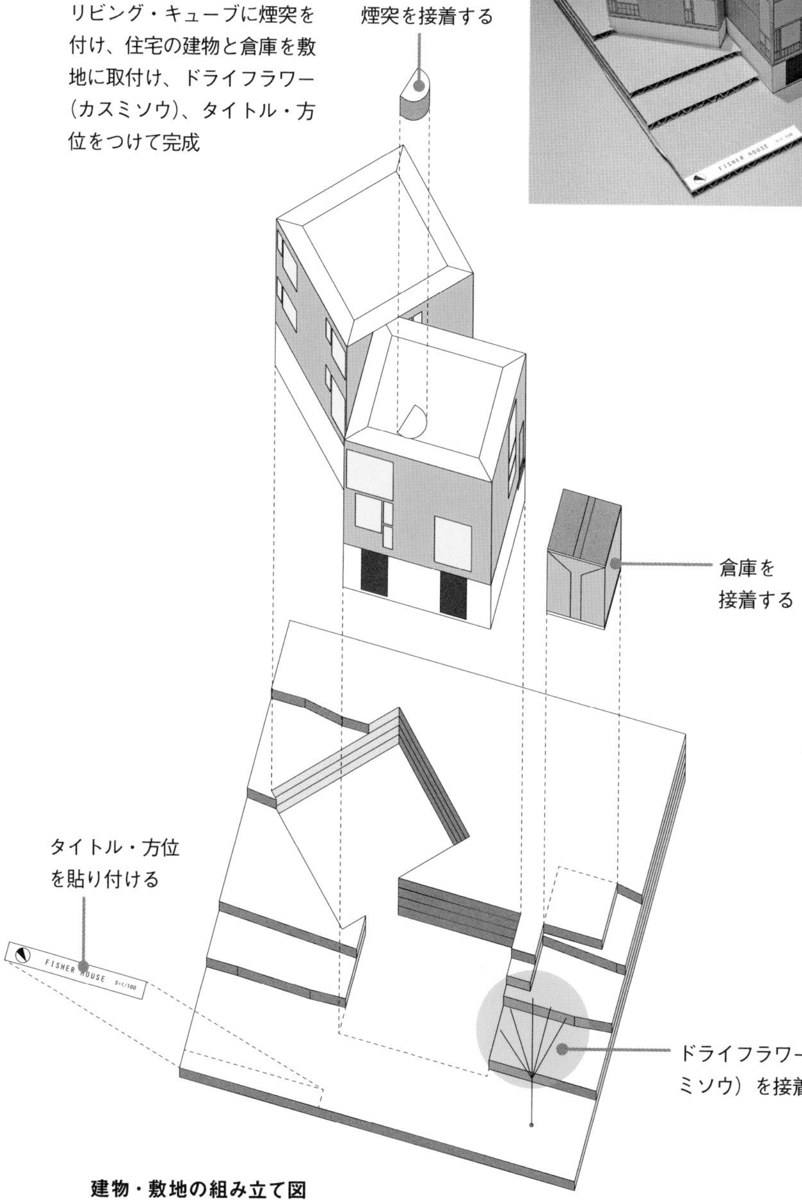
ドライフラワー（カスミソウ）を接着する

建物・敷地の組み立て図

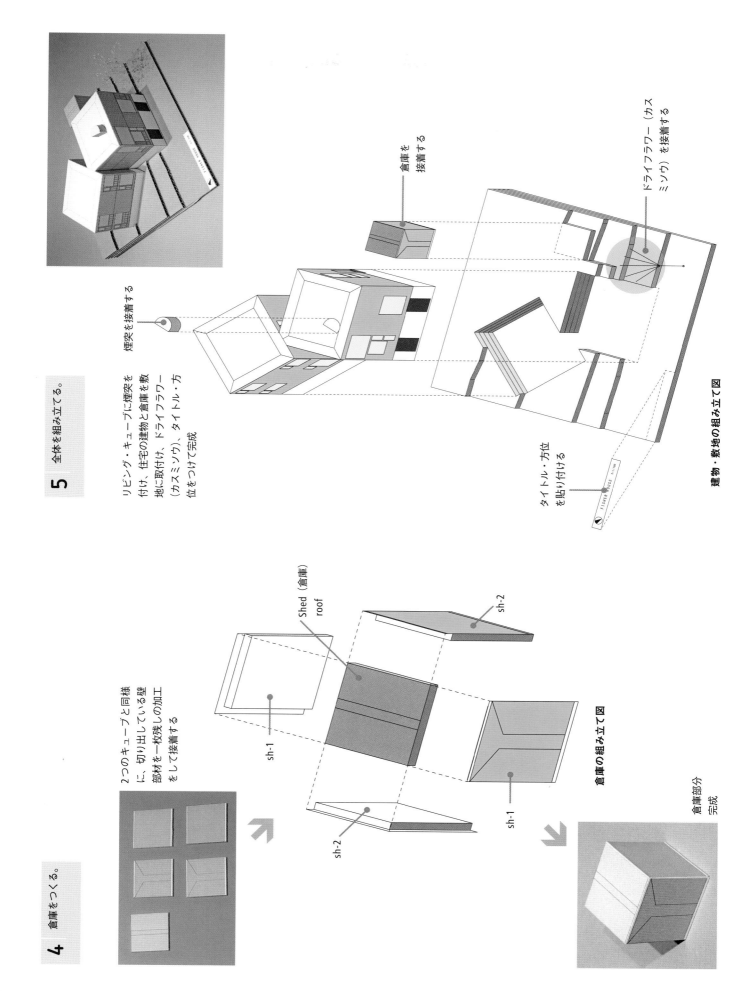

住宅・倉庫の型紙

※A4用紙にカラーコピー（100%の大きさ）して使います。

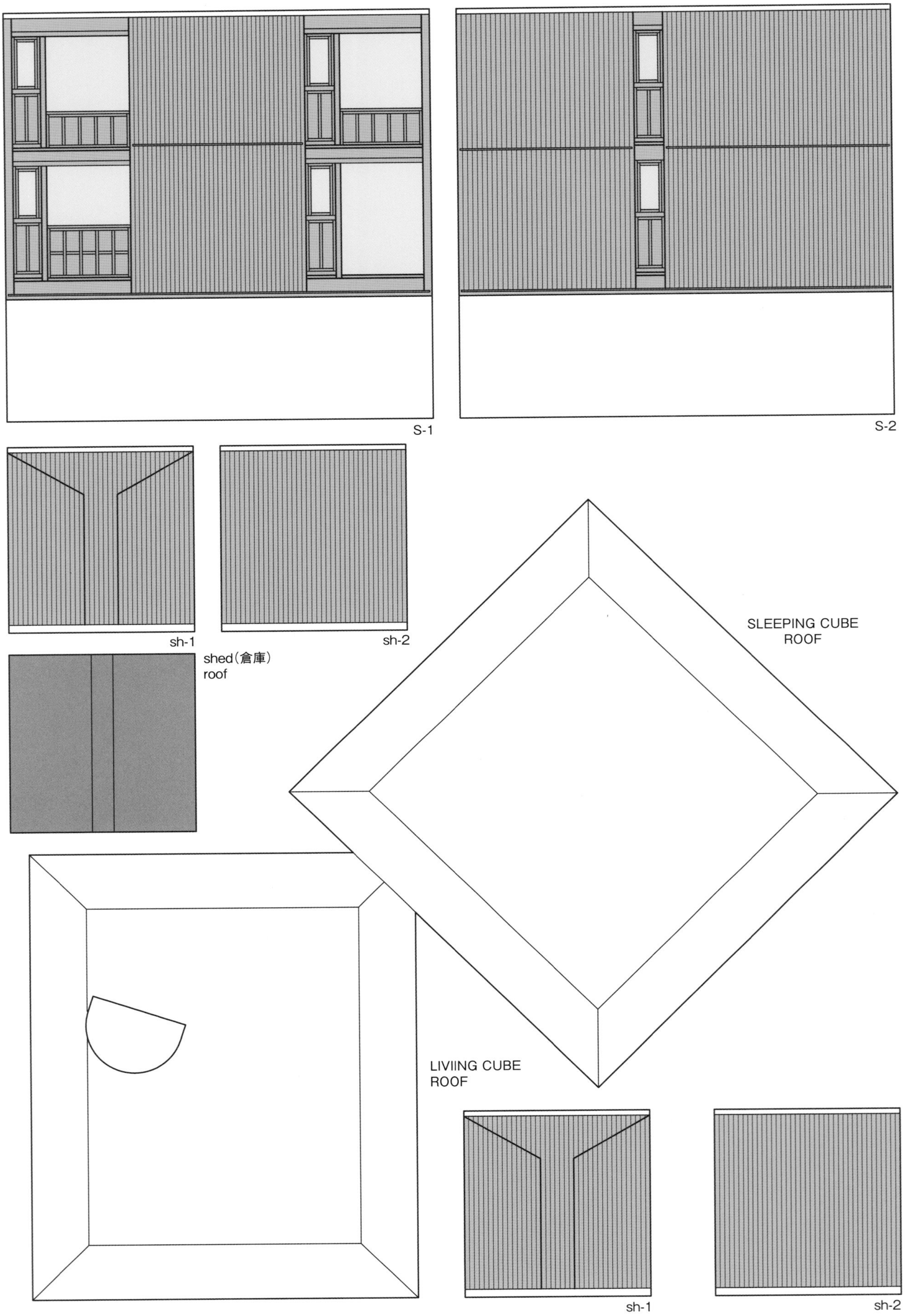

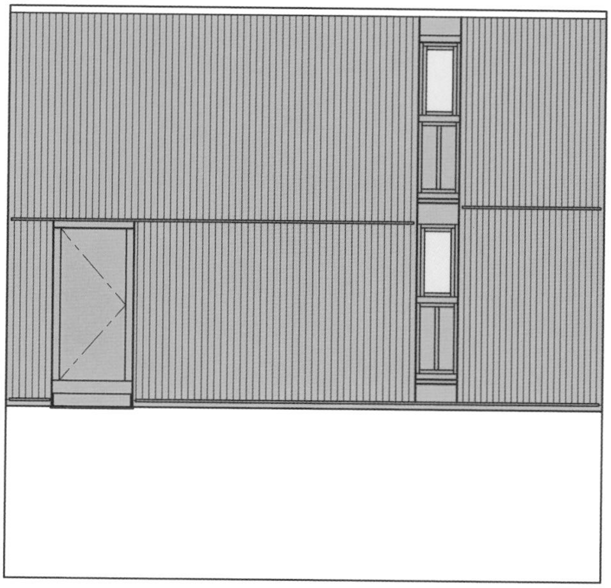

S-3

S-4

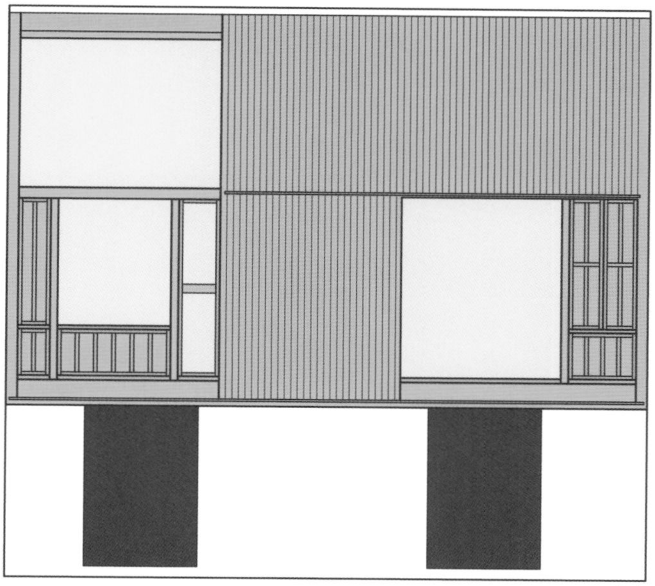

L-1

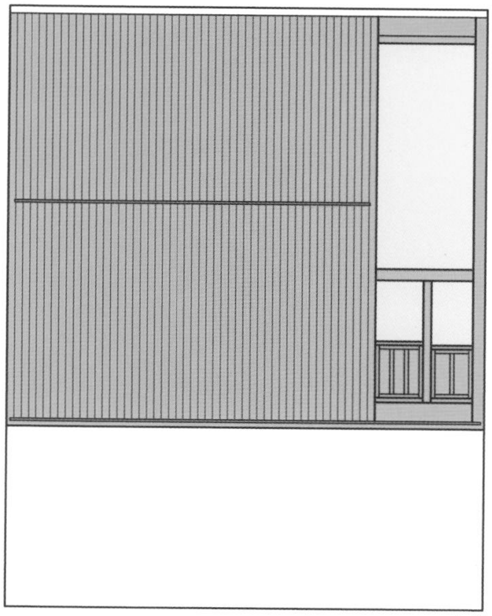

L-2

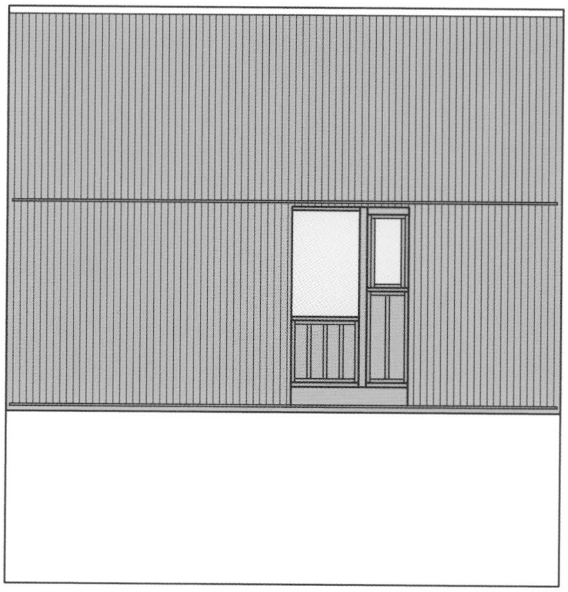

L-3

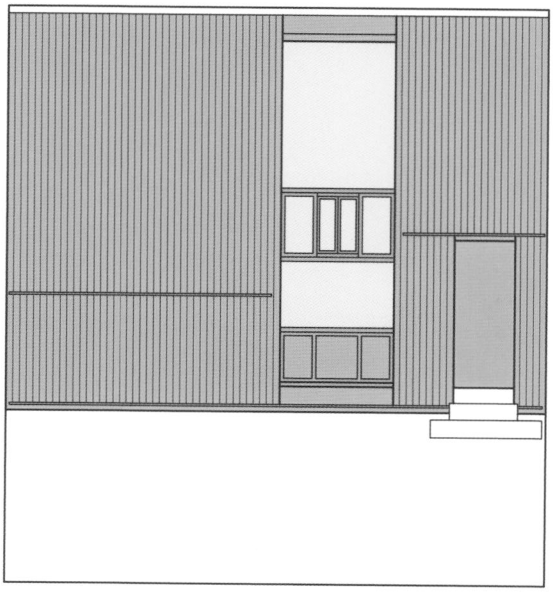

L-4

敷地・煙突・タイトルの型紙

※A4用紙にカラーコピー（100％の大きさ）して使います。

タイトル・方位

煙突部材

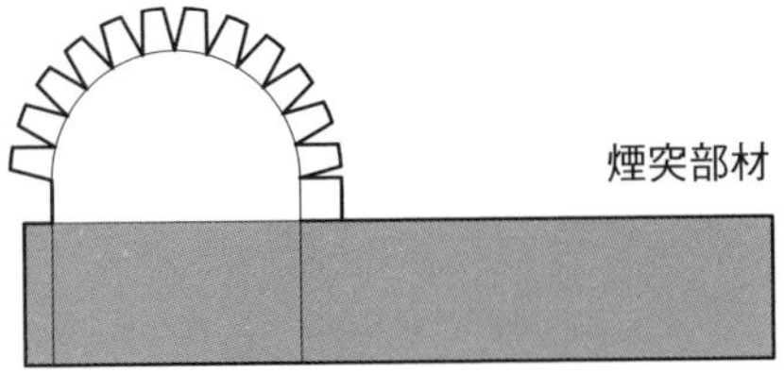

敷地の型紙

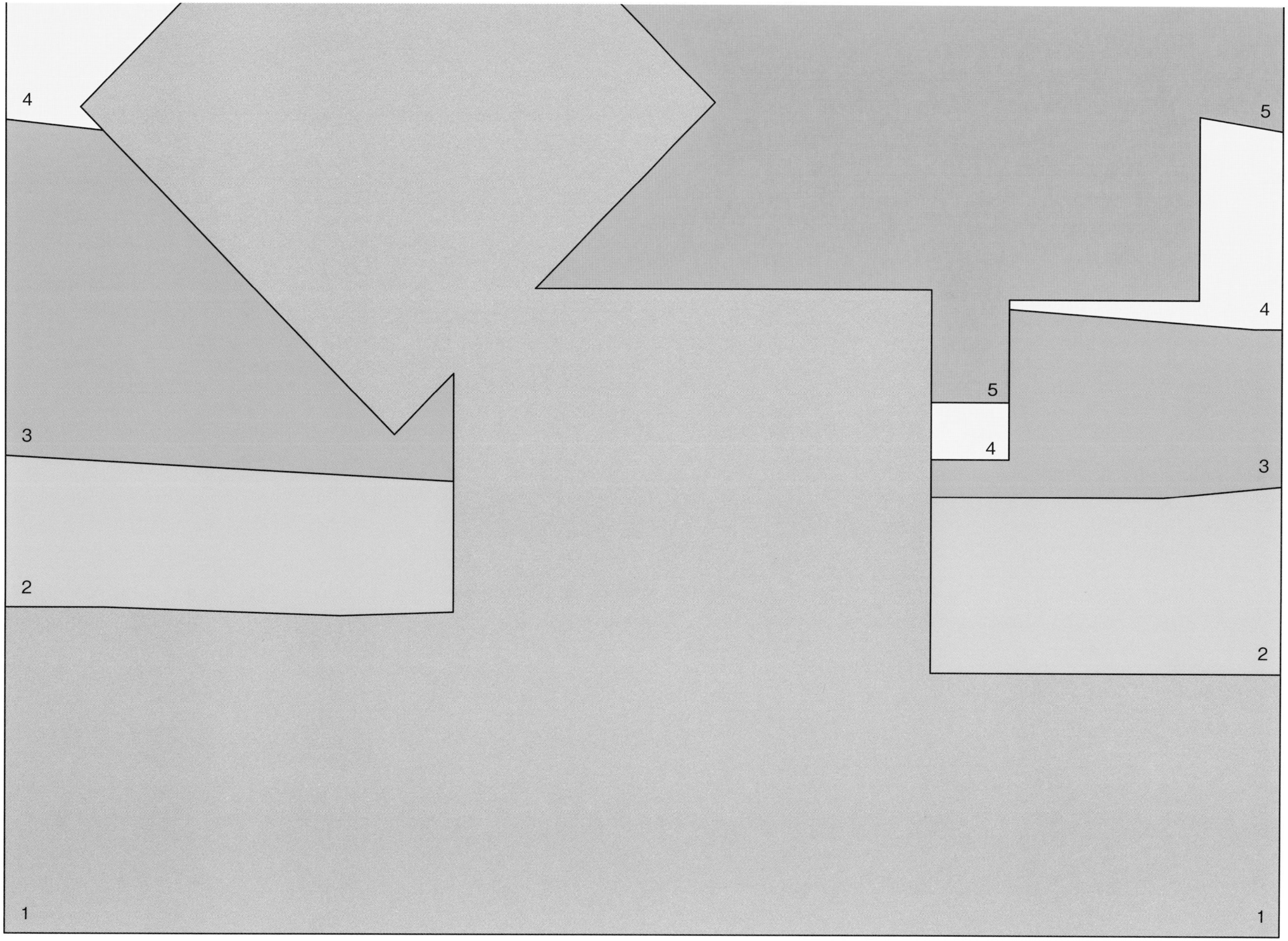

4
5
4
5
3
4
3
2
2
1
1

用語／インデックス

Profile

松下 希和
1971年生まれ
ハーバード大学大学院デザイン・スクール建築学部修了
KMKa建築デザイン事務所 主宰　芝浦工業大学教授
一級建築士　博士（工学）
著書：『Harvard Design School Guide to Shopping』（共著）　Taschen 2001、『住宅・インテリアの解剖図鑑』 ほか

長沖 充
1968年生まれ
東京芸術大学大学院建築科修了
長沖充建築設計室 主宰
都立品川職業訓練校 非常勤講師　会津大学短期大学部 非常勤講師
日本大学生産工学部 非常勤講師
一級建築士
著書：『階段がわかる本』（共著）、『見てすぐつくれる建築模型の本』、『矩形図で徹底的に学ぶ住宅設計』（共著） ほか

照内 創
1980年生まれ
工学院大学大学院建築学専攻修了
株式会社SO&CO.代表取締役　日本工学院専門学校 非常勤講師
一級建築士
著書：『木造住宅納まり詳細図集コンプリート版』（共著）、『世界で一番やさしいエコ住宅』（共著） ほか

写真家
栗原宏光
1942年生まれ
千葉大学工学部写真工学科卒業
有限会社栗原写真事務所　主宰
著書：『神々と出会う中世の都　カトマンドゥ』（共著）、『世界で一番幸福な国ブータン』（共著）、『エーゲ海・キクラデスの光と影』（共著） ほか

デザイン　　細山田デザイン事務所

Data 参考資料

ルイス・カーンの代表的な作品
ペンシルベニア大学リチャード医学研究棟（1959）、ソーク研究所（1965）、ダッカ国会議事堂（1974）、キンベル美術館（1972）など

カーンについて詳しく知りたい人は
○ロマルド・ジオゴラ、ジャミーニ・メータ、『ルイス・カーン作品集』、A.D.A. EDITA、1975年
○HEINZ　RONNER、SHARAD　JHAVER、『LOUIS I. KAHN COMPLETE WORK 1935-1974』　ルイス・カーン完全作品集、BIRKHAUSER、1977年
○デヴィッド・B・ブラウンリー／デヴィッド・G・ロング『ルイス・カーン 建築の世界』東京大学建築学科香山研究室訳、デルファイ研究所、1992年
○『ルイス・カーン―その全貌』、a+u、1975年臨時増刊

フィッシャー邸について詳しく知りたい人は
○齋藤裕『ルイス・カーンの全住宅:1940-1974』TOTO出版、2003年
○『ルイス・カーンの住宅』、a+u、2009年2月号

カーンの作品をDVDで観るなら
○ナサニエル・カーン、『マイ・アーキテクト　ルイス・カーンを探して』、レントラックジャパン、2006年

やさしく学ぶ建築製図［完全版］

平・立・断面図からパース、プレゼン図面まで

2022年2月9日　初版第1刷発行

著者　松下希和　長沖充　照内創

発行者　澤井聖一

発行所　株式会社エクスナレッジ
〒106-0032　東京都港区六本木7-2-26
https://www.xknowledge.co.jp/

問合せ先

編集　Tel03-3403-6796／Fax03-3403-0582
info@xknowledge.co.jp

販売　Tel03-3403-1321／Fax03-3403-1829